职业教育教学改革丛书：改革·创新·发展

丛书主编：刘子林 甘金明

基于职业能力的高职院校教学标准开发与应用

韦 林 黎 华 刘 柳 等著

北京理工大学出版社
BEIJING INSTITUTE OF TECHNOLOGY PRESS

内 容 简 介

本书聚焦于高职院校教学标准开发与应用，介绍了专业人才培养方案制订、学生职业能力标准、课程标准、师资标准和实训基地标准开发的原则、方法、模板，分析如何构建标准应用保障体系和诊改模式，提供机电一体化技术专业的教学标准开发与应用案例以及智能工程机械运用技术专业教学标准向海外院校输出的案例，为高职院校教学标准化建设提供借鉴和参考。本书适用于职业院校的管理者、教师及职业教育研究人员。

版权专有　侵权必究

图书在版编目（CIP）数据

基于职业能力的高职院校教学标准开发与应用／韦林等著． -- 北京：北京理工大学出版社，2022.3
（职业教育教学改革丛书）
ISBN 978-7-5763-1150-1

Ⅰ．①基… Ⅱ．①韦… Ⅲ．①高等职业教育 – 课程标准 – 中国 Ⅳ．①G718.5

中国版本图书馆 CIP 数据核字（2022）第 044834 号

出版发行 ／ 北京理工大学出版社有限责任公司
社　　址 ／ 北京市海淀区中关村南大街 5 号
邮　　编 ／ 100081
电　　话 ／（010）68914775（总编室）
　　　　　　（010）82562903（教材售后服务热线）
　　　　　　（010）68944723（其他图书服务热线）
网　　址 ／ http://www.bitpress.com.cn
经　　销 ／ 全国各地新华书店
印　　刷 ／ 三河市华骏印务包装有限公司
开　　本 ／ 710 毫米 × 1000 毫米　1/16
印　　张 ／ 17.5　　　　　　　　　　　　　　　责任编辑 ／ 徐艳君
字　　数 ／ 258 千字　　　　　　　　　　　　　文案编辑 ／ 徐艳君
版　　次 ／ 2022 年 3 月第 1 版　2022 年 3 月第 1 次印刷　责任校对 ／ 周瑞红
定　　价 ／ 89.00 元　　　　　　　　　　　　　责任印制 ／ 李志强

图书出现印装质量问题，请拨打售后服务热线，本社负责调换

职业教育教学改革丛书编委会

丛书主编：刘子林　甘金明

丛书编委

主　任：刘子林　甘金明
副主任：阳　旭　瞿　凡　鞠红霞　韦　林
委　员：（按姓氏笔画排序）
　　　　王大红　韦林华　左妮红　冯雪萍　李　革
　　　　杨　琳　吴　星　何志忠　邱福明　陈文勇
　　　　黄　宁　覃宗万　蒙　飚　雍　佳　黎　华
　　　　黎凤环　黎渝林

本书为广西职业教育教学改革重大招标课题立项项目"职业院校教学标准化研究与应用"（GXZJ2016ZD17）及广西职业教育专业发展研究基地"机电一体化技术专业及专业群发展研究基地"（桂教职成2018〔37〕号）的共同研究成果。

前　言

教学标准是我国职业教育标准体系的重要组成部分，它确立了人才培养目标和规格，明确了课程设置、教学实施、教学资源和质量保障等要求，是职业院校开展专业教学的基础文件，是组织教学、规范管理、专业建设、课程建设和教材建设的依据，也是开展人才培养质量评价的重要依据。经过多年持续建设和完善，我国职业教育领域基本形成了以专业目录、专业教学标准、课程教学标准、顶岗实习标准、专业实训教学条件建设标准（专业仪器设备装备规范）等五个部分构成的国家教学标准体系。

《国家职业教育改革实施方案》指出，"巩固和发展国务院教育行政部门联合行业制定国家教学标准、职业院校依据标准自行制订人才培养方案的工作格局"，实际上明确了国家专业教学标准是为职业院校人才培养方案的开发提供依据和基本要求。要达成人才培养目标，满足社会对专业人才的要求，各学校还需根据当地的产业发展需求、企业发展需求、学生需求、学校办学水平等情况，以国家专业教学标准为基本要求，进一步开发校本标准并付诸实施。校本教学标准包括专业人才培养方案、学生职业能力标准、教师职业能力标准、实训基地建设标准、课程标准等。

本书聚焦于高职校本教学标准开发与应用，以专业为依托，以人才培养方案为依据，以学生职业能力标准为核心，以课程标准为落实，以师资标准和实训基地标准为支持，详细阐述了一个完整有机的教学标准体系开发的原则、方法、模板，系统分析如何构建标准运行保障体系和诊改模式，并提供机电一体化技术专业的教学标准开发及应用案例，以及智能工程机械运用技术专业教学标准向海外院校输出的案例，为各高职院校教学标准化建设提供借鉴和参考。

参加本书撰写的有柳州职业技术学院韦林、黎华、刘柳、刘晶、王岳、邓益民、苏磊、贺晓华、刘永华、覃会喆、黎凤环。具体撰写分工为：第一章由韦林、刘永华负责撰写，第二章由刘永华、覃会喆负责撰写，第三章由韦林、刘柳负责撰写，第四章由韦林、黎华、刘柳、黎凤环负责撰写，第五章由王岳、刘晶负责撰写，第六章由刘柳、苏磊、邓益民负责撰写，第七章由韦林、黎华、刘柳负责撰写，附录1由苏磊负责撰写，附录2、附录3由贺晓华负责撰写。

本书所依托的教学改革实践是在柳州职业技术学院原院长石令明教授、原教学副院长张翔教授、现任教学副院长鞠红霞教授的指导和推动下进行的，在此向他们表示由衷的敬意和衷心的感谢！本书在撰写过程中得到柳州职业技术学院教务与实训管理处、柳州职业技术学院教职工发展中心、北京理工大学出版社高职分社的大力支持与帮助，有的地方直接引用了其他作者已发表的论著，在此一并表示衷心感谢！

由于教学标准化建设尚在探索和实践之中，各院校也有不同的实践视角，本书主要是结合柳州职业技术学院的教学改革实践撰写而成的，书中不足和偏颇在所难免，恳请广大读者不吝赐教和批评指正。

著 者

2022年2月

目 录

第一章　概念解析及理论依据　　　　　　　　　　　　　　　　1
　第一节　概念解析　　　　　　　　　　　　　　　　　　　　1
　　一、标准　　　　　　　　　　　　　　　　　　　　　　　1
　　二、标准体系　　　　　　　　　　　　　　　　　　　　　1
　　三、教学标准　　　　　　　　　　　　　　　　　　　　　2
　第二节　理论依据　　　　　　　　　　　　　　　　　　　　4
　　一、质量理论　　　　　　　　　　　　　　　　　　　　　4
　　二、职业能力　　　　　　　　　　　　　　　　　　　　　6

第二章　职业教育教学标准的现状　　　　　　　　　　　　　　8
　第一节　我国职业教育教学标准现状　　　　　　　　　　　　8
　　一、我国职业教育教学标准建设的背景要求　　　　　　　　8
　　二、我国职业教育教学标准体系建立的意义　　　　　　　　10
　　三、我国职业教育教学相关标准建设历程　　　　　　　　　11
　　四、我国职业教育教学标准建设成果　　　　　　　　　　　13
　　五、我国职业教育教学标准建设特点　　　　　　　　　　　15
　第二节　国外职业教育教学标准现状分析及启示　　　　　　　17
　　一、国外职业教育的学生职业能力标准　　　　　　　　　　17
　　二、国外职业教育的师资标准　　　　　　　　　　　　　　22

三、国外职业教育的课程标准　　　　　　　　　　　　　　　25
　　　四、国外职业教育教学标准对我国职业院校的启示　　　　　26

第三章　高职院校教学标准开发的原则、方法与途径　　　31
第一节　高职院校教学标准开发原则　　　　　　　　　　　　31
　　　一、教育性原则　　　　　　　　　　　　　　　　　　　　31
　　　二、职业性原则　　　　　　　　　　　　　　　　　　　　32
　　　三、体系性原则　　　　　　　　　　　　　　　　　　　　32
　　　四、开放性原则　　　　　　　　　　　　　　　　　　　　32
　　　五、适用性原则　　　　　　　　　　　　　　　　　　　　33
第二节　高职院校教学标准开发的方法与途径　　　　　　　　33
　　　一、高职院校教学标准开发的方法　　　　　　　　　　　　33
　　　二、高职院校教学标准开发的过程　　　　　　　　　　　　37

第四章　高职院校教学标准开发　　　　　　　　　　　　　　39
第一节　人才培养方案开发　　　　　　　　　　　　　　　　39
　　　一、人才培养方案的内涵　　　　　　　　　　　　　　　　39
　　　二、人才培养方案开发的原则　　　　　　　　　　　　　　40
　　　三、人才培养方案开发的流程　　　　　　　　　　　　　　41
　　　四、人才培养方案的主要内容　　　　　　　　　　　　　　43
　　　五、基于职业能力的人才培养方案开发要点　　　　　　　　46
第二节　学生职业能力标准开发　　　　　　　　　　　　　　52
　　　一、学生职业能力标准的内涵　　　　　　　　　　　　　　52
　　　二、学生职业能力标准开发的必要性和可行性　　　　　　　53
　　　三、学生职业能力等级标准开发　　　　　　　　　　　　　55
第三节　教师标准开发　　　　　　　　　　　　　　　　　　62
　　　一、高职院校教师标准开发的指导理论　　　　　　　　　　62
　　　二、我国高职院校教师标准现状分析　　　　　　　　　　　63

三、高职院校教师标准开发　　　　　　　　　　　　　　65
　第四节　实训基地标准开发　　　　　　　　　　　　　　　　80
　　　一、高职院校实训教学条件建设的现状　　　　　　　　81
　　　二、高职院校国家专业实训教学条件建设标准简介　　81
　　　三、高职院校实训教学条件建设标准开发　　　　　　86
　　　四、高职院校实训教学基地管理标准开发　　　　　　94
　第五节　课程标准开发　　　　　　　　　　　　　　　　　　100
　　　一、课程标准的含义　　　　　　　　　　　　　　　　100
　　　二、国内外职业教育课程标准建设的现状　　　　　　100
　　　三、职业能力导向课程的特征　　　　　　　　　　　　106
　　　四、课程标准开发　　　　　　　　　　　　　　　　　　109

第五章　高职院校教学标准应用保障体系构建　　　116
　第一节　高职院校教学标准运行保障体系构建　　　　　　　116
　　　一、教学标准运行保障体系的内涵　　　　　　　　　　116
　　　二、教学标准运行保障体系构建的思路　　　　　　　　116
　　　三、教学标准运行保障的实施路径　　　　　　　　　　119
　第二节　高职院校教学标准的诊断与改进　　　　　　　　　125
　　　一、高职院校教学诊改的发展概况　　　　　　　　　　125
　　　二、高职院校教学标准诊改的指导理论　　　　　　　　126
　　　三、高职院校教学标准诊改体系的构建　　　　　　　　130

第六章　高职院校教学标准开发与应用案例　　　　134
　第一节　高职院校教学标准开发与应用案例——以机电一体化
　　　　　技术专业为例　　　　　　　　　　　　　　　　　　134
　　　一、机电一体化技术专业校本系列教学标准概述　　　134
　　　二、机电一体化技术专业校本系列教学标准开发的过程　139
　　　三、机电一体化技术专业系列教学标准的特点和内在关系　141

　　　　四、机电一体化技术专业校本教学标准体系应用成效　　154
　第二节　高职院校教学标准国际化的探索与实践——以智能工程机械
　　　　　运用技术为例　　156
　　　　一、智能工程机械运用技术专业教学标准开发的背景　　156
　　　　二、智能工程机械运用技术专业教学标准开发的实践　　157
　　　　三、智能工程机械运用技术专业海外输出教学标准的主要内容　　159
　　　　四、智能工程机械运用技术专业教学标准海外推广应用实践　　161
　　　　五、实施成效　　162

第七章　校本教学标准开发指导性文件范例　　163
　第一节　人才培养方案制订指导性意见　　163
　　　　一、指导思想　　163
　　　　二、基本原则　　164
　　　　三、专业人才培养方案制订的流程　　165
　　　　四、专业人才培养方案的主要内容　　165
　　　　五、专业人才培养方案的管理和执行　　167
　　　　　附件1　专业人才培养方案制订"七步循环法"　　167
　　　　　附件2　专业（群）人才培养方案的主要内容说明　　171
　第二节　学生职业能力等级标准开发指导手册（3.0）　　185
　　　　一、术语及定义　　186
　　　　二、标准的定位及用途　　186
　　　　三、标准的开发流程　　186
　　　　四、标准的编制原则　　188
　　　　五、标准的内容和结构　　189
　　　　六、标准与其他相关标准的关系　　194
　第三节　课程标准制订指导性意见　　195
　　　　一、基本原则　　195
　　　　二、课程标准包括的内容　　196

三、工作流程与组织　199
　　附件：柳州职业技术学院课程标准参考格式　199

附录1　机电一体化技术专业人才培养方案　203
　　一、机电一体化技术专业所在专业群基本信息　203
　　二、专业基本信息　208
　　三、专业培养目标与毕业要求　208
　　四、人才培养模式　211
　　五、"双元三维四体系"课程体系设计　213
　　六、人才培养工作安排　223
　　七、实施保障　233
　　八、有关人才培养方案的补充说明　238

附录2　机电一体化技术专业学生职业能力等级标准　239
　　一、专业基本信息　239
　　二、职业能力等级要求　239
　　三、职业能力测试要求　244
　　四、样题　249

附录3　机电一体化技术专业"运动控制系统的设计与装调"课程标准　251
　　一、运动控制系统的设计与装调课程信息　251
　　二、课程性质与设计　252
　　三、学习目标　252
　　四、学习内容　255
　　五、考核评价　259
　　六、实施建议　260

参考文献　262

第一章
概念解析及理论依据

第一节 概念解析

一、标准

中华人民共和国国家标准《标准化工作指南 第1部分：标准化和相关活动的通用词汇》（GB/T 200001—2002）对标准的定义是：为了在一定的范围内获得最佳秩序，经协商一致制定并由公认机构批准，共同使用的和重复使用的一种规范性文件。（注：标准宜以科学、技术和经验的综合成果为基础，以促进最佳的共同效益为目的）

标准具有三大特点：第一，标准具有权威性。权威的建立有助于保证标准的内容正确及程序的规范，有助于标准的真正落实。第二，标准具有共识性。只有满足利益相关者的需要，达成其共识，标准才能被接纳，从而顺利执行。第三，标准具有可实施性。标准的制定必须从系统的角度进行整体构建，尽可能地减少在执行过程中的衰减和偏离。

二、标准体系

标准体系是一定范围内的标准按其内在联系形成的科学有机整体。标准体系的组成单元是标准。标准体系具有六个特征，即集合性、目标性、可分解性、相关性、整体性、环境适应性。

1. 集合性

标准体系是由两个以上的可以相互区别的单元有机地结合起来完成某一功能的综合体。随着现代社会的发展，标准体系的集合性日益明显，任何一个孤立标准几乎很难独自发挥效应。

2. 目标性

标准体系实质上是标准的逻辑组合，是为使标准化对象具备一定的功能和特征而进行的组合。从这个层面上讲，体系内各个标准都是为了一个共同的功能组合形成的，而非各子系统功能的简单叠加。

3. 可分解性

标准在大多数情况下只是某一技术水准、管理水平和经验的反映，具有一定的先进性。但随着各方面情况的发展，标准化对象的变化、技术或者管理水平的提升都要求制定或修订相关标准，这就要求对标准体系进行分解，以便对标准进行维护，包括修改、修订、废止等操作。

4. 相关性

标准体系内各单元相互联系而又相互作用，相互制约而又相互依赖。它们之间任何一个发生变化，其他有关单元都要做相应的调整和改变。

5. 整体性

在一个标准体系中，标准的效应除了直接产生于各个标准自身，还需要从构成该标准体系的标准集合之间的相互作用中得到。构成标准体系的各标准，并不是独立的要素，标准之间相互联系、相互作用、相互约束、相互补充，从而构成一个完整统一体。

6. 环境适应性

标准体系存在于一定的经济体制和社会政治环境之中，它必然要受经济体制和社会政治环境的影响和制约。

三、教学标准

狭义的教学标准指的是教学课程标准，是指以课程计划为依托，在备课稿和教案的基础上，结合授课特点，对教学每一部分设计动作要点，对授课环节进行进一步的细分和标准化规范，能够在纸面上仿真整个授课过程。本书的教学标准是指指导和管理职业院校教学工作的主要依据及保证教育教学质量和人才培养规格的基本教学文件。经过多年持续建设，我国职业教育领域基本形成了以专业目录、专业教学标准、课程教学标准、顶岗实习标准、专业实训教学条件建设标准（专业仪器设备装备规范）等五个部分构成的国家教学标准体系。

专业目录是职业教育教学的基础性指导文件，是职业院校专业设置、招生、统计以及用人单位选用毕业生的基本依据，是职业教育类型特征的重要体现，也是职业教育支撑服务经济社会发展的重要观测点。

专业教学标准是开展专业教学的基本文件，是明确培养目标和规格、组织实施教学、规范教学管理、加强专业建设、开发教材和学习资源的基本依据，是评估教育教学质量的主要标尺，同时也是社会用人单位选用高等职业学校毕业生的重要参考。自2012年以来，教育部组织了高等职业学校专业教学标准的制（修）订工作。国家专业教学标准的内容主要包括：专业名称、入学要求、基本修业年限、职业面向、培养目标、培养规格、课程设置及学时安排、教学基本条件、质量保障九个方面的内容。

课程标准是对学生接受一定教育阶段之后的结果所做的具体描述，是教育质量在特定教育阶段应达到的具体指标，是对课程教学的基本规范和要求，是教学管理和课程评价的依据，是教材编写、教学实施和考试命题的依据。

顶岗实习标准对各专业顶岗实习目标、实习条件、实习内容、学习成果等提出了明确要求，是保证培养学生良好的职业道德，强化学生职业技能、职业精神和综合职业能力的重要文件。

专业实训教学条件建设标准（专业仪器设备装备规范）的内容主要包括：使用范围、实训教学场所要求、实训教学设备要求、实训教学管理与实施、规范性引用文件、参考文献六部分内容。专业仪器设备装备规范体现了行业企业专业技术，对相关专业实训教学场所、实训设备提出了规范要求，指导职业院校配备与行业企业技术要求、工艺流程、管理规范、设备水平同步的实训装备，保障专业实践教学的基本条件。

国家层面的教学标准为各院校制订校本教学标准提供了基本依据和基本要求，要达成人才培养目标，满足社会对专业人才的要求，各学校还需根据当地的产业发展需求、企业发展需求、学生需求、学校办学水平等情况，以国家专业教学标准为基本要求，进一步开发校本标准并付诸实施。校本教学标准包括专业人才培养方案、学生职业能力标准、教师职业能力标准、实训基地建设标准、课程标准等。

第二节　理论依据

职业教育教学标准是国家职业教育标准体系的重要组成部分，是指导和管理职业院校教学工作的主要依据，是保证教育教学质量和人才培养规格的基本教学文件。教育部原部长陈宝生在谈到职业教育时强调"亮不亮，看质量"，并强调"质量是有标准的，没有标准就没有质量"。教学标准体系建设对于加快发展现代职业教育、加快实现职业教育现代化具有重要意义。

一、质量理论

1. 质量的概念

定义质量，是从管理学的角度，而不是从物理学的角度。根据国际标准化组织的质量管理和质量保证技术委员会的定义，质量是一组固有特性满足需求的程度。

约瑟夫·朱兰（Joseph M. Juran）对质量管理的基本定义：质量管理就是适用性的管理，市场化的管理。费根堡姆的定义：质量管理是"为了能够在最经济的水平上并考虑到充分满足顾客要求的条件下进行市场研究、设计、制造和售后服务，把企业内各部门的研制质量、维持质量和提高质量的活动构成为一体的一种有效的体系。"国际标准和国家标准的定义：质量管理是"在质量方面指挥和控制组织的协调的活动"。

2. 质量管理

现代质量管理思想集中体现在 PDCA（P—Plan，计划；D—Do，执行；C—

Check，检查；A—Act，处理）循环上。因该循环最早由美国管理学家戴明首先提出，因此也叫"戴明环"。计划阶段，看哪些问题需要改进，逐项列出，找出最需要改进的问题。执行阶段，实施改进，并收集相应的数据。检查阶段，对改进的效果进行评价，用数据说话，看实际结果与原定目标是否吻合。处理阶段，如果改进效果好，则加以推广；如果改进效果不好，则进行下一个循环。质量管理原则包含以下七个方面：以顾客为关注焦点；领导作用；全员参与；过程方法；改进；循证决策；关系管理。

质量管理主要包括质量保证和质量控制两方面的内容：

质量保证是一个以保证产品或服务质量为目标的职责和方法的管理体系。"质量保证"一词在 GB/T 19000—2008 和 ISO 9000：2005 中定义为："致力于提供质量要求会得到满足的信任"。因此，质量保证的活动，以可信性为核心。

质量控制是为保证产品或服务达到质量标准而采取的一系列作业技术检查和有关活动，是质量保证的基础。约瑟夫·朱兰认为，质量控制是将测量的实际质量结果与标准进行对比，并对其差异采取措施的调节管理过程。相对于结果控制，质量控制更应该对活动过程加以控制。

3. 教育质量

《教育大辞典》中对教育质量的解释是："教育质量是对教育水平高低和效果优劣的评价"，"最终体现在培养对象的质量上"，"衡量标准是教育目的和各级各类学校的培养目标。前者规定受培养者的一般质量要求，亦是教育的根本质量要求，后者规定受培养者的具体质量要求，衡量人才是否合格的质量规格"。教育质量主要受以下因素影响：教育制度、教学计划、教学内容和方法等的合理程度；教师的素养、学生的基础以及师生参与教育活动的积极程度。

一所学校的办学理念、办学定位、人才培养目标、专业设置与条件、教师队伍与建设、课程体系与改革、课堂教学与实践、学校管理与制度、校企合作与创新、质量监控与成效等，都是影响教学质量的因素。教育的标准订立、过程保障、诊断改进是教育质量的三个关键环节。

4. 质量与标准

"没有规矩不成方圆，没有标准何谈质量。"质量与标准关系密切，标准规范了质量的内容和质量的特性应该达到的指标,标准是衡量质量水平的准则。标准是质量实现的基础和保障,有了标准才有质量。

标准对质量非常重要,但是标准也有其局限性。首先,任何标准都不可能把质量特性全部涵盖,标准只能对主要的质量特性进行规定。其次,标准规定的一般都是对质量特性的最低要求。再次,标准一旦制定出来,就具有相对的稳定性,这也带来了一定的保守性,对于创新经常显得滞后。

标准从长远上看,是促进质量提高的重要因素。首先,标准规范了质量特性指标,成了判定质量的准则,质量水平有了具体的明确的衡量尺度。其次,通过提高标准,甚至强行推行先进标准,可以达到快速提高质量的作用。再次,不同的标准,对应不同的质量水平,让社会可以准确识别,让组织知道差距,起到优胜劣汰的作用。

二、职业能力

一般认为,职业能力是人们从事某种职业的多种能力的综合。职业能力可以定义为个体将所学的知识、技能和态度在特定的职业活动或情境中进行类化迁移与整合所形成的能完成一定职业任务的能力。

在关于职业能力的研究中,国内外不同学者对能力的定义进行了梳理,从不同视角进行分类,得出不同的能力观。其中哈格(Hager,1995)将各种能力的概念归结为:行为主义的能力观、基于一般个性特征的能力观和整合的能力观。行为主义的能力观用完成一项具体任务所需的行为定义能力,也称为基于任务的能力观;行为主义能力观假设学习者只要掌握了动作技能,就能应对各种职业活动的要求。学界认为,按照行为主义的能力观开展"教育"(事实上是培训),学生有可能掌握一些单项的操作技能,却无法把握整体化的职业活动,很难适应多种岗位的不同要求,也缺乏足够的生涯发展能力。基于一般个性特征的能力观关注个体完成任务所需要的、重要的一般个性特征,如知识、沟通技能、计划、分析和模式识别等;它假设,具有这些一般个性特征的人,可以将其适当地应用于各种具体任务当中。基于一般个性特征的能力观把人的个性特征和具体工作情境分离开来,因而受到学界的质疑和批评。整合能力观认为能力是在一系列典型工作任务情境中表现出的知识、才能、技能和态度的整合。这种能力观的显著特点是把人的一般个性特征和相关的职业情境联系起来，认为知识、技能和态度之间的复杂联系是良好的职业绩效的基础。当把这些要素整合起来确定能力标准时，标准能反映职业实践的整体性要求和专业判断，这是行为主义能力观和一般个性特征的能力观都无法做到的。

我国关于职业能力的研究始于20世纪八九十年代，随着与德国、加拿大、英国的职业教育国际合作项目的进行和经验的推广，我国展开了大量的有关职业能力的讨论。21世纪初，我国教育部在一些重要文件出现"职业能力""综合职业能力"的提法。如《关于全面推进素质教育深化中等职业教育教学改革的意见》中提出要"树立以能力为本位的新观念"，"培养与社会主义现代化建设要求相适应，德智体美等全面发展，具有综合职业能力，在生产、服务、技术和管理第一线工作的高素质劳动者和中初级专门人才"（教育部职业教育与成人教育司，2000）。在相关报告中强调职业能力是"综合职业能力"，是"一个人在现代社会中生存生活，从事职业活动和实现全面发展的主观条件，包括职业知识和技能，分析和解决问题的能力，信息接收和处理能力，经营管理、社会交往能力，不断学习的能力。"（国家教委职业技术教育司，1998）。

本书中的"职业能力"遵循整合的能力观，注重把工作情境和学生能力培养结合起来，亦可理解为综合职业能力，是指人们在真实工作情境中整体化地解决综合性问题的能力，是从事一个（或若干相近）职业所必备的本领，是个体在职业工作、社会、个人情境中科学地思维、本着对个人和社会负责的态度来行事的热情与能力。"学习的内容是工作，通过工作实现学习"是职业能力培养的基本规律。职业能力形成的三个基本条件是：学习的对象是工作，面对全面的工作要素（工作对象、工具、工作方法和劳动组织方式、工作要求等），经历完整的工作过程（获取信息、制订计划、实施计划和评价反馈）。

第二章
职业教育教学标准的现状

第一节 我国职业教育教学标准现状

一、我国职业教育教学标准建设的背景要求

(一) 职业教育政策对职业教育教学标准提出新要求

《中国教育现代化2035》将教学标准建设放在突出位置。2019年2月,中共中央、国务院印发了《中国教育现代化2035》,提出要"完善教育质量标准体系,制定覆盖全学段、体现世界先进水平、符合不同层次类型教育特点的教育质量标准,明确学生发展核心素养要求……健全职业教育人才培养质量标准,制定紧跟时代发展的多样化高等教育人才培养质量标准。建立以师资配备、生均拨款、教学设施设备等资源要素为核心的标准体系和办学条件标准动态调整机制……分类制定课程标准;积极参与全球教育治理,深度参与国际教育规则、标准、评价体系的研究制定。"制定世界先进水平、符合不同层次类型教育特点的教育质量标准,是中国教育实现现代化的先决条件之一,没有标准的现代化,就没有教育的现代化,该文件把标准放到了非常突出的地位。

《国家职业教育改革实施方案》文件一共35处提到了"标准",成为职业教育改革最突出的关键词。2019年国务院颁布《国家职业教育改革实施方案》(又称"职教二十条"),这是职业教育发展的纲领性文件。文件提出到2022年"建

成覆盖大部分行业领域、具有国际先进水平的中国职业教育标准体系"的总体要求与目标，并明确指出"要健全国家职业教育制度框架，严把教学标准和毕业学生质量标准两个关口，将标准化建设作为统领职业教育发展的突破口"。同时明确提出要"构建职业教育国家标准，完善教育教学相关标准；发挥标准在职业教育质量提升中的基础性作用……持续更新并推进专业目录、专业教学标准、课程标准、顶岗实习标准、实训条件建设标准（仪器设备配备规范）建设和在职业院校落地实施。巩固和发展国务院教育行政部门联合行业制定国家教学标准、职业院校依据标准自主制订人才培养方案的工作格局"。"职教二十条"的发布标志着职业教育进入新的发展阶段，而构建标准体系、落实教学标准、建立监督和保障教学标准的制度和机制，将成为职业教育改革的主旋律。

《中国特色高水平高职学校和专业建设计划》将教学标准列为"双高计划"的建设规划重点。"双高计划"在总体目标中提出：到 2022 年，建成"一批有效支撑职业教育高质量发展的政策、制度、标准"。到 2035 年，"职业教育高质量发展的政策、制度、标准体系更加成熟完善，形成中国特色职业教育发展模式。""双高计划"的建设重点是打造技术技能人才培养高地和技术技能创新服务平台。并在"打造高水平专业群"任务中，提出要"校企共同研制科学规范、国际可借鉴的人才培养方案和课程标准"；在"提升国际化水平"任务中，提出要"开发国际通用的专业标准和课程体系，推出一批具有国际影响的高质量专业标准、课程标准、教学资源，打造中国职业教育国际品牌"。

（二）现代产业发展对职业教育教学标准开发的新挑战

新的业态带来了新的职业模式。产业变化对职业模式带来的影响不只是量的变化，还体现为一些传统职业的退化、消失和一些新职业的涌现，或者体现为职业的工作内容和手段的变化。这种变化甚至是质的变化，即整个职业的内涵与工作过程发生了根本性变化。产业的变化已经对职业教育课程的核心概念提出了新需求。产业的剧变给我国专业教学标准开发带来了很大挑战，产业的快速发展需要职业教学标准水平的提高。伴随新经济的快速发展，新技术、新产业、新业态、新模式的调整和迭代周期不断缩短，对高职教育教学标准的开发提出更高的要求。职业院校教学标准应当及时响应产业发展，建立符合产业技术更新发展要求的教学标准。

(三) 高职教育面临的新机遇和挑战

新时代赋予高职教育新的使命和责任。一方面,中国社会的全面转型与发展依然需要数以亿计的专业型技术人才,而且随着经济发展方式的转变、产业结构的转型升级,人才需求更趋向于中高端制造业生产、管理一线的技术人员,第三产业尤其是高端服务业的技术应用人才,以及可以将知识创新成果应用于工程、生产一线,并能进行技术创新、工艺创新、生产组织形式创新的高层次应用型人才。这对高职教育来说,既是机遇,又是挑战,需要高职教育对产业升级做出提前反应,以区域经济发展的实际需要为导向变革人才培养目标,调整办学思路,在培养方案、课程标准、教学实训和师资配备等方面与新兴产业的发展对接,全方位构建适应产业升级要求的人才培养模式,进一步提高人才在本区域的竞争力。另一方面,随着我国分类招生政策的实施,高职院校的入学方式日益多样化,生源来自高考、单独招生考试、对口升学招生考试、中高职贯通招生等多种形式,生源的基础知识、行为习惯、学习能力、专业素质等各方面都存在较大差异,给培养质量保证带来挑战。如何提高高职人才培养质量,满足不同能力水平的学生的发展需求,使人人皆可成才,人人能尽其才,需要我们科学制定教学标准,满足不同能力水平的学生发展需要。

二、我国职业教育教学标准体系建立的意义

建立健全职业教育质量保障体系对全面提高人才培养质量,加快实现职业教育创新发展、科学发展、可持续发展具有重要意义。2017 年,王继平任教育部职业教育与成人教育司司长时总结出教学标准体系建立的五点重要意义。

第一,教学标准体系的建设水平是衡量职业教育现代化水平的重要标志。加快国家教育标准体系建设,是完善中国特色社会主义教育制度、推进教育治理体系和治理能力现代化的重要举措,是实现教育现代化的基础性、战略性工程。职业教育教学标准体系是现代职教体系不可或缺的组成部分,职业教育人才培养从过去的"参照普通教育做"到现在的"依据专门制度和标准办",标志着我国现代职业教育体系建设向前迈进了一大步。

第二，教学标准体系是职业教育内涵发展的根本保障。当前经济社会飞速发展，新业态、新职业、新岗位不断涌现，加强教学标准体系建设，建立健全紧跟产业最新发展、不断完善并动态更新的教学标准体系建设机制，有利于推动职业教育提升内涵和可持续发展，为提高技术技能人才培养质量提供明确的规范和引领。

第三，教学标准体系是教育与产业深度融合发展的生动体现。产教融合、校企合作是职业教育的基本特征，教学标准研制工作建立起教育行政部门与行业、企业、学校等各方联动的工作机制，将新技术、新工艺引入教学内容要求，将职业能力要求转换为人才培养目标要求，政府主导、行业指导、学校主体、企业参与得到充分体现。

第四，教学标准体系是评价技术技能人才培养质量的重要依据。教学标准体系对培养目标与规格、课程体系与教学内容、专业办学基本条件和教学建议等提出了明确要求，为有关机构和社会评价监督职业教育质量提供了标尺，也为行业企业选用职业院校毕业生提供了参考。

第五，教学标准体系是中国职业教育走向世界舞台的亮丽名片。我国职业教育正在迈向世界舞台中心的路上，中国职业教育的实践和成就赢得了国际广泛认可和赞许。服务"一带一路"建设和国际产能合作，中国职业教育正在"走出去"，教学标准可以说是"走出去"的必备之物。

三、我国职业教育教学相关标准建设历程

我国职业教育领域的标准建设在历史上经历了相当长的过程。基于国家层面的教育发展，我国职业院校教学标准建设历程可划分为初步发展阶段、建设发展阶段、体系形成阶段等三个阶段。

（一）初步发展阶段（1963—1995 年）

教育部职业教育与成人教育司副巡视员葛维威在教育部新闻发布会中，提到中职专业目录是职业教育最早的教学标准之一，早在 1963 年，国家教育行政部门就颁布了中专学校专业目录，当时的目录主要参照苏联模式设置，以计划经济下的部门分工和职业岗位为专业划分依据，学科倾向突出。1985 年，《中共中央

关于教育体制改革的决定》提出"提高民族素质,多出人才、出好人才";1993年,《中国教育改革和发展纲要》提出"建立各级各类教育的质量标准和评估指标体系",首次确定了标准在教育发展中的重要地位;1995年,《中华人民共和国教育法》提出设立学校要"有符合规定标准的教学场所及设施、设备等",并且要"执行国家教育教学标准,保证教育教学质量"。

(二) 建设发展阶段(1996—2009年)

1996年,《中华人民共和国职业教育法》提出"实施职业教育应当根据实际需要,同国家制定的职业分类和职业等级标准相适应,实行学历证书、培训证书和职业资格证书制度",并明确了职业学校设立、经费投入等标准;同年,原国家教委颁发《核定普通高等学校招生规模办学条件标准》《"红""黄"牌高等学校办学条件标准》;1998年,《中华人民共和国高等教育法》提出要设立高等学历教育学业标准和高等学校设立标准等;2000年、2001年教育部发布《中等职业学校专业目录》和《中等职业学校设置标准(试行)》,以及83个重点建设专业教学指导方案。2000年,教育部颁发《高等职业学校设置标准(暂行)》;2004年,教育部颁发《普通高等学校高职高专教育指导性专业目录(试行)》;2000—2009年,教育部先后颁发《中等职业学校德育课程教学大纲(试行)》《中等职业学校学生心理健康教育指导纲要》、部分文化基础课程和专业基础课程教学大纲、中职9门大类专业基础课教学大纲等标准。

(三) 体系构建阶段(2010年至今)

2010年,国务院颁布《国家中长期教育改革和发展规划纲要(2010—2020年)》,提出"建设职业教育质量保障体系,职业教育与职业资格证书制度";2012年,教育部发布《高等职业学校专业教学标准(试行)》,该标准是高等职业学校进行教学基本建设和专业建设的基本标准,涉及18个大类的410个高等职业学校专业教学标准,该标准的实施对于高等职业学校准确把握培养目标和规格、科学制订人才培养方案、深化教育教学改革、提高人才培养质量起到了重要的指导作用;2012年以来,教育部陆续颁发护理、道路运输等19个专业的专业仪器设备装备规范和30个专业的实训教学条件建设标准;2015年,教育部修订《普通高等学校高等职业教育(专科)专业目录》,设19个专业大类,99个专业类，748 个专业，同时发布了新的专业设置管理办法和专业简介；2016 年、2018 年，教育部先后颁发两批《职业学校专业（类）顶岗实习标准》，涉及专业 136 个；2018 年，教育部发布《关于完善教育标准化工作的指导意见》；2019 年 6 月，教育部公布《高等职业学校物流管理专业实训教学条件建设标准》等 21 项职业教育教学标准；2019 年 7 月，教育部公布首批涉及 19 个大类 347 个高等职业学校专业教学标准的修（制）订稿，2020 年完成了 202 个标准的制定与验收；2021 年 2 月，教育部对《高等职业学校电子信息工程技术专业实训教学条件建设标准（征求意见稿）》等 32 项教学标准征求意见；2021 年 4 月，教育部发布高等职业教育专科英语、信息技术课程标准（2021 年版）；2021 年 11 月，教育部对《高等职业学校现代农业技术专业实训教学条件建设标准（征求意见稿）》等 18 项教学标准征求意见；2021 年，教育部印发《职业教育专业目录（2021 年）》（以下简称《目录》）。新版《目录》按照"十四五"国家经济社会发展和 2035 年远景目标对职业教育的要求，在科学分析产业、职业、岗位、专业关系基础上，对接现代产业体系，服务产业基础高级化、产业链现代化，统一采用专业大类、专业类、专业三级分类，一体化设计中等职业教育、高等职业教育专科、高等职业教育本科不同层次专业，共设置 19 个专业大类、97 个专业类、1349 个专业，其中中职专业 358 个、高职专科专业 744 个、高职本科专业 247 个。

至此，我国基本形成了以专业目录、专业教学标准、课程教学标准、顶岗实习标准、专业实训教学条件建设标准（专业仪器设备装备规范）等五部分构成的职业教育国家教学标准体系。

四、我国职业教育教学标准建设成果

随着教学标准在职业教育教学中重要性的日益凸显，从教育部到各省（自治区、直辖市）再到职业院校，都开展了标准建设工作。经过多年的持续建设，我国职业教育教学标准建设取得了一定的成效，中国特色的职业教育国家教学标准体系框架基本形成。

（一）构成了符合我国国情的职业教育标准体系

马成荣在其研究中将我国的职业教育标准归纳为三类，即"准入"标准、

"过程"标准、"准出"标准,构成了符合我国国情的职业教育标准体系,规范了职业院校从办学准入,到教学实施,直到学生毕业资格准出的全过程。教育教学三类标准的关系见图2-1。

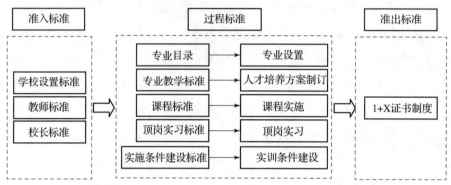

图2-1 "准入""过程""准出"职业教育标准体系

准入标准:是教学标准的基础,起到规范和监督的作用。国家提出的职业院校设置标准、教师和校长标准等,作为职业院校办学条件的最低准入标准,是强制性标准,是不能突破的底线,要体现政策的刚性,达不到标准一律不得办学。

过程标准:国家提出的职业院校专业目录、专业教学标准、课程标准、顶岗实习标准、实训条件建设标准等,是规范、指导和引领职业院校办学过程的教学标准。相对准入标准,过程标准更灵活,各省份和院校可以根据自身情况,开发符合实际情况的标准。

准出标准:《国家职业教育改革实施方案》提出1+X证书制度试点是一项全新的制度设计,关键是要通过顶层设计和实践探索,制定职业院校培养高质量人才的准出标准。

(二) 形成了国家—地方—院校三层次教学标准体系

我国职业教育教学标准体系包括国家标准、地方标准和院校标准三个层次。职业教育国家专业教学标准是地方和院校专业教学标准的指针和导向,而地方和院校的专业教学标准是国家专业教学标准区域化的具体呈现,是富有地域特色的教学标准。

国家层面侧重于宏观调控、质量保证基本水平的标准制定。我国职业教育建立了国家教学标准体系,同时也提出了国际接轨的要求,鼓励和支持职业院校参与国际专业认证。

地方层面侧重于适应区域发展要求的针对性的、补充性的标准制定。我国各省（自治区、直辖市）在贯彻执行国家教学标准的基础上，根据区域经济社会及产业发展的实际需要，制定并发布了适应当地发展的职业教育教学标准，例如广东、湖南、山东等地都相继发布教育教学标准。

院校层面侧重于具体实施的、过程调控的标准制定，如人才培养方案、课程标准、教学评价标准等。在执行国家标准、地方标准的基础上，制定校级标准已成为职业院校教学工作诊断与改进工作乃至内部质量保证体系建立的重要内容。

五、我国职业教育教学标准建设特点

（一）强调基础地位，体现中国特色（特色性）

国家职业教育教学标准是职业教育标准的基础，对地方和院校标准具有指导性作用，同时体现国家职业教育的基本要求。随着高等职业教育事业的发展，高职院校的竞争压力日益增强，在此背景下，高职院校若想巩固自身的地位，扩大影响力，则必须要凸显办学特色。高职院校建立教学质量标准应当具有一定的特色性，高职院校需要结合自身的发展定位来制定吻合办学思想及教学特点的教学质量标准，争取培养出有特色、有能力、有希望的发展型、复合型、创新型技术技能人才。

（二）重视学生发展，推动就业创业（导向性）

以就业为导向既是世界职业教育发展的共同趋势，也是我国职业教育发展的必然选择。与其他教育类型相比，职业教育更多地承担着传递职业活动经验的任务，职业教育改革必须强调以就业为导向。因此，作为专业教学关键的专业教学标准的制定应坚持就业导向原则，专业教学标准文件的相关要素，例如教学大纲、核心课程以及考评内容与方法等都应当体现就业导向的原则，以此引导我国职业教育教学以学生就业需求为中心发展。

（三）注重产教融合，契合产业发展（发展性）

我国职业教育教学标准的建立，突出职业教育产教融合的本质规律，注重产业、技术、模式和理念的更新，深入分析产业行业发展的新形势，因此高职院校教学质量标准是动态变化的，具备发展性特征。标准的建立，应考虑行业的发展，充分体现服务产业对人才培养的新要求。同时教学标准建设和实施过程中，应主动对接高端产业，及时将行业企业的新技术、新工艺、新业态融入教育教学标准的内容，全面深化校企合作。例如，为了适应先进制造业的发展，在《高等职业学校专业目录》中新增"船舶与海洋工程装备""航空装备"专业，并使用"装备制造大类"替换了"制造大类"，更契合产业发展；为了适应互联网技术的融合和现代服务业的发展，增设"智能交通技术运用""网络新闻与传播""互联网金融""移动商务"专业，建立及时对接行业企业最新技术技能水平和岗位规范的专业教学标准，从而推动职业教育与产业深度融合。

（四）服务社会发展，适应各类需要（适应性）

我国职业教育教学标准的建设充分适应社会经济发展的需要，最大限度地满足社会对人才的需求，体现了职业教育教学标准的适应性。我国职业教育教学标准的建设以需求为导向，服务经济社会发展和人的全面发展。

适应国家战略需求。我国建立的职业教育教学标准，注重国家战略性和鼓励发展的新兴产业。专业教学标准涵盖的二产和三产专业，符合国家重点产业发展布局。同时，瞄准先进制造业、战略性新兴产业和现代服务业等未来发展需求，开发先进制造业类专业教学标准、战略性新兴产业类、现代服务业类专业教学标准。

适应行业企业发展需求。我国职业教育教学标准制定注重专业技能的同时更加突出创新能力、绿色发展、合作意识以及学习能力等的培养要求。

适应职业院校特色发展需求。职业教育人才培养要求职业院校必须与企业密切联系，课程教学遵循行业规则和快速变化的人才市场规律，需要给职业院校专业人才培养预留自主特色发展的空间。

适应技术技能人才成长需求。教学标准制定力求体现职业教育特色，突出实习实训等实践教学环节，强调"做中学、做中教"，重视理论实践一体化教学。职业教育在培养目标、人才培养规格、课程设置以及教学评价等方面的衔接，明确接续专业，为学生成长、终身学习奠定基础。

第二节　国外职业教育教学标准现状分析及启示

通过对德国、英国、澳大利亚的职业院校的教学标准进行分析，总结它们的优势和特点，并结合我国当前职业院校教学标准的现状及问题，为完善职业院校教学标准制度和体系提供参考、启示。

一、国外职业教育的学生职业能力标准

（一）德国

1. 德国高职教育的主要机构——高等专科学校

德国高职教育在高等教育体系中占很大的比例，其中高等专科学校承担着大部分高等职业教育的任务。高等专科学校的主要任务是把学生培养成实际应用型人才，为职业实践做准备，其培养目标是工程技术人员。与综合大学不同，它的教学不强调学术性，也不偏重基础理论，而是注重对应用技术的培养；在教学上重视联系实际，对理论知识的讲授以能够用于实践的知识为重点；课程分为基础阶段和主要阶段，注重实习和实训，实习通常在企业或行政机关进行。综合来看，高等专科学校培养学生具备从事职业活动的技能，能进行实际的操作，课程的设置具有应用性、职业性和实践性特点，课程安排注重对理论的应用和学生实践能力的培养。

2. 德国"双元制"模式下的职业能力标准分析

德国职业教育中最有代表性的是"双元制"模式，指的是企业与非全日制职业学校合作进行职业教育的模式。"双元制"模式特征明显，其主体是企业与职业学校，其中学习者具有双重身份，既是学生又是学徒；企业与学校分属于两个不同的法律范围，企业依照《职业教育法》，而学校遵照《学校法》；主管单位也隶属于不同部门；在课程的设置上，企业更注重实训课，学校偏于理论课。"双元制"模式已经日趋成熟，成为德国高职教育与培训的主导体系。

德国职业教育在制定毕业生能力标准时要求行业协会全程参与，这体现出了以职业为导向的理念。德国职业能力标准的开发方法主要体现为行动导向的"能力本位"价值取向，其结构涉及基本职业能力和关键能力两个部分，是多层次和

多角度的。其中,基于纵向的性质结构分为基本职业和综合职业能力,横向的内容结构层面包括专业能力、方法能力和社会能力。

对于能力的层级,从根据新手到专家的发展需求,德国职业教育提出职业能力分为五个层次,即新手、高级工、能手、准专家以及专家,并以这五个层次作为职业资格的划分标准。以专业群设置的职业能力标准直观地体现从业者能力与层次的相互对应,不同的层次,能力的水平也大不相同,相比之下,对于较低层次的要求更注重操作性,对于较高层次的要求更在意对全局的掌握,强调其迁移和创新的能力。

(二) 英国

1. 英国高职教育的主要机构——多科技术学院

"二战"之后,具有学术性教育的英国传统大学已经不能满足经济发展对不同人才类型的需求,因此英国在 20 世纪 60 年代中期逐步发展出一种新型高等学校,即多科技术学院(Polytechnic College)。它附属于高等教育的范畴,但与学术性质的大学有许多不同点,特别在课程设置上更具地方性和职业性特点,其课程设置是富有特色的"三明治"课程,采取工读交替的形式。工读交替形式是指学生先用两年时间在校学习校内课程,第三年进行实践,最后一年再去学习,这种学习—实践—学习的循环方式有助于理论知识与实践的有机结合,让学生更好地掌握专业知识,利用实践熟悉操作技能,有利于学生今后迅速地适应工作岗位。

2. 英国 NVQ 模式下的职业能力标准分析

英国在职业资格证书(NVQ)模式下推行和实施职业能力标准。英国在职业能力培养经验的基础上,将职业能力分为三层,即特定能力、通用能力和核心能力,对职业能力的培训主要体现在对特定能力的培养上。通用能力是指相似的岗位群表现出的具有共性的能力;核心能力是指从事各项职业都需要具备的能力;特定能力是指某种特定行业或者岗位群展示的有别于其他岗位的必需的能力。在能力结构的基础上,英国的职业能力标准主要体现在职业资格证书的推行和实施上。NVQ 模式下主体分工明确,国家资格委员会、主导产业机构等部门推动 NVQ 实施。主导产业机构是构建和实施的主体,其承担本行业领域标准的制定和改善,并且将标准的制定与产业的发展紧密联系,并拥有配套的职业资格证书,其他相关部门分别负责监察、管理等事宜。

英国 NVQ 的推行,主要解决最矛盾的问题,即人们发现由于众多的职业资格证书性质和地位不明确、不清晰,导致了其职业技能在劳动市场不被认可。对于标准的制定方法采用了被很多发达国家采用的功能分析法,根据这种方法,一个国家职业资格的能力单元分为 14～25 个,其中每个能力单元分为 2～5 个能力要素,对应相应的能力标准,由低到高逐级进行,它覆盖了数千个职位技能的要求。同时,核心能力也会随着经济的发展而做出调整。1999 年英国最终认定了六种核心能力单元,即与人合作的能力、交际的能力、信息技术的能力、对数字的运用能力、自我学习的能力与解决问题的能力。这些能力包含不同的要素(见表 2-1),前三种是主要核心能力,课程的设置必须涉及这三种能力,便于取得国家职业资格证书;后三种不做硬性的规定,只是让学生以此作为标杆完善自身的基本知识和思维能力。

表 2-1 英国职业资格的核心能力

序号	核心能力名称		要素
1	主要核心能力	交流	1.1 参加讨论 1.2 收集原始资料 1.3 编制报告 1.4 报告的审阅和反馈
2		数字应用	2.1 收集和记录数据 2.2 处理问题 2.3 解释和提供数据
3		信息技术	3.1 准备信息 3.2 处理信息 3.3 提交信息 3.4 评估信息技术的使用

续表

序号	核心能力名称		要素
4	广泛核心能力	与人合作	4.1 确认合作目标和职责 4.2 实现合作目标
5		学习与业绩的自我提高	5.1 确认目标 5.2 按照计划达到目标
6		解决问题	—

(三) 澳大利亚

1. 澳大利亚高职教育的主要机构——技术与继续教育学院

技术与继续教育学院（TAFE学院）是澳大利亚提供职业教育和培训的公共服务机构，主要进行初级和高级的职业培训。TAFE学院按照由行业制定、国家认可、各州之间相互承认的能力标准来进行教学与培训。TAFE学院设置方式分为两种：一种是独立式，另外一种是从属于大学里的TAFE部门。TAFE学院为学生提供呈阶段性但又能继续学习的教育与课程，使学生能够在不同的阶段结合自身需求选择相对应的课程。TAFE学院依据"培训包"开发的职业能力标准对教学内容进行设定，充分结合了各个行业与企业的需求，它富有"行业参与、标准具体、双标融通"的特色。

2. 澳大利亚"培训包"模式下的职业能力标准分析

澳大利亚的职业能力标准主要来自"培训包"的开发，"培训包"由行业职业团体负责开发，而教育部门与相关培训机构在其中只起到咨询、协助的作用。澳大利亚某行业的职业能力标准由能力标准委员会来制定，该委员会由雇主、职员以及相关权威部门的代表组成。能力标准委员会的职责是开发此行业的职业能力标准并将情况上报给能力委员会，至于其他的开发政策及细则，则由其他相关部门予以执行。由此可以看出，澳大利亚对于整个职业能力标准从制定到完善再到推广与实施，分工明确，责任划分清晰明了。TAFE学院在拟定课程标准时，依据的就是"培训包"模式下的职业能力标准，这就大大保证了职业能力标准与岗位能力保持一致，体现行业需求。

"培训包"模式下的职业能力标准内容明确，从能力单元出发分析在标准中的具体能力，分析达到该能力的组成要素，然后对操作应具备何种程度进行陈述性说明，分析该能力单元适用于哪些职业，最后对学院能力进行情境的检测。比如，澳大利亚信息技术行业培训包列出了174项职业能力标准，规定了标准的不同组合，依据这些组合相继开发出了16种课程，并且与国家认可的职业资格证书一一对应，规定了哪些课程可以获得何种级别的职业资格证书。TAFE学院以"培训包"体系作为依托的课程开发标准，实现了能力标准与职业资格的紧密对接，保证了标准具有可操作性和权威性，并得到企业与学生的认同。同时，依据"培训包"对关键能力的开发，TAFE学院将适用于行业的关键能力划分为五种（见表2-2），分别是：收集、处理信息的能力；交流观点、传递信息的能力；计划与组织活动的能力；掌握数学概念并运用数学技术的能力；解决问题的能力。

表2-2 澳大利亚TAFE学院"培训包"关键能力

序号	能力单元	能力要素
1	收集、处理信息的能力	1.1 了解信息目的、来源和听众 1.2 会应用搜索，获取信息技术及原则 1.3 能分析和编排信息 1.4 能评价信息的质量和有效性
2	交流观点，传递信息的能力	2.1 沟通有明确目的，能确定听众 2.2 能选择沟通形式和风格 2.3 能有效表达真实意思 2.4 在沟通过程中能及时修正
3	计划与组织活动的能力	3.1 能确定项目轻重 3.2 能对计划和组织活动的具体行为及过程进行评估 3.3 能对影响完成重要任务的各种因素做出反应 3.4 与他人和团队共事的能力 3.5 能明确与人共事的目的和目标 3.6 懂得不同角色，能理解各种观点

续表

序号	能力单元	能力要素
4	掌握数学概念并运用数学技术的能力	4.1 能够区分活动的目的和目标 4.2 懂得选用恰当的数学概念和技术 4.3 会运用数学算式和技术 4.4 能根据需要调整精度要求 4.5 能够解读和评价方案
5	解决问题的能力	5.1 能够确定和划分问题 5.2 能正确解决问题 5.3 能预测问题,分析起因和条件 5.4 能评价结果及处置过程

二、国外职业教育的师资标准

(一) 德国

德国对职业教育教师资格有严格的要求,达不到规定的条件,一律不允许担任职业教育教师,这就从根本上保证了师资的质量。政府要求报考职业教育教师必须有一年至一年半的工龄,或是在学校毕业后又取得教育部高级技术员证书。他们在大学里学习4年,学完后通过第一次国家考试,到职业学校进行1.5~2年的教育实习,然后进行第二次国家考试,考试通过后获得正式教师证书。持正式教师证书者,才有资格被聘为职业学校教师。德国对职业教育教师的要求有三点:一是教师的最低学历为大学毕业,以保证教师应具备的基础理论知识;二是教师要通过实习或是在工作中获得实践动手能力;三是教师要通过师范专业培训,获得教育教学能力。

德国的职业教育教师培训具有以下几个特点:

1. 教师培训机制健全完善

德国的《职业教育法》及《教师培训教育法》都对教师的培训和继续教育做了明确规定,要求职业教育教师必须参加有关科技进步、职教发展方面的培训,每两年参加考核一次,如果合格可以晋升一级并获得加薪,如果不合格则要继续培训,并且通过各种形式的调查,了解教师培训的质量与效果。

2. 教师培训内容灵活完整

既有注重教师专业能力、社会能力、方法能力的培训,也有针对区域经济发展推出的特殊性的课程,职业教育教师培训内容根据社会需求和教师需求进行灵活安排和调整。

3. 教师培训方式采用双元制模式

职业教育教师要在培训机构和企业两个不同的环境中学习和训练,在培训机构主要学习新理论和新技术,在企业主要接受实务操作技能方面的训练。由校企双方共同完成对职业教育教师的培训,充分发挥校企双方共同参与职业教育的作用。

(二) 英国

英国对职业教育教师的培养注重将教师教学实践能力和专业实践能力的培养和提升贯穿于教师职业生涯发展的全过程,注重职业教育教师的职前培养、入职辅导和职后培训,注重将大学、职业学校、企业三方的参与积极性充分调动起来,形成了极富特色、极具高效的"三段融合""三方参与"的职业教育教师培养模式。

英国职业教育教师除了要掌握本专业的理论知识体系、教育教学方法,还必须有本专业的实践经历,了解本专业一线的技术应用前沿成果,同时能够为学生进行示范讲解。为了提高教师专业素质,英国 2000 年又推出了《继续教育教师(含高职教师)素质和管理标准》,对职业教育教师既有学术水平与教学水平的要求,又有实践经验与实践能力方面的要求,主要涉及"职业""技能"和"教学"三个领域。

1. 职业意识

要求教师对高职教育的社会地位与作用、国家教育形式与政策、教育法律与法规、高职教育发展趋势等方面有一个全面正确认识;具有宽厚的教育基本理论知识和专业知识;掌握学习理论、教学技巧和教学方法;了解最佳职业时间的构成要素;熟悉测量、评估方法,掌握分析和利用重要信息促进教学的技巧;清楚继续教育的变化和教师自己的教学实践可能会给学生带来的影响；懂得信息技术并能够利用它强化学习；把握如何充分利用自己的技术、教学能力和职业发展资源；了解最新的课程发展模式。

2. 技能素质

教师应具备多方面的"个人能力"和"个人品质"。个人能力包括分析、评估、确定工作重点和目标的能力；把握时间、做出规划的能力；监督和检查教学过程的能力；学习研究、自我反省和自我提高的能力；诠释、运用知识于实践的能力；解决问题、做出决定的能力；创新能力；合作能力；处理矛盾的能力；善于沟通的能力；利用网络开展工作的能力。个人品质包括热情自信，富有活力；诚实正直，为人师表；坚持不懈，持之以恒；热爱教育，全情投入；严谨治学，率先垂范；心系学生，不鄙不宠。

3. 教学素质

教学素质方面包括评估学习需求、教学规划及教案编写、开发利用不同的教学技巧及方法、管理学习过程的技巧、指导学生的方法和技巧、评估学习效果和学生成绩的策略、自我评估和规划未来、满足职业要求的其他条件。

(三) 澳大利亚

澳大利亚职业教育发展已经相对成熟，对于职业教育教师的培训具有丰富的经验，具有以下特点：

1. 有一套较为完善规范的教师培训与资格认证体系

与学生职业能力标准类似，职业教育教师培训的内容是按照澳大利亚国家培训信息服务中心提供的8个"培训包"的明确要求进行的。培训结束后，教师须完成规定的作业，并接受考核，所有"培训包"的内容考核全部通过后才能获得资格认证。

2. 有较为鲜明的职业教育特色

"培训包"是专门针对职业教育培训设立的，"培训包"的使用贯穿于培训的各个环节中，这样非常有利于教师逐渐掌握"培训包"的应用。其次，对教师的考核是按照完成工作任务设计的，是针对工作岗位的教育与培训，最基本的特征是基于"能力"的培训。

3. 有较为完整的培训内容

"培训包"包括从教学材料准备、教学过程实施、教学效果反馈调查、培训及考评准备、实施考评、考评证据材料的保存、培训项目的设计与宣传等各个方面，内容非常全面。教师的培训从内容上看非常注重实用性，培训后即可用来指导教学，因此培训效果非常明显。

"培训包"是澳大利亚职业教育教师任职资格标准，它规定了从事职业教育教学活动和技能鉴定的要求，其核心是使未来的和在职的职业教育教师遵循"学习者中心"职业教育理念，关注学生的学习和技能训练过程，提高学生的知识建构能力。"培训与鉴定"培训包的能力框架非常全面，澳大利亚各职业学校也可以对能力标准单元进行灵活组合，制定符合本校实际的教师招聘标准和能力要求。

三、国外职业教育的课程标准

（一）德国

德国职业教育成功的关键是采用基于工作过程的项目化教学模式和"双元制"体系下的校企合作。其中，课程开发是基于职业中的整个工作过程来进行的，按照工作体系来构建课程体系，针对实际工作结构来设计课程结构，按照实际的工作任务需要和工作内容，把职业能力的培养作为本位，将职业活动作为主线，组织和设计教学内容，不再按学科型课程采取灌输知识、学生被动学习以及实践与理论脱节的方式。企业作为"双元制"中的一元，在通过行业协会和州教育主管部门的资格认证后，负责为学生提供实训基地。职业学校作为"双元制"中的另一元，负责结合企业中的岗位，传授给学生符合岗位能力需求的基础和专业知识。开展职业教学时，必须严格执行学校所在地方的相关职业教学大纲，由地方教育部、德国工商大会以及企业代表组成的考核小组对学生进行学业考核，学生合格后方能获得由德国工商大会颁发的毕业证。

（二）英国

英国的职业教育涉及行业协会、颁证机构、学校和培训机构三大环节，由政府部门进行管理。课程标准由颁证机构（Awarding Body）制定，包括各专业的课程体系、课程大纲（含考核标准）两方面。行业协会制定职业标准，根据职业标准，由领域专家和课程专家确定英国 BTEC（英国商业与技术教育委员会）课程模块，包括核心模块和选修模块，课程考核注重过程性考核。这种方式的优点就在于课程总体具有规范性。其次，灵活性也是英国职业教育课程制定的一大特点，各学校可以根据自己本地的发展状况选择相应的课程模块实施教学。课程以能力为中心，一方面和行业协会的职业标准相关联，另一方面提供满足这些职业标准所要求的潜在知识，并开发准备工作的实践技能。

（三）澳大利亚

TAFE 学院开发的课程以行业标准为依据，将理论知识的学习和技能的训练并重。其所设的科目数量和内容均根据证书或文凭的标准来设定，课程必须在权威认证机构获得认证注册，学生修完被认证的课程并合格就可取得国家和行业承认的资格证书和文凭。TAFE 学院开发的课程均具有统一的名称、统一的编号、统一的学时数、统一的能力测试标准，同时提供主要的教学文件，包括课程教学大纲、科目教学大纲、教学指导书、教材或教学参考书。TAFE 学院课程的开发主要依据由行业培训顾问委员会制定并经批准后颁发的"培训包"，每个"培训包"基本包括两部分：其一是国家认证的部分，含能力标准、资格证书、评估指南；其二是非国家认证的部分，包括学习方法指导、评估材料和发展材料三部分。各 TAFE 学院都必须根据"培训包"的要求来设置课程、组织教学工作以及对学生的学习结果进行考核。合格者可获得全国通用证书，而且可以凭不同等级的证书参加工作或到更高层次的学校继续学习。引入"培训包"将职业培训目标与行业技能需求结合起来。

四、国外职业教育教学标准对我国职业院校的启示

（一）学生职业能力标准

1. 基于能力本位有助于把握高职学生职业能力标准制定的方向

德国"双元制"体系的最大特征是突出"能力本位"，英国、澳大利亚两国同样遵循能力本位对职业能力标准进行开发，因此制定高职学生的职业能力标准时，以能力本位为基础，着眼于学生的未来，在教学过程中注重对学生进行专业技术的训练及关键能力的培养，以行业职业所需要的工作能力为主线，使教学的内容在实践中能得到运用。鉴于此，我国高职教育应从"知识本位"向"能力

本位"过渡转变。高职院校在教学中引导学生树立正确的价值观,对学生进行理论上的启发与行为的指导,通过调动学生的主观能动性发挥其自身的潜能,不仅有利于学生的发展,也推动了教学的进步,更有利于培养方案的有效实施以及培养方式的灵活多变。高职院校在现实中的培养主要以基础知识和基本操作技能为依托,但对学生职业能力的重视是未来高职院校要把握的方向,学生从事某种职业不单单是岗位技能的操作,还要具有适应社会的能力和方法,能力本位的价值取向有助于高职学生对职业能力的全面把控,对高职学生职业能力的构建有准确的价值定位。

2. 明确制定主体有利于高职学生职业能力标准准确性的提升

英国、德国、澳大利亚三国在开发职业能力标准时,其政策导向,标准的制定、监管、实施及其评价都分属于不同的机构、不同的企业、不同的部门,主体明确,分工清楚。对于职业能力标准构建的主体选择,如果单一由高职院校去做是不太现实的,行业、企业、职业培训与管理机构、职业教育与培训机构、大学、高职院校都要参与进来。对于高职院校来说,可根据具体的实施要求充实职业能力标准的内容,解决教育、教学实施的管理问题,对学生的职业能力培养、教师专业能力的提高给予指导。高职学生职业能力培养主要在高职院校进行,其构建的主体也要从高职院校着手,高职院校的教师、学生参与进来,企业以及相关的行业部门进行辅助,在参考国家职业标准的基础上,做到构建主体科学全面,主体的选择有助于标准构建的顺利进行,以提高标准制定的准确性。

3. 重视关键能力有助于全面掌握高职学生职业能力标准

对于"关键能力"一词,由于受不同国家的语言、文化背景等因素的影响,称谓不同,但其意思都是指具有在不同岗位之间可迁移的能力。英国、德国、澳大利亚三国职业能力标准对关键能力都有涉及,其构成要素有不同之处,也有重叠的地方,重叠的能力说明这些关键能力的重要性。高职教育的培养目标决定了人才的质量和规格,高素质人才集中表现在对工作有正确的态度,对事对人富有责任心,拥有良好的行为习惯,呈现出能够适应环境的迁移能力。重视关键能力有利于完善高职学生的培养目标,对职业能力的结构进行全面的分析。高职院校对关键能力的培养可以在专业教学中渗透,采取行动导向的教学方法,改变传统的授课方式,以工作过程为主线,让项目贯穿在整个教学过程中。

4. 对接职业资格有助于整体评价高职学生职业能力标准

英国 NVQ 模式最大的特点就是职业资格证书与职业能力标准的对接，这种紧密的衔接使得学习者符合能力标准就可以获取对应的职业资格证书，此做法的合理之处在于有一个科学的标准框架体系来引导行业标准的编制，从而促进整个职业教育的发展。能力标准有助于帮助制定者、实施者了解其在职业活动中要具备何种合乎规范的技能，更为特别的是，标准设定了工作的内容、工作完成的条件及完成工作要体现的知识水平和能力水平。分析高职学生职业能力，有利于更好地制定高职学生职业能力标准，职业资格与职业能力挂钩意味着对高职学生职业能力的评价更有据可依。因此，在标准体系构建的过程中将职业资格作为考核依据是科学的做法。

（二）师资标准

1. 制定严格的教师选聘制度

国外职业学校严密科学的教师选聘制度是其师资队伍建设成功的关键所在。国外职业学校建立了一套有别于普通高等学校的教师选聘制度。根据国外职业学校教师选聘制度的经验，我国应从以下三个方面进行改革。一是学历要求统一、严格。应聘者原则上至少具备本科学历，部分特殊专业要具备硕士或者博士学历。二是实践能力的验证。对于应聘者，国家要有基本的实践考核标准，各个地方、学校再根据实际情况进行修改，制定出一套完善的实践能力考核方案。三是在教师选聘的过程中，要保证公开公正，全校师生参与监督和选聘。

2. 构建师资培养培训体系，加强"双师型"师资队伍建设

国外职业学校对于"双师型"教师的要求较高，而且准入制度标准具有高度的可行性。我国高职院校要想提高教师的质量，需要明确"双师"标准，并从两个方面入手：一是要提高教师的学历，加强人才培养，从根源上要提高教师的学历水平，增强教师的知识储备能力；二是对于教师要采用强化实践的措施，提高教师的实际应用能力，这是"双师"教师最突出也是最重要的特点。高职教师到企业就某一岗位进行实践，掌握岗位工作的业务流程，并在同一职业不同岗位之间进行轮岗实践锻炼，提高岗位实务操作能力，这样对企业实务岗位能够有一个系统、全面、渐进、深入的认识，及时掌握行业、企业及职业岗位的最新动态信息，了解科技发展、财税政策对行业企业的影响。同时高职教师在顶岗实

践锻炼中能够收集到丰富、翔实的案例并及时运用到实践教学中，把最新的信息渗透到日常教学中，使自己的教学内容与企业的实际工作相一致。

3. 建立健全评价和激励机制

从国外的职业教育经验来看，要想建立完善的评价和激励机制，主要从以下几个方面入手：一是在学校发展的总体规划中一定要涉及"双师型"教师的培养和队伍建设，出台相应的职前教育和职后培训制度，制订出相应的具体培训计划；其次，加深校企合作，充分利用假期支持、鼓励、安排专职教师到各自对口专业的企业进行顶岗实践，亲力亲为，积累丰富经验，提升实践教学能力，在实践中更多了解企业需求，使职业教育的培养目标更加明确；第三，营造良好的工作、生活氛围和晋升通道。综观国外职业教育，教师在工资待遇、社会福利、地位等方面都具有优势，我国职业教育需要完善激励机制，稳定教师队伍，逐步实现规范化、制度化，加强吸引力、凝聚力和向心力。

4. 拓宽高职院校教师来源渠道，加大聘请兼职教师的力度并注重兼职教师的队伍建设

近年来，随着高等教育的发展，我国高职院校兼职教师队伍规模也随之扩大。但一部分高职院校由于各方面因素的制约，聘请到具有最新知识技能和实践经验的兼职教师数量有限。对于这种情况，高职院校应根据各自的办学条件，制定一些优惠政策，吸引社会上、企业中有专业技术特长的人员到校兼职。一方面，采用"请进来"的办法，选聘技术管理人员来校任教，优化教师整体结构，加大实习指导教师比重，提高"双师型"教师的比例，尤为重要的是，他们的参与将对在校专职教师起到"传、帮、带"的作用；另一方面，通过加强协作、联合办学、互聘联聘教师、返聘高级专家等多种途径，拓宽教师来源渠道，促进教师资源的合理配置和有效利用。总之，知名专家的参与，不仅能增强办学的针对性，降低办学成本，而且能扩大学校的影响，提高高职院校的声誉。

由于兼职教师大部分来自企业和社会，尽管有较强的实践操作能力，但大多没有经过系统的教育教学训练，对教育学和心理学等教育理论知识缺乏系统学习，不能深入分析教材教法，对教态、语言、板书以及对现代教育技术的运用不熟练，因此，传授教育教学理论知识是对兼职教师进行培训的重要内容，应组织他们积极参与集体备课、教研活动以及实训基地建设等工作。

(三) 课程标准

1. 以就业为导向,关注学生的职业生涯

在课程标准的建设中,首先,要考虑到就业市场的用人需求,及时跟踪市场需求的变化,主动适应区域、行业经济和社会发展的需要。课程设置要针对某种职业并落实到具体岗位(群),就业方向要在课程体系中清晰体现。其次,课程内容应指向工作需要,根据职业需要的知识、能力、技术等确定课程的性质和内容。再次,要统筹职业生涯发展与学生即时就业的需要,以专业技术学习为基础,兼顾就业需要的灵活性和学生的选择性来设置课程。

2. 工学结合,推行与生产劳动和社会实践相结合的课程模式

以工学结合带动专业建设,引导课程设置、教学内容和教学方法改革。重视实验、实训、实习三个关键环节,提高学生的实际动手能力;重视学生校内学习与实际工作的一致性;与企业建立密切伙伴关系,通过企业与社会需求紧密结合,加强实训、实习,创新人才培养模式,使课程标准落到实处。

3. 与行业职业技能标准对接

课程标准要与职业技能要求相适应。借鉴各行业各职业的技能标准、相关的职业资格标准,改革课程体系和教学内容,使学生在学业上能达到相关职业教育教学目标,在职业技能上能达到相关职业资格证书的标准,达到"毕业即就业"的效果,实现人才培养和社会需求的"零距离"。正如英国职业教育的特点:课程标准必须体现职业标准的内容,并形成从职业标准到课程标准,再到职业标准的循环,体现了以就业为导向的课程标准设计。

4. 注重课程标准的更新调整

高等职业教育课程与社会经济、政治、科技发展、产业发展带来的劳动力市场变化即时相关,依赖性很强,为适应产业机构的变化,课程标准必须及时更新调整。正如澳大利亚的"培训包",它由行业协会组织作为可持续性工作进行开发,一般每隔3年对原有的内容进行修订,推出新版本,有关机构每隔3~5年对"培训包"的内容进行检查。

第三章
高职院校教学标准开发的原则、方法与途径

我国职业教育国家层面的教学标准确立了人才培养目标和规格，明确了课程设置、教学实施、教学资源和质量保障等要求。为达成人才培养目标要求，规范人才培养过程，在国家教学标准的基础上，高职院校层面仍然需要结合地方产业需求、企业需求、学生需求及办学水平开发校本教学标准并付诸实践。为简化表述，本章及后续章节所称高职院校教学标准，均是指校本教学标准。

第一节 高职院校教学标准开发原则

高职院校教学标准的开发应遵循以下原则：

一、教育性原则

高职院校的教学标准应当遵循教育性原则。教学标准不同于职业标准，教学标准是按照教育学和教学法的逻辑而开发的。教学标准回答的问题是：为了达到培养目标，学生需要学习什么，强调的是学什么如何学以及学习内容和质量如何评估。因此，教学标准一定要凸显教育性原则，遵循职业教育、技术技能人才成长和学生身心发展规律，坚持育人为本，促进全面发展。传授基础知识与培养专业能力并重，强化学生职业素养养成和专业技术积累，将专业精神、职业精神和工匠精神融入人才培养全过程。

二、职业性原则

高职院校的教学标准应当遵循职业性原则。在《国家职业教育改革实施方案》中明确指出："职业教育与普通教育是两种不同教育类型，具有同等重要的地位。""把职业教育摆在教育改革创新和经济社会发展中更加突出的位置""着力培养高素质劳动者和技术技能人才""为促进经济社会发展和提高国家竞争力提供优质人才资源支持"。因此，高职院校教学标准开发必须坚持以服务经济社会发展为出发点，必须充分体现服务产业转型升级对人才培养的新要求，关注新技术、新业态、新产业、新模式。要瞄准国家或区域产业战略布局及发展趋势，同时要充分了解行业企业的需要，保证行业企业专家参与标准制定的全过程。

三、体系性原则

高职院校的教学标准应当遵循体系性原则。一个标准体系是由若干标准构成的在一定范围内按其内在联系形成的科学有机整体，标准体系内各标准相互制约而又相互依赖。高职院校教学标准中的人才培养方案、学生职业能力标准、教师标准、基地标准、课程标准等，应当围绕学校教育教学目标的达成构成一个科学有机的整体，标准之间相互联系、相互作用、相互约束、相互补充，教学标准的效应除了直接产生于各个标准自身，还要从构成体系的标准之间的相互作用中获得。

四、开放性原则

高职院校的教学标准应当凸显开放性。教学标准的开放性体现在其逻辑起点要来源于企业岗位人才需求，开发人员要广泛吸纳行业企业实践专家、教育研究人员、骨干教师参与，开发过程要进行充分的社会调研和论证，开发完成要投入实际使用，跟踪评估使用效果，并根据外部条件（生产发展、技术迭代、岗位变化等）及内部条件（专业水平、实训教学条件、生源状况等）的变化定期进行更新改进。

五、适用性原则

高职院校的教学标准必须具备较强的适用性。适用性原则要求相关的教学标准能够充分适应企业岗位及学生的实际需要，与各类职业标准相契合，与当地的产业发展、经济发展要求相契合，与学校的办学水平、办学条件相适应，各项要求应当明确清晰、便于理解，能够经得起实践的检验，能够促进当前高等职业教育教学工作的进步与发展。

第二节 高职院校教学标准开发的方法与途径

一、高职院校教学标准开发的方法

（一）调查法

调查法是指通过访谈、实地考察、发放问卷、浏览网站、查阅文献等方式收集数据并进行数据分析。教学标准开发过程需要的各种数据，如社会各行业企业的岗位设置情况、对人才的需求情况、对人才的培养规格要求、学生培养质量与企业期望的符合度、核心课程的重要度和满足度等，都需要通过调查来获得相关信息。调查法的主要优点是可以收集大量的信息和数据，尤其是问卷调查，可以得到很多量化结果，是运用较广的方法。但问卷调查的缺点是有时收集到的信息是有限的，为了简化数据收集和解释，问卷的设计主要是选择题，因而限制了调查的深度和多层次展开。因此宜结合多种方式开展调查。

（二）CBE/CBT 和 DACUM

CBE（Competency Based Education）意为以能力为基础的教育，是在 CBT（Competency Based Training，意为以能力为基础的培训）基础上发展起来的职业教育教学体系。在 CBE 中广泛采用 DACUM 法。

DACUM 是 Develop A Curriculum 的缩写，直译是"开发教学计划"，实际上是一种分析和确定某种职业或者职业岗位所需能力的方法。这种方法是 20 世纪 60 年代末，由加拿大区域发展经济项目部（The Experimental Projects Branch of the Canada Department of Regional Economic Expansion）和美国纽约学习通用公司（The General Learning Corporation of New York）合作开发提出的。两个组织合作进行了大量的理论研究和实践探索，最终得出以下结论：

（1）优秀工作人员在确定和描述与本职工作所需能力方面最有发言权。

（2）任何职业或者职业岗位的工作内容都能有效而充分地用优秀工作人员在他们的工作中完成的各项任务来描述。

（3）任何技术能力与操作这项技术能力的人员所需要的知识、技能和态度都具有直接的联系。

在这三条研究结论的前提下，加、美两组织开发出这种分析确定职业所需能力的方法。

DACUM 的具体做法是：由某一职业长期工作、经验丰富的优秀从业人员组成一个专门委员会，对一个职业进行工作职责和工作任务两个层次的分析，分别得出能力领域（Area of Competency）和技能（Skill），之后对每个专项能力分别进行具体说明。DACUM 的最终成果是 DACUM 表，DACUM 表包括名称、能力领域、技能以及技能操作评定标准四项内容，通常一个职业分为 8~12 项能力领域，每个能力领域包含 6~30 项技能。

DACUM 方法是一种科学、高效、经济地分析确定职业所需能力的职业分析方法，广泛应用于职业教育及培训。从能力观角度分析，这种方法是建立在行为主义能力观的基础上的方法，其将能力理解为完成工作任务的可观察、可确定和可描述的技能和知识，关注的重点是可测量的操作活动，其分析结果常常是工作活动中的动作技能方面，因此具有一定的局限性。但这种方法的过程严谨性、对能力的描述以及对于学生技能掌握程度的分级等，对于教学标准中学生职业能力标准的开发仍然具有重要的参考和借鉴价值。

（三）工作任务分析会

工作任务分析会是借鉴德国学习领域课程开发中的实践专家访谈会、工作日志分析法等，结合我国国情和高职院校情况形成的一种职业能力分析方法。每一个职业（专业）都可以用一定数量的典型工作任务进行描述，通过工作任务分析会确定并描述职业的典型工作任务，以及完成典型工作任务需要具备的职业

（专业）能力。工作任务分析会是一种科学、高效、经济的职业能力分析方法，工作分析会的结果可以作为人才培养方案开发、学生职业能力标准开发、课程开发的基础。

工作任务分析会由主持人、企业实践专家、专业教师参加。主持人首选非专业的教育专家担任，其次选择专业负责人，要求熟练掌握工作任务分析技术，语言表达清晰，善于引导和激发行业专家的思维，具备较强的现场协调和控制能力。企业实践专家指在生产一线直接从事生产操作和管理的专家，如班组长、工段长、技术员、工程师、车间主任等，最好具备高级工以上证书，尽可能选择在该领域具有十年以上工作经历，对所从事的职业领域有较为宏观、整体、前沿性了解，善于与人沟通和合作，能够清晰用语言和文字表达自己的意见，能够安排完整的一天时间进行会议而不受干扰。每次工作分析会需 9~12 位企业实践专家。专业教师在工作分析会过程中全程学习并提供一些辅助工作。工作任务分析会采用头脑风暴的形式进行。工作任务分析会的流程见表 3-1。

表 3-1 工作任务分析会流程

阶段	步骤	主流程	流程说明	输出
热身阶段	0.1	嘉宾介绍	介绍到会的企业实践专家	
	0.2	背景介绍	讲解专业的培养目标、岗位，本次会议的目标、工作内容、工作方式、时间安排等	
第一阶段：工作领域分析	1.1	初写工作任务	主持人引导企业实践专家写出该专业毕业生在岗位中做哪些事。尽可能多地写，每张卡片只写一件事	大量的具体或抽象的工作任务
	1.2	归纳工作领域	请两位实践专家代表对所有卡片进行归类，并写上标题。之后主持人引导全体企业实践专家讨论确定标题，该标题即是工作领域名称。对工作领域连续编号	工作领域并编号

续表

阶段	步骤	主流程	流程说明	输出
第二阶段：典型工作任务分析	2.1	细写工作任务	针对某一工作领域，主持人引导企业实践专家写出在该工作领域下毕业生在岗位中做哪些事。尽可能多地写，每张卡片只写一件事	大量的具体或抽象的工作任务（有些任务是在初写阶段已经有的，有些任务是专家之前没有想到的）
	2.2	归纳某一工作领域下的典型工作任务	请企业实践专家对工作任务归类并写出标题，主持人引导全体企业实践专家对归类结果进行讨论、补充、修改直到达成一致。该标题即是典型工作任务名称	典型工作任务
	2.3	归纳所有工作领域下的典型工作任务	分批次请企业实践专家写出所有工作领域下的工作任务，之后将企业实践专家分成若干组，专业教师参与其中，归纳出每个工作领域下的典型工作任务。之后主持人引导全体企业实践专家逐一讨论确定典型工作任务。对典型工作任务进行连续编号	所有典型工作任务并编号
第三阶段：能力分析	3.1	写方法能力、社会能力	用纸质书写的方式，企业实践专家写出任职者需具备的方法能力、社会能力	形成方法能力表和社会能力表
	3.2	难度等级确定	采用调查问卷形式对典型工作任务进行难度等级划分，企业实践专家讨论确定典型工作任务难度等级	确定难度等级
	3.3	写专业能力	用纸质书写的方式，企业实践专家写出任职者完成每个典型工作任务需要的专业能力	归纳出专业能力

续表

阶段	步骤	主流程	流程说明	输出
第四阶段：汇总反馈分析结果	4.1	汇总结果及回收问卷	会上布置后续工作安排——发放工作日志和工作分析问卷。会后专业团队汇总步骤2.3和第三阶段获得的成果，形成典型工作任务及能力表，通过邮寄方式给企业实践专家修改确认。会后一周回收工作日志、工作分析问卷及修改反馈意见	形成典型工作任务及能力表、工作日志和工作分析问卷

二、高职院校教学标准开发的过程

高职院校教学标准开发的过程可分为"调研—起草—审核论证—发布实施—优化调整"五个阶段。

（一）调研

调研包含两个环节，第一个环节需要认真学习、研究国家关于高职教育定位的政策，以及与本专业相关的行业、企业技术发展趋势。第二个环节是面向行业企业、毕业生、兄弟院校以及第三方机构，开展实地走访、问卷调查、调研访谈、网络调研等多种形式的调研，形成调研报告，确定与标准相关的岗位（群）的技能、素质要求、培养目标定位等。

（二）起草

结合实际落实国家教学标准的要求，准确定位专业人才培养目标与培养规格，合理构建课程体系、安排教学进程，明确教学内容、教学方法、教学资源、教学条件保障等要求。在标准起草的阶段，需要特别注意要对经过各种调研、分析而来的能力要求进行"教学论转化"，按照学生学习规律和技术技能人才的成长规律，以及学校和专业自身建设的基础，科学合理地设置教学内容，安排教学进程。

(三) 审核论证

教学标准制定完成以后,应当经过至少三轮的审核论证:第一轮,专业教学委员会的论证。这个环节,主要参与的人员是专业建设委员会的专家,由专业教师、教育专家和行业企业专家组成,审核论证的重点是目标定位是否准确,课程设置或教学内容是否符合行业企业的需求。第二轮,规范性审核。这个环节参与的人员主要是校内各参与人才培养的部门人员,审核论证的重点是教学进程和各环节的安排是否符合学校人才培养的规律和要求。第三轮,校长办公会和党委会审核。这个环节,主要由学校领导班子对教学标准开发的过程、环节和内容进行审定。通过校长办公会和党委会审核的教学标准,才能正式印发,向社会公开发布。

(四) 发布实施

审定通过的教学标准,学校须按程序发布执行,必要时报上级教育行政部门备案,并通过学校网站等主动向社会公开,接受全社会监督。

(五) 优化调整

学校应建立健全教学标准实施情况的评价、反馈与改进机制,根据经济社会发展需求、技术发展趋势和教育教学改革实际,及时优化调整。

第四章
高职院校教学标准开发

■ 第一节 人才培养方案开发

一、人才培养方案的内涵

人才培养是学校教育教学的核心任务，是对人才进行教育和培训的过程。人才培养方案是高职院校教学标准的重要组成部分。2019年，教育部发布了《关于职业院校专业人才培养方案制订与实施工作的指导意见》，明确指出："专业人才培养方案是职业院校落实党和国家关于技术技能人才培养总体要求，组织开展教学活动、安排教学任务的规范性文件，是实施专业人才培养和开展质量评价的基本依据。"

人才培养方案必须落实党和国家关于技术技能人才的总体要求。人才培养方案要落实"教育必须为社会主义现代化建设服务、为人民服务，必须与生产劳动和社会实践相结合，培养德智体美劳全面发展的社会主义建设者和接班人"的党的教育方针。2021年，全国职业教育大会胜利召开，习近平总书记对职业教育做出了重要指示，强调要加快构建现代职业教育体系，培养更多高素质技术技能人才、能工巧匠、大国工匠。这进一步明确了高职院校人才培养标准的目标和逻辑起点。

人才培养方案是学校开展教学活动、安排教学任务的规范性文件。专业人才培养方案应当体现专业教学标准规定的各要素和人才培养的主要环节要求。

人才培养方案是实施专业人才培养和开展质量评价的基本依据。人才培养方案既是学校开展人才培养工作的要求,也是检测人才培养质量的准则。人才培养方案开发的科学与否对人才培养质量起着非常关键的影响。

二、人才培养方案开发的原则

(一) 方向性原则

人才培养方案开发要坚持正确的政治导向,贯彻落实党和国家的教育方针,以立德树人为根本,全面推动习近平新时代中国特色社会主义思想进教材进课堂进头脑,积极培育和践行社会主义核心价值观。传授基础知识与培养专业能力并重,强化学生职业素养养成和专业技术积累,将专业精神、职业精神和工匠精神融入人才培养全过程。

(二) 系统性原则

人才培养是一个系统的工程,人才培养方案的开发需要全面统筹学校人才培养各领域、各环节、各方面的育人资源和育人力量,明确专业定位、培养目标和培养要求,课程体系和课程标准支持培养目标的实现,确保目标层层落实不遗漏。推动知识传授、能力培养与理想信念、价值理念、道德观念的教育有机结合,实施全过程、全方位、全员育人,构建一体化人才培养体系。

(三) 发展性原则

人才培养方案开发应坚持企业需求与学生需求并重,适应地方社会经济发展,针对区域产业发展对技术技能型人才的需求,结合企业对学生的专业能力、职业素养要求和学生可持续发展需求,确定专业人才培养目标和规格。随着产业转型升级速度的加快,要求职业教育的人才培养标准也应因时而动,根据产业发展的情况灵活调整。

(四) 统一性和多样性相结合原则

人才培养方案开发要坚持统一性和多样性相结合。统一性主要体现在要落实国家标准,以国家教学标准为基本遵循,贯彻落实党和国家对课程设置、教学内容等方面的基本要求。多样性主要体现在高职院校和专业自身的特色,具体为人才培养目标、培养途径、培养质量管理等方面，高职学校和专业应从实际情况出发，开发符合自身发展需要的人才培养标准，自主制订专业培养方案，以工学结合的途径方法、管理制度和保障机制的改革为切入点，积极探索多样化的人才培养模式，努力办出特色。

三、人才培养方案开发的流程

人才培养方案开发按照"社会调研和工作任务分析—课程体系构建—课程标准制定—方案论证审核—实施保障条件设计和建设—课程标准实施——实施效果评价反馈"七个步骤（见图4-1）开展，通过七个步骤的不断循环，持续优化人才培养方案。

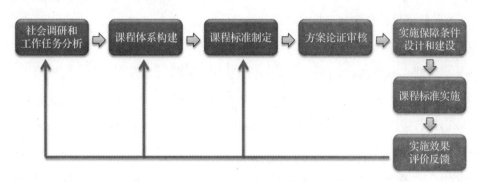

图4-1 人才培养方案开发"七步循环法"

（一）社会调研和工作任务分析

社会调研：采取"三访一研"（访行业企业、其他院校、毕业生，形成调研报告）的形式，确定培养目标和岗位要求。调研对象包括行业企业、其他院校、毕业生等，找准在省内、国内同类院校相同或相类似专业的定位。社会调研的主要目的是确定专业的人才培养定位、目标和人才培养规格。

产业分析：通过组织行业企业专家，进行专业群产业分析，确定产业的整体发展状况、本地产业和企业的状况、产业链的构成、产业链中的高端领域、产业链包括的岗位（工种）、各岗位（工种）技术链的构成、技术链中的共性技术。产业分析的主要目的是明确专业群组群逻辑和主要服务产业链。

工作任务分析：通过组织企业实践专家进行头脑风暴、深入访谈和工作日记分析，确定工作领域、典型工作任务以及职业能力要求。其成果作为进一步细化人才培养规格、开发学生职业能力等级标准、开发学习领域课程的基础。

(二) 课程体系构建

课程体系构建包括公共课、专业课及第二课堂教育活动，分别由不同的主体进行设计和构建。公共课主要依据国家、教育行政部门及学校自身的特点来安排，学时不应低于总学时的1/4；专业课（学习领域课程）主要根据工作任务分析及社会调研的结果来确定，专业课程体系的构建应充分考虑工作任务分析确定的工作领域和职业能力，根据技术技能人才成长的规律和教学规律，进行排序和组织，确定专业教学学时和理论实践教学环节，专业课中实践教学学时的比例不低于50%；第二课堂教育活动根据学校和专业自身的特点确定。

(三) 课程标准制定

公共课课程标准制定的主要任务是按照"三个服务，三个结合，一个融合"的基本原则（服务社会、服务专业、服务学生；共性与个性相结合、必修与选修相结合、课内与课外相结合；融入职业核心能力培养），结合专业特点，有针对性地选择教学内容、教学方法和考核方式。专业课课程标准制定的主要任务是有针对性地选择教学内容、教学方法和考核方式，确定专业基础课、专业核心课、专业拓展课、实习等的课程标准，专业技能大赛的具体方案及考核标准等。课程标准的制定应包含第二课堂教育活动相关方案的制定。

(四) 方案论证审核

方案论证审核包含三个环节：第一，专业建设指导委员会对人才培养方案进行论证和审核，并修订完善人才培养方案，二级学院审核。第二，学校组织论证会，对人才培养方案进行论证和审核。第三，对专业人才培养方案进行论证后，提交校级党委会审定。

(五) 实施保障条件设计和建设

整合企业与学校的设备资源、人力资源和技术资源，校企合作共建"双师"结构教学团队、"八合一"校内外实践教学基地，明确师资队伍与实践教学基地围绕着人才培养来建设的思路，确定能够满足人才培养方案实施所需要的师资队伍、实训条件等实施保障条件的建设思路和具体落实，并加强和完善人才培养方案实施的保障制度建设。

（六）课程标准实施

第一课堂教学实施：根据人才培养目标要求，按照课程标准，组织学校专职教师、企业兼职教师及辅导员共同实施课程教学和学生管理，教学质量监控组督导教学过程，保证教学质量。第二课堂教育活动实施：根据职业素养和职业核心能力的培养要求，开设素质教育选修课、讲座培训拓展课和综合实践活动课，组织学生开展校园文化实践和社会实践，进行技能竞赛、科技创新等活动，增强实践能力，培养创新能力，提高综合素质。同时，按照人才培养目标要求，构建良好的校园文化环境，建设产教融合型实训基地，通过环境育人，提高学生综合素养。

（七）实施效果评价反馈

实施效果评价反馈方式包含日常教学质量管理、毕业生回访、毕业生质量跟踪调查等。日常教学质量管理：通过督导、学生信息员、二级学院教学质量监控小组，收集课程教学反馈信息。毕业生回访：通过对毕业生追踪调查和走访用人单位、第三方评价，收集毕业生及用人单位对人才培养方案实施的意见和建议。毕业生质量跟踪调查：采用第三方机构，对毕业半年的毕业生进行跟踪调查，准确了解毕业生的培养质量，对实施的效果进行评价反馈。根据各方反馈信息，对人才培养标准进行及时反思和进一步完善。

四、人才培养方案的主要内容

根据《关于组织做好职业院校专业人才培养方案制订与实施工作的通知》（教职成司函〔2019〕61号），人才培养方案主要包含以下内容：

（一）专业名称及代码

对照现行高职专业目录规范描述。

（二）入学要求

高等职业院校学历教育入学要求一般为高中阶段教育毕业生或具有同等学力者。

（三）修业年限

高职学历教育修业年限以3年为主，可以根据学生灵活学习需求合理、弹性安排学习时间。

(四) 职业面向

职业面向可以表格的形式呈现,包括本专业所属的专业大类(专业类)及代码,本专业所对应的行业、主要职业类别、主要岗位类别(或技术领域)职业技能等级证书、社会认可度高的行业企业标准和证书举例。

(五) 培养目标与培养规格

培养目标是指学生在毕业一段时间后(一般3~5年),在社会与专业领域能够达到的水平。培养目标应符合社会需要和国家教育方针,坚持中国共产党的领导和社会主义道路,坚持四项基本原则和社会主义核心价值观,将专业精神、职业精神和工匠精神融入人才培养全过程。培养目标应参照国家专业教学标准,科学合理确定。

培养目标可以以专业为单位分别描述。一般表述为:对接……产业,定位……技术领域,促进学生德才兼备和全面发展,培养具有……素质,掌握……知识和技术,胜任……工作的高素质复合型技术技能人才。

培养规格是指本专业毕业生应具备的素质、知识和能力等方面的要求,应将本专业所特有的,有别于其他专业的职业素养要求纳入。

(六) 课程设置及要求

课程设置主要包括公共基础课程和专业(技能)课程。一般地,可以将3年课程设置及要求做一个简要概述。

1. 公共基础课程

应准确描述各门公共基础课程的课程目标、主要内容和教学要求,落实国家有关规定和要求。

2. 专业(技能)课程

为了更好地体现职业教育特色,明确专业(技能)课程与职业能力的对应关系,可以用表格的形式描述专业对应的职业或岗位能力要求。可以参考工作任务分析结果,作为附件呈现。

在课程描述中,需要对专业核心课程进行说明。专业核心课程指对达成培养目标和毕业要求起到关键支撑作用的、工学结合的专业课程,一般是与工作领域相对应的学习领域课程，每个专业的专业核心课程一般为 6~8 门。专业核心课程描述主要包括课程目标、主要内容和教学要求等增强可操作性的内容。

同时，还应增加对主要的实习和实训环节的说明。

（七）教学进程总体安排

教学进程是对本专业技术技能人才培养、教育教学实施进程的总体安排，是专业人才培养方案实施的具体体现。以表格的形式列出本专业开设课程类别、课程性质、课程名称、课程编码、学时学分、学期课程安排、考核方式，并反映有关学时比例要求。一般以附件的形式呈现。

（八）实施保障

实施保障主要包括师资队伍、教学设施、教学资源、教学方法、学习评价、质量管理等方面。

1. 师资队伍

对专兼职教师的数量、结构、素质等提出有关要求。

2. 教学设施

对教室，校内、校外实习实训基地等提出有关要求。

3. 教学资源

对教材选用、图书文献配备、数字资源配备等提出有关要求。

4. 教学方法

对实施教学应采取的方法提出要求和建议。

5. 学习评价

对学生学习评价的方式方法提出要求和建议。

6. 质量管理

对专业人才培养的质量管理提出要求。

（九）毕业要求

毕业要求是指学生通过规定年限的学习，须修满的专业人才培养方案所规定的学时学分，完成规定的教学活动，毕业时应达到的素质、知识和能力等方面的要求。毕业要求应能支撑培养目标的有效达成。

(十) 附录

附录一般包括教学进程安排表、变更审批表、人才培养标准制定的说明、专业社会调研报告等体现专业特色的内容。

五、基于职业能力的人才培养方案开发要点

(一) 人才培养目标的确定

职业教育是"面向就业的教育",作为高职院校,在人才培养目标定位上,必须要主动服务、主动适应、超前引领,着力提高人才培养水平,努力培养更多高技能人才、创新人才和拔尖人才,不断增强服务经济社会发展的能力。培养目标作为人才培养的目的和标准,是人才培养活动中最基本、最核心的问题,也是人才培养工作的出发点,它决定着高等职业教育的教育类型和教育等级,蕴含着高等职业教育的人才规格和质量标准,反映着高等职业教育的本质特征和内在要求。因此,在人才培养目标的确定过程中,要开展充分的调研,通过文献查阅、调查、访谈、座谈会等方式,了解本专业在全国及本地区的人才需求、相关岗位设置、相关职业技能等级证书/资格证书的要求,了解企业需求及参与人才培养工作的愿望、想法和经验,了解高职学生状况、相关专业的本科和中职教育情况等,只有经过充分的调研,结合学校的办学定位,才能更好地确定人才培养目标。

例如:柳州是广西最大的工业城市,工业基础雄厚,特别是三大支柱产业规模大,企业数量众多,为机电一体化技术专业发展提供了广阔市场。柳州市重点行业骨干企业生产装备自动化和半自动化率达到90%以上,打造先进制造业产业链,巩固提升汽车、钢铁、机械三大支柱产业优势,重点发展车身总线,冶金、化工行业重点实施生产装备数字化工程,引进先进控制技术,提高生产过程自动化能力。机电一体化技术专业针对区域人才的需求,将专业人才培养目标确定为:对接汽车、机械工业及战略新兴产业,定位于数字驱动、智能控制、新一代信息技术等领域,促进学生德才兼备和全面发展,培养学生具有良好的职业道德、工作态度及行为规范等素质,掌握机电一体化设备开发、维修、管理、操作等知识和技术,胜任设备的操作、安装、调试、维护,以及机电设备的技术改造、技术革新、现场管理等工作,培养具有理想信念、工匠精神、高超技艺的

"素养·管理·创新"国际化复合型技术技能人才。

在培养目标里面,明确了专业对接的产业和工作领域:对接汽车、机械工业及战略新兴产业,数字驱动、智能控制和新一代信息技术等领域。明确了人才培养的素质要求:具有良好的职业道德、工作态度及行为规范等素质,掌握机电一体化设备开发、维修、管理、操作等知识和技术,胜任设备的操作、安装、调试、维护,以及机电设备的技术改造、技术革新、现场管理等工作,培养具有理想信念、工匠精神、高超技艺的"素养·管理·创新"国际化复合型技术技能人才。

(二)人才培养规格的确定

人才培养规格是专业毕业生应具备的素质、知识和能力等方面的要求,是人才培养目标的细化。人才培养规格主要来源于国家对于高等职业教育学生能力素质的要求和行业企业对于学生职业能力的要求,学生职业能力要求主要通过工作任务分析得来。

例如:机电一体化技术专业人才培养规格包括7项专业能力、6项方法能力、8项社会能力(见表4-1)。

表4-1 机电一体化技术专业人才培养规格

能力类别	能力要求
专业能力	1.1 能阅读机电一体化设备的各类相关的技术图纸和资料,能完成维修电工、数控机床装调维修工等相应工种的基本操作; 1.2 能完成机电一体化设备的电气维修和机械维修工作; 1.3 能完成机电一体化设备的安装调试、维护、改造等工作,并能处理设备安装、维护、改造等工作过程中的技术问题; 1.4 能完成数控机床、自动生产线、工业机器人等机电一体化产品部件的装配工作; 1.5 能完成机电一体化产品的生产制造及现场技术管理工作; 1.6 能使用文档、电子表格和CAD等计算机软件编制机电设备电气控制系统设计及安装资料; 1.7 能使用机电一体化技术专业术语进行业务交流与沟通,能阅读本专业一般外文资料

续表

能力类别	能力要求
方法能力	2.1 能独立学习，获取新知识、新技能； 2.2 能进行必要的计算机信息处理； 2.3 能根据需要查阅外文资料； 2.4 能进行常规的信息查询、收集与整理； 2.5 能对遇到的问题进行相应的分析，对整个行动进行反馈总结； 2.6 能对方案进行设计、评估并决策
社会能力	3.1 能在团队合作中提供相应的工作支持； 3.2 能与团队成员进行行动过程的合作、事实情况的沟通； 3.3 能对工作结果负责，与成员间进行合理竞争； 3.4 能用语言、文字等表达方式对成果进行解释； 3.5 能完成项目所需要的劳动组织并实施； 3.6 能接待用户，用语言、文字正确表达机电一体化专业技术领域的相关业务； 3.7 能遵守社会公德和职业道德，行为习惯符合社会规范和礼仪要求； 3.8 工作中能遵守法律法规、行业企业标准

（三）职业能力确定

对工作岗位及岗位群进行职业活动和工作任务分析，得到工作所需的知识点、技能点、素质点，确定职业能力。职业能力主要通过调研和典型工作任务分析得来。典型工作任务是描述一项完整的工作行动，包括计划、实施和评估整个行动过程，它反映了职业工作的内容和形式以及该任务在整个职业中的意义、功能和作用。每个职业通常有 10~20 个典型工作任务。典型工作任务具有以下特征：

(1) 具有结构完整的工作过程（计划、实施以及工作成果的检查评价）；

(2) 能呈现出该职业典型的工作内容和形式；

(3) 在整个企业的工作（或经营）大环境里具有重要的功能和意义；

(4) 完成任务的方式和结果有较大的开放性。

典型工作任务分析的主要成果是确定工作领域、典型工作任务和职业能力（见表4-2）。

表4-2 典型工作任务分析

工作领域	典型工作任务	职业能力
A 操作	A1 了解加工对象	了解材料性能
		能读懂二维、三维图纸
	A2 刀具准备	识别刀具
		了解刀具结构
		懂得切削原理
		刀具刃磨和修复
		会判断刀具状态
	A3 读懂工艺文件	理解工艺术语及加工精度
		能理解程序意图
		了解机床规格
		理解参数选择
		具备识图能力
	A4 检查气压液是否正常	能根据点检表点检
	A5 调试新程序	有编程基础，熟悉数控系统操作

在典型工作任务分析阶段，行业企业专家的选择特别重要，这会影响到整个分析结果。因此，行业企业专家应该是在生产一线直接从事生产操作和管理的专家。如：班组长、工段长、技术工人，最好具备高级工以上证书；尽可能选择在该领域具有十年以上工作经历，对所从事的职业领域有较为宏观、整体、前沿性了解；尽可能选择来自毕业生就业区域内、与毕业生就业岗位相对应的不同性质、类型、规模、层次的企业，以保证工作项目基本覆盖工作岗位群；避免选择

企业领导、人力资源部管理人员,避免选择行业协会专家和教育专家;性格合群,善于与人沟通和合作;能够清晰地用语言和文字表达自己的意见。

(四) 专业课程体系构建及教学内容确定

通过典型工作任务分析出来的结果并不能直接转换为专业课程体系,专业课程体系构建需要综合分析职业岗位群对知识、能力和素质的需求,分析学生的基础,遵循职业成长规律、学生的认知规律和职业教育规律,对课程体系进行系统化设计。

专业核心课程的设置主要依据典型工作任务进行,开发成工作过程导向课程,为便于教学组织,可根据教学课时或工作过程的相关性对典型工作任务进行适当合并或拆分。此外,新技术新工艺、职业技能等级证书、学生职业能力等级测试等也可设置为专业核心课程。根据专业核心课程的学习需要可设置若干专业基础课程。电气自动化技术专业工作任务分析前后的课程体系见表4-3。

在课程体系中,需要明确每门专业课程的目标与定位,这是课程标准制定的起点。专业课程以达成职业能力为目标,准确描述学生在学习完课程后能做什么,达到什么标准,以展示学习活动结束后个体对任务的掌握情况。在课程具体内容的设置上,需要具体分析每条职业能力形成需要学习的知识和技能的过程,即先确定要求学生会做什么,然后根据会做什么确定要求学生学什么。

(五) 保障条件的设计和实施

保障条件包括专业人才培养对师资、实践教学条件、教学资源的最低要求,主要依据专业核心课程进行确定。其中,师资条件既要包括对教师数量的要求,也要包括对教师能力的要求,尤其要突出对教师企业工作经历的要求。实践教学条件以在正常班级规模,能满足专业课程实践教学对实训、实验设备的最低需要为准,实践教学条件既要包含企业实际在用的生产型设备,使学生有机会获得真实的职业能力训练,也要包含教学型设备,满足认知、问题解决等环节的教学需要。这里特别需要强调职业教育的开放性,即校企合作,根据培养目标,整合企业与学校的设备资源、人力资源和技术资源,校企共建人才培养条件,让"条件"为"目标"服务。

表4-3 电气自动化技术专业工作任务分析前后的课程体系

原课程体系		现课程体系	
课程模块	课程名称	领域类别	课程名称
公共基础课	体育、英语、思想政治、法律、计算机、入学教育与军训等	基础课程	"思政"、体育、入学教育与军训、英语、大学计算机基础、高等数学、应用写作、就业与创业
专业理论课	高等数学（理）	专业课程	常用电气线路功能关系分析
	电工基础		常用电气控制线路安装调试
	模拟电子技术		电机拆装与维修
	数字电子技术		机床电气控制系统维修
	电机与拖动基础		电子线路制作与检修
	电力电子变流技术		车间低压供配电系统安装使用
	C语言程序设计		自动控制系统功能分析
	单片机原理及应用		变频调速系统运行与维修
	可编程序控制器		PLC控制系统安装与运行维护
	电气制图		电气控制柜装配
	传感器技术		设备维护制度与实训
技能实训课			设备管理规范与实训
	金工实习	特色与拓展课程	汽车焊装设备电气维修（以上汽通用五菱汽车焊装设备为载体）
	电工基本技能实训		轧钢机电气维修（以柳钢集团中板设备为载体）
	电子基本技能实训		数控机床电气维修（以柳工集团数控加工中心为载体）
	电工作业（低压维修）操作证实训		建筑电气自动化系统安装与调试（以本校综合实训楼和图书馆大楼为载体）
	维修电工职业资格（中级）证书考证实训	创新课程	电子设计竞赛训练
	高级维修电工综合实训		机电一体化设计竞赛训练
	毕业设计		机器人竞赛训练
	毕业实习		自动化工程项目开发训练

第二节 学生职业能力标准开发

一、学生职业能力标准的内涵

（一）学生职业能力的界定

本书中的职业能力是指人们在真实的工作情境中整体化地解决综合性问题的能力，是从事一个（或若干相近）职业所必备的本领，是个体在职业工作、社会、个人情境中科学地思维、本着对个人和社会负责的态度来行事的热情与能力。职业教育中，学生的职业能力必须通过与工作情境相关的职业行动才能完整体现出来。职业能力包含专业能力、方法能力和社会能力。专业能力是"职业业务范围内的能力，是在专业知识和技能的基础上，在特定方法引导下，按照专业要求有目的地独立解决问题并对结果加以评判的意愿和能力"。专业能力是劳动者胜任职业工作、赖以生存的核心本领。方法能力是指针对学习与工作任务，独立制订解决问题的方案并加以运用的能力和意愿，强调解决综合问题时的目标性、计划性和获得成果的程序性。方法能力常常表现为获取新知识新技能的能力，在复杂的学习和工作过程中搜集和加工信息、独立寻找解决问题的途径，并把已获得的知识、技能和经验运用到新的实践中。方法能力还包括对工作的评价、对自我行为及结果的评价。社会能力是经历和构建社会关系、感受和理解他人的奉献和冲突、懂得互相理解，并负责地与他人相处的能力和意愿，包括社会责任感、团队意识、合作、劳动组织等。社会能力是与他人交往、合作、共同生活和工作的能力。"学习的内容是工作，通过工作实现学习"是职业能力培养的基本规律。职业能力形成的三个基本条件是：学习的对象是工作，面对全面的工作要素（工作对象、工具、工作方法和劳动组织方式、工作要求等），经历完整的工作过程（获取信息、制订计划、实施计划和评价反馈）。

（二）学生职业能力标准的内涵

本书中的学生职业能力标准是指依据行业企业（职业）岗位能力需求，按照人的全面发展理念确定的高职院校毕业生应达到的一种职业能力状态标准，是高职院校的人才培养质量标准，是教育性标准。学生职业能力标准是人才培养目标和培养规格的具体体现，反映高职院校教育的本质特征和内在要求，是制定课程教学目标、教师教学能力标准、教师专业技术能力标准、教学实施等的重要依据。

学生职业能力标准区别于国家职业标准。高职院校作为一种独特的教育类型，其专业设置遵照教育本身的规律，注重学生综合职业能力的培养。国家职业标准作为工作标准，包括的要素较为单一，侧重对从业者的操作技能、工作规范作出要求，而高职院校学生其他的职业能力要素按照这一标准无法体现出来，国家职业标准的作用只有在分析高职院校学生的专业能力时才能充分体现。除此之外，高职院校学生的职业能力还需要将方法能力、社会能力纳入考虑的范畴，高职院校学生职业能力的落脚点最终体现在知识、能力和态度的整合上，体现出全面综合的能力。因此，不能用职业标准代替学生职业能力标准。

二、学生职业能力标准开发的必要性和可行性

（一）学生职业能力标准开发的必要性

1. 高职院校学生职业能力标准的开发，是区域经济产业转型升级对技术技能人才培养质量的要求

目前与产业转型升级的需求和要求相比，高职院校的供给能力和毕业生质量还有明显差距。高职院校学生职业能力标准的开发，可以使高职院校教师对接最新行业、职业标准和岗位规范，开发出优质课程，学生学习的内容是工作，与企业的实际要求相匹配，通过把专业能力和通用能力紧密结合起来，满足目前的就业需求，适应未来的职业发展要求。

2. 高职院校学生职业能力标准的开发，是高职院校和专业特色发展的需要

高职院校学生职业能力标准的开发，有助于高职院校与经济社会的良性互动，给用人单位提供具有高职院校特色的毕业标准及测试结果，有利于用人单位选择适合的人才；高职院校学生职业能力标准的开发，有助于高职院校各专业在建设过程中，组织骨干教师紧密结合经济社会发展的需要，开发能反映地方经济社会特色及要求的校本课程和校本教材，通过校本课程和校本教材建设支撑特色专业。

3. 高职院校学生职业能力标准的开发，是解决高职院校宽进严出严把人才培养质量关和个性化的需要

我国高等教育已进入大众化阶段，学生接受高等教育尤其是进入高职院校学习的门槛降低，而高职院校把学生职业能力标准作为学生毕业的达标要求，是解决高职院校宽进严出严把人才培养质量关的一个重要途径。此外由于学生生源结构复杂，学生的起点和能力差异较大，为满足不同起点、不同能力水平的学生发展需要，职业能力标准设计为等级标准，一级是达到毕业要求的合格标准，要求全体学生必须达到，二级是为激励学生不断实现自己的"最近发展区"进而实现更高的发展目标而设置，从而满足个性化需求。

（二）学生职业能力标准开发的可行性

1. 国外职业能力标准开发提供了启示

英国、德国、澳大利亚三国在开发职业能力标准时，其政策导向、标准的制定、监管、实施及其评价都分属于不同的机构、不同的企业、不同的部门，主体明确，分工清楚。在我国，职业能力标准目前还没有形成国家层面的一套完整体系。高职院校学生职业能力培养主要在高职院校进行，学生职业能力标准构建可以以高职院校为主导，企业、行业协会三方合作参与，做到构建主体的科学全面，以提高标准制定的准确性。

各国在制定职业能力标准时，均突出"能力本位"。英国职业能力标准不仅涵盖了在工作任务中完成任务的技术要求和知识要求，还包括工作组织能力、团队协作能力、沟通能力、客户服务能力、判断和处理突发事件的能力、改进工艺的能力等。德国职业能力标准注重行动导向的"能力本位"价值取向，强调综合职业能力，即专业能力、方法能力和社会能力。因此制定高职院校学生的职业能力标准时应以"能力本位"为基础，要运用整合的能力观，在参考国家职业技能标准的基础上，充分考虑学生的跨行业通用职业能力（关键能力）的培养，对职业能力的结构进行全面的分析，在职业能力标准中融入社会能力、方法能力等关键能力。

2. 各省（自治区、直辖市）教学标准的开发提供了借鉴

上海市教委组织完成了13个专业的国际水平专业教学标准开发（《职业教育国际水平专业教学标准开发的研究与实践（上中下）》，上海市教育委员会编，

2012），这些专业教学标准是本土化与国际化的有机结合，既反映了我国国情和专业教学实际，又充分考虑与国际先进水平对接的要求，国际水平在课程理念、职业能力标准、课程模式、教学模式、开发技术、开发团队等方面都不同程度得到了体现。江苏省教科院职业教育与社会教育课程教材研究中心在江苏省教育厅的领导下，自 2016 年起历时 3 年，组织制定了具有江苏特点的《江苏省中等职业教育专业技能教学标准（试行）》，涵盖 44 个专业类别中的 80 个专业（适用于 140 个专业）。该标准以学生综合职业能力发展为主线，遵循联合国教科文组织倡导的"发展通用能力、适应终身发展"的趋势要求，注重技能学习的通用性、专业性和可持续性，符合技术技能型人才的成长规律，将高职院校技能教学内容按照相关专业特点和教学要求，由低级到高级、由简单到复杂进行整合，形成专业通用技能、专业专项技能和专业岗位实践三个学习模块。这些标准为学生职业能力标准的开发提供了借鉴。

3. 高职院校开展的深度校企合作提供了资源保障

产教融合、校企合作是职业教育的途径。近年来，各高职院校与相关行业企业合作办学，开展学徒制培养模式，通过共建生产性实训基地、校企一体化和职业教育集团建设等，参与学校的专业设置、人才培养方案开发、课程开发、教材建设、实习指导等多项工作，接纳相关专业高职院校教师到企业开展实践工作，提高教师专业技能水平和实践教学能力。随着校企合作的程度日益加深，各行业协会和企业深度参与高职院校专业建设和人才培养，为学生职业能力标准的开发提供了资源保障。

三、学生职业能力等级标准开发

（一）职业能力等级标准的开发原则

1. 开发主体的多元协同原则

职业能力等级标准按照专业进行开发，专业骨干教师、教育专家、企业专家、行业协会多方合作参与，做到开发主体的多元协同，以提高标准制定的准确性。

2. 整体性原则

职业能力等级标准必须体现综合职业能力，包括学生专业能力、方法能力和社会能力的要求。

3. 规范性原则

职业能力等级标准中的文体和术语应保持一致，文字描述应简洁、明确，技术术语与文字符号应符合国家相关标准的要求。

4. 可操作性原则

职业能力等级标准的内容应力求具体化，可度量和可检测，易于理解，便于实施。

5. 持续改进原则

职业能力等级标准应反映当前行业企业的主流技术、主要技能要求，同时还应考虑技术技能的发展趋势，随着技术的发展标准的内容需要不断改进完善，标准的编制遵循 PDCA 循环。

（二）职业能力等级标准的开发流程

职业能力等级标准开发流程见表 4-4。

表 4-4 职业能力等级标准开发流程

序号	工作步骤	主要任务	开发主体	开发结果
1	成立标准开发小组	各二级学院按专业成立标准开发组织机构，明确职责	二级学院领导、专业负责人、专业教师团队、行业企业专家	
2	社会调研	通过社会调研对行业企业发展状况，本专业毕业生就业情况、就业岗位、工作性质、工作任务、知识能力要求等进行全面调研	专业负责人、专业教师团队、行业企业专家	调研报告
3	典型工作任务及职业能力分析	通过工作任务分析会、工作日志、现场调研等方式确定工作领域及典型工作任务，进行职业能力分析	企业实践专家、教师	工作领域典型工作任务职业能力表

续表

序号	工作步骤	主要任务	开发主体	开发结果
4	职业能力等级标准编制	对专家分析结果进行梳理，确定职业能力水平等级，明确职业能力测试要求，编制成规范文本。可参考我国人力资源和社会保障部《职业技能标准》、行业制定的其他职业标准，借鉴发达国家职业能力标准进行确定	专业负责人、专业教师团队、行业企业专家	职业能力等级标准初稿
5	职业能力等级标准的规范性审查	由教工委组织对初稿进行合规性审查	校内专家	职业能力等级标准初稿
6	职业能力等级标准审定	对初稿进行评审，评审专家由企业实践专家、教育教学专家、政府主管部门专家组成，评审一般以现场会议的形式进行，根据专家审定意见修改后形成报批稿	教育专家、企业实践专家、政府主管部门专家	职业能力等级标准报批稿
7	职业能力等级标准颁布	由分管教学的校领导代表学校签署发布意见，同意实施	学校代表	职业能力等级标准定稿
8	标准实施反馈及持续改进	通过对在校生、教师、毕业生、用人企业等开展问卷调查，了解标准实施的效果情况，根据反馈意见适时修改标准	专业负责人、专业教师团队、学生	职业能力等级标准修订稿

（三）职业能力等级标准开发的关键点

1. 职业能力等级标准的体例框架

职业能力等级标准的体例构成上，由专业概况、职业能力等级要求、职业能力测试要求、样题四个部分组成。专业概况包括专业代码、专业名称、培养目标、主要就业岗位。在学生职业能力等级标准的级别上，将职业能力等级分为两级，每个职业能力等级分别对该级别的工作任务、职业能力要求、相关知识和技能，以及职业素养进行描述，要求具体化、可度量、可检测，易于理解，便于实施。职业能力等级要求见表4-5。职业能力测试要求包括测试的内容、方式、时间和评分规则。测试的内容涵盖学生职业能力等级标准中的学习内容。测试的方式包括理论考试和综合实践考核，综合实践考核需要学生完成工作计划（或方案）制订、实施计划、过程控制、评价工作结果等，包含对学生语言沟通、行为规范、职业素养等的考核。

表4-5 职业能力等级要求

职业能力等级	工作任务	职业能力要求（包括三种能力）	相关知识和技能
一级	1-1.×××	1-1.1.××× 1-1.2×× ×	1. 相关知识：××× 2. 相关技能：×× ×
	1-2.×× ×	1-2.1.×× × 1-2.2×× ×	1. 相关知识：××× 2. 相关技能：×× ×
	……	……	……
二级	2-1×× ×	2-1.1×× × 2-1.2×× ×	1. 相关知识：××× 2. 相关技能：×× ×
	……	……	……

2. 职业能力等级的划分

职业能力等级分为两级，按照完成工作任务的难易程度、工作责任、活动范围、知识技能要求进行划分，高级别应能涵盖低级别的要求。

职业能力等级划分的依据为：

一级：能够熟练运用专业知识和专业技能完成较为复杂的开放性工作任务，在工作中遵守职业规范和职业行为准则；能够与他人合作，完成作为团队成员或团队负责人所履行的职责；能够清楚地展示工作成果并对成果进行评价。关键词为：熟练运用、专业技能、较为复杂、合作、展示和评价。

二级：能够熟练运用专业知识和专业技能完成复杂的、创新性的工作任务，能够通过资料查询、分析研究或借助团队的力量处理和解决技术或工艺难题，在方案设计、产品设计、技术技能方面有创新；能够清楚地展示工作成果并对成果进行评价。关键词为：熟练运用、专业技能、复杂、创新性、研究与合作、展示和评价。

3. 工作任务的确定

职业能力标准中需要对某一等级应完成的具体工作任务进行确定。此处的工作任务是指根据企业实践专家分析得出的典型工作任务开发的学习性工作任务。由于在学校实际教学实践中，并不是所有的典型工作任务都适合作为学习任务，也不是针对所有学习内容都恰好有真实的工作任务，因此需要对工作任务分析会的结果进行教学化处理，即转换为学习性工作任务，并使之符合专业人才培养目标要求。必要时需要设计一些模拟工作任务以及集成的工作任务，但不管是模拟的工作任务还是集成的工作任务，都必须能够反映该职业的典型工作任务的要求，对本专业（职业）的职业实践具有重要意义，完成任务具有完整的行动过程，体现理论实践一体化，有一定的复杂性。

不同的职业能力等级应能完成不同难度的工作任务，不同难度可以体现在工作任务本身的不同，也可以是同样的工作任务但在工作内容和工作要求上有不同的级别。各能力等级应完成的工作任务特征可参考表4-6。

4. 职业能力要求的描述

对完成该任务所需要的职业能力进行描述，应包含专业能力、方法能力、社会能力。每项工作任务的职业能力描述不宜过多，以5~10项为宜。职业能力用简洁的语言描述，对专业能力的描述一般为"能或会（在……条件下）做（动词）……"，如"能操作普通车床车削英制螺纹""能按照设计要求，选用合适的建筑工程施工材料""能按照用户要求，设计合理的欧洲7日游旅游方案"。对方法能力和社会能力的描述不能简单地表述为"具有一定的表达能力""具有一定的沟通能力"，而应该结合具体的工作任务进行描述，只有结合具体任务所描述的职业能力才能对后续课程开发具有重要意义。

表 4-6 各职业能力等级的任务特征

职业能力等级	任务的特征		举例
一级	开放性的工作任务	1. 任务来源于真实的工作，具有职业典型性； 2. 任务的处理有明确的步骤、流程和方法，存在可遵循的规则和标准； 3. 仅仅靠给定的规则和标准还不够，完成任务需要一定的理论和经验； 4. 学生能够针对部分内容和工作环节独立制订工作计划或方案，在某些方面需要团队合作完成； 5. 在一定范围内自行选择材料、工具、方法或工艺； 6. 完成任务需考虑成本、环保	零件、组件的设计制作，部件功能分析与改造；故障诊断与故障排除，服务方案设计与实施等
二级	创新性的工作任务	1. 任务来源于真实的工作，具有职业典型性，任务需考虑多个利益相关方的要求； 2. 完成任务需要自行设计方案，要解决问题需要一定的经验； 3. 完成任务需要获取超出一般教学资料范围的信息； 4. 完成任务需要团队合作，自行安排团队内部的分工合作以及与外部的协调； 5. 完成任务需考虑成本和效率，在方案设计、产品设计、技术技能方面有创新	产品设计与制作，技术系统薄弱环节分析或特殊诊断；技术系统或技术方案优化；服务方案优化等

确定职业能力要求时，除依据企业实践专家分析得出的职业能力外，还可以参考借鉴发达国家如英国、澳大利亚或德国等开发的职业能力标准和培训职业（相当于我国的专业）培训条例及教学标准，以及参考我国人力资源和社会保障部组织开发的《国家职业技能标准》。

5. 相关知识和技能的确定

职业能力标准需要描述达到该等级要求的必备相关知识和技能。知识一般包括完成工作任务所必需的专业技术理论知识，与专业紧密相关的安全生产知识、法律法规知识、环境保护知识以及特定情境下的工作过程知识等。技能一般指操作技能，是指为达到预定的目标运用特定工具和方法改变工作对象的方位、物化形态等所进行的操作，是通过学习而形成的合法则的操作活动方式。

6. 测试要求

测试要求包括测试内容、测试方式、测试时间、评分规则。

测试内容为职业能力等级标准中所涵盖的学习内容。

测试方式包括理论考试和综合实践考核。理论考试主要考查学生是否掌握必备的专业理论知识、职业理论知识以及一般认知分析能力。理论考试需建立试题库，从题库中抽取试题组成考卷进行考试。综合实践考核的目的是考查学生是否掌握了专业技能、必备的理论知识，是否具备了职业行动能力，以及达到哪一个级别的能力水平。综合实践考核要具有综合性，体现理论实践一体化，体现完整的工作过程，包括学生完成工作计划（或方案）制订、实施计划、过程控制、评价工作结果等。综合实践考核要包含对学生语言表达、行为规范、职业素养等的考核。

测试时间根据各专业情况确定。二年级、三年级均可安排（或学生申请）参加一级职业能力测试，通过一级职业能力测试的可安排（或学生申请）参加二级职业能力测试。

评分规则包括理论考试和综合实践考核的评分方法、分值比重、达标要求等。各专业职业能力测试应体现"6+N"评价维度，即至少从规范性（Standardization）、合作性（Teamwork）、经济性（Economy）、环保性（Environmental protection）、忠诚性（Loyalty）、创新性（Innovation）6个维度进行评价（STEELI+评价模型），此外各专业还可根据专业特点增加展示性、功能性等。6为必试维度，N为可选维度。

第三节 教师标准开发

一、高职院校教师标准开发的指导理论

(一) 需求层次理论

马斯洛需求层次理论是行为科学的理论之一,由美国心理学家亚伯拉罕·马斯洛在 1943 年在《人类激励理论》论文中提出。该理论认为人类需求像阶梯一样从低到高分为五种层次,分别是:生理需求、安全需求、社交需求、尊重需求和自我实现需求。这五种需求是有层次性的,当低级别的需求得到满足后,就不再成为首要的需求,而转向以上一级别的需求为主。通俗理解:假如一个人同时缺乏食物、安全、爱和尊重,通常对食物的需求是最强烈的,其他需要则显得不那么重要。此时人的意识几乎全被饥饿所占据,所有能量都被用来获取食物。在这种极端情况下,人生的全部意义就是吃,其他什么都不重要。只有当人从生理需要的控制下解放出来时,才可能出现更高级的、社会化程度更高的需要,如安全的需要。该理论问世后产生了深远的影响,至今在人力资源行业、教育行业、流动人口管理、青年教师管理、水资源开发利用、管理心理学、企业薪酬制定等方面都有运用。

(二) 知识工作者需求模型

知识工作者需求模型是由美国著名知识管理学家玛汉·坦姆仆提出的。他经过大量的实证研究,总结了知识工作的特点,即:①工作过程难以观察;②工作成果不易衡量;③工作的顺利程度有赖于知识员工自主性的发挥;④知识工作者往往是某领域的专家,而管理者在这些领域往往是外行;⑤知识工作者对组织的依赖性低,组织与知识员工之间是一种相互需要的关系。在此基础上,玛汉·坦姆仆提出了专门针对知识工作者的四个主要激励因素,分别为个体成长、工作自主、业务成就和金钱财富,其所占比例分别为 34%、31%、28% 和 7%。玛汉·坦姆仆理论认为,金钱财富对知识工作者的激励固然重要,但是使工作环境更加适合满足员工的个体成长、工作自主和业务成就的需要,其激励的效果将更好。

(三) 职业生涯管理

职业生涯管理最早萌生于企业组织的管理中。根据中国职业规划师协会的定义：职业生涯管理是现代企业人力资源管理的重要内容之一，是企业帮助员工制定职业生涯规划和帮助其职业生涯发展的一系列活动，现代企业管理学如 MBA、EMBA 等将职业生涯管理看作竭力满足管理者、员工、企业三者需要的一个动态过程。

职业生涯管理主要包括组织管理及自我管理两种。组织管理主要是指组织为其员工设计的职业发展、援助计划，将员工视为可开发增值而非固定不变的资本，通过员工职业目标的努力，谋求组织的持续发展。组织管理带有一定的引导性和功利性，具有较强的专业性、系统性，它帮助员工完成自我定位，克服完成工作目标中遇到的困难挫折，鼓励员工将职业目标同组织发展目标紧密相联。个人为自己的职业生涯实施的管理则称为自我管理，通过在事业发展上的战略设想和计划安排，通过对个人特质、兴趣爱好、能力和发展目标的有效管理实现个人的发展愿望。

职业生涯管理必须满足个人和组织的双重需要，个人和组织都必须承担一定的职责，是一种互动式的管理。从个人角度看，个人最终要对自己的发展规划负责，需要每个人清楚地了解自己的特质、兴趣爱好、价值观以及所掌握的知识、技能、能力，还必须对所选择的职业有较深入的了解，实事求是地选择目标，制订行动计划和措施，不断评估和调整职业生涯设计。而组织在进行职业生涯管理时，所考虑的因素主要是组织总体目标的实现以及组织成员的整体职业生涯发展，通过鼓励员工对自己的职业生涯负责，从政策、资金、环境上给个体提供帮助，进行多层次多样化的培训、考核、晋升、调动等，充分发挥组织成员的潜力和积极性，最终实现组织的目标。

二、我国高职院校教师标准现状分析

(一) 高职院校教师能力标准缺失

《国家中长期教育改革和发展规划纲要（2010—2020 年）》和《现代职业教育体系建设规划（2014—2020 年）》中都提出"要根据职业教育的特点完善教师

资格标准"。《高等职业教育创新发展行动计划（2015—2018年）》中则提出"鼓励高等职业院校制定和执行反映自身发展水平的"双师型"教师标准。但是，在国家逐步将职业教育贯通并成体系性推动的背景下，职业教育教师标准尚未出台系统性、科学性、普适性和约束性的条例，目前仅有的条例是2013年出台的《中等职业学校教师专业标准（试行）》。

我国高职院校教师没有国家层面的职业能力标准，使得高职院校教师的发展没有统一的标准和要求。各地方的高职院校教师的入职标准与发展标准各异，入职标准主要以教师资格证书标准为主，而入职后的专业发展标准缺失。我国高职院校教师绝大部分来自学术教育为主的普通高校，教师的招聘及资格的考试侧重学历，主要以笔试与面试的形式考核教师的任职资格。入职后，高职院校教师的专业发展呈现自由发展的状态，主要看教师自身的发展动力或自觉性，没有可参照的标准可以借鉴。

（二）相关标准中教师能力指标不完善

目前各高职院校在衡量教师能力水平时主要观测和衡量的都是教师教育教学能力，没有体现教师的专业技术能力要求。"教师是履行教育教学职责的专业人员"，教师职业活动的主要内容是教书育人以及围绕教书育人工作而进行的一系列活动，这些活动客观上要求教师必须具备"教书能力""育人能力""开展服务于教书育人的一系列活动的能力"。现有《中等职业学校教师专业标准（试行）》中，教师能力的描述都是围绕教师这一职业所应具备的教育教学能力进行的。而高职院校专业课程教师有别于普通高校教师，其能力标准的重要指标就是专业技术实践能力，专业课程教师需要具备专业技术知识和专业技术实践能力，这是制定高职院校教师能力标准不可或缺的指标内容。

同时，各高职院校关注教师职业发展能力也不足，一般用职称评定取代对教师从入职新手到成熟教师的职业成长的培养过程，无法准确评估、衡量教师的能力水平和指导教师的递进式发展。

（三）相关标准中对教师能力的要求不够明确

目前教育部颁布的《高等职业学校专业教学标准（试行）》中，对师资条件进行了规定，但主要是对教师数量、学历、职称结构、专兼结构的要求，而缺少对教师能力水平的要求。少部分专业对教师能力进行了描述，但对能力的描述过于笼统，难以考核和检测。各高职院校人才培养方案中也对师资提出一定要求，但多是对数量、学历等的描述。

三、高职院校教师标准开发

（一）开发思路

开发教师职业能力标准的总体思路是以相关理论为指导，以国内外先进经验为借鉴，以促进高职院校教师能力提高为目标，标准开发的方法上以工作分析为逻辑主线，以教师的教学能力和专业技术能力为核心，以教师职业生涯发展为阶段构建教师能力递进标准。

1. 以教师工作分析作为标准开发的逻辑主线

职业能力是人们在真实工作情境中整体化地解决综合性问题的能力。可以采用访谈、调研、工作任务分析等方法，对教师这一职业进行工作分析并找出工作领域，每个工作领域又可细分为具体的工作任务，以此确定完成具体工作任务所需要的职业能力。例如，高职教师最核心最基本的工作是教学，将教师的教学工作领域分为教学设计、学习指导、教学评价、课程开发、教学研究等几个方面，详细列出完成这些教学任务所对应的具体职业能力，并结合不同的发展阶段提出不同的要求。

2. 师资标准应明确教师专业技术能力要求

高职院校教师有担任公共基础课程的教师和担任专业技术课程的教师，对于专业课程，教师必须具备一定的专业技术能力，才能胜任专业课程教学。我国高职教师的任职条件强调的是学历标准，对行业工作经历和专门性的职业教育教师资格证书并无要求。取得《高校教师资格证书》是目前我国高职院校教师岗位的首要要求，此外，还有学历和学位的要求。拥有学历和学位并不能代表具有技术能力，在我国，由师资培训基地——高等师范学院或普通高等院校为高职师资队伍提供《高校教师资格证书》课程、学历教育课程，只注重高等教育的一般特性，忽视高等职业教育教师应有的"以行业经验为首"的职业任职条件和"双师型"教师的特殊性要求，缺少与职业教育教学工作息息相关的专业技术能力要求，也没有规定要依据全国统一的职业教育教师职业能力培训标准来鉴定、评价学习成果，这对于专业课程教师的专业发展十分不利。因此，在制定职业能力标准时，应体现教师专业技术能力的要求，详细列出教师所需达到的专业技术能力相应指标。

3. 结合教师职业生涯确定教师发展标准

教师职业生涯的终身发展，能够帮助教师进行更理性的职业生涯发展规划，因此，应将教师职业生涯的发展分为若干阶段，针对不同阶段划分出职业发展画像，对各等级需达到的目标要求做出详细的描述，达到有效地实现从职前、入职到职后顺利的持续的发展。

（二）教师标准的构成

借鉴国外教师能力标准制定的经验，结合国内实际情况、标准开发基础、实践经验以及上述开发思路，本书认为在高职院校教师能力标准体系的结构上，应包括教师教育教学能力标准、教师专业技术能力标准及教师职业发展标准。

（三）教师标准的主要内容

1. 教师教育教学能力标准

教师教育教学能力标准分为五个等级和五个能力维度。五个等级分别为新教师（1~2年）、双师素质教师（3~5年）、骨干教师（5~15年）、专家型教师（15年以上）、领军人才（20年以上），能力要求依次递进，高级别涵盖低级别。五个能力维度分别为课程开发、教学设计、教学实施、教学评价、教学研究，每个等级根据教师职业发展的阶段特点从五个能力维度选择适合相应阶段教师教育能力发展要求的指标。由于每位教师的入职背景、经历、能力不同，五个等级中的学校工作年限仅供参考用。教师教育教学能力标准由学校教学管理部门制定，可以为教师主动提升专业素养和教学能力指明路径和方向，为学校开展教师培训、考核提供依据。教师教育教学能力标准见表4-7。

表 4-7 教师教育教学能力标准

级别	能力模块	能力要求
新教师 (1~2年)	教学设计	1. 能准确理解专业人才培养目标、学生职业能力等级标准; 2. 能准确理解课程标准与人才培养目标、学生职业能力等级标准的关联性; 3. 能根据培养方案、课程标准等教学文件设计学习活动,撰写教学方案; 4. 能针对教学目标选用合适的教学材料和教学资源
	教学实施	1. 了解学生,平等地与学生进行沟通交流,建立良好的师生关系; 2. 能营造良好的学习环境与氛围,培养学生的职业兴趣、学习兴趣和自信心; 3. 能运用多种理论与实践相结合的教学方法,有效调动学生学习主动性和积极性,体现以学生为中心实施教学; 4. 能选择合适的现代教育技术手段辅助教学,能根据教学需要开发、制作教学资源,包括数字化学习资源
	教学评价	1. 能制定明确的、可测量的、客观的评判学生学习效果的学习评价方法; 2. 引导学生进行自我评价和相互评价; 3. 开展自我评价、相互评价与学生对教师评价,及时调整和改进教学工作
双师素质教师 (3~5年)	课程开发	能收集、分析行业需求和专业技术发展趋势,能主持或作为主要成员参与人才培养方案制订或专业课程开发
	教学设计	1. 能基于职业岗位工作过程设计教学过程和教学情境; 2. 引导和帮助学生设计个性化的学习计划
	教学实施	1. 了解学生心理特征、认知水平、行为能力和控制能力方面的特点,能运用教学和学习理论指导教学; 2. 能熟练运用行动导向教学方法,开展理实一体教学,指导学生完成真实工作任务

续表

级别	能力模块	能力要求
双师素质教师 （3~5年）	教学评价	1. 能运用多元评价方法，结合技术技能人才培养规律，多视角、全过程评价学生发展； 2. 掌握评价理论、技术及工具，科学评价学生学习成就，及时反思、调整和改进自身教学工作
	教学研究	1. 主动收集分析教学过程中的各种信息，反思和改进教学工作； 2. 在导师带领下，参加教学研究课题和教学改革项目建设
骨干教师 （5~15年）	课程开发	1. 能作为主持人或主要参与人进行职业能力标准开发、人才培养方案制订、课程标准制定； 2. 能将企业实际任务或案例转化为学习项目
	教学设计	1. 能创建适于工作过程导向的课程学习的环境； 2. 指导青年教师进行教学设计
	教学实施	1. 掌握学生心理特征、认知水平、行为能力和控制能力方面的特点，能运用教学和学习理论针对性地指导学生学习； 2. 能熟练运用行动导向教学方法，开展理实一体教学，指导学生向工作本位或职业岗位过渡
	教学评价	1. 能运用教学评价工具评估课程教学效果； 2. 能参与设计教学质量评价标准
	教学研究	1. 针对教育教学工作中的现实需要与问题，进行探索和研究； 2. 能主持或作为主要成员参与校级以上教改课题研究，能运用理论分析、调查研究等方法，归纳分析相关问题，形成论文等物化成果； 3. 能主持或作为主要成员参与省级以上教改课题研究，能运用理论分析、调查研究等方法，归纳分析相关问题，形成论文、专著等物化成果； 4. 能指导青年教师开展教学和教学研究

续表

级别	能力模块	能力要求
专家型教师 （15年以上）	课程开发	1. 能作为主持人或主要参与人进行职业能力标准开发、人才培养方案制订、课程标准制定； 2. 能将企业实际任务或案例转化为学习项目
	教学设计	1. 能创建适于工作过程导向的课程学习环境； 2. 能指导青年教师进行教学设计
	教学实施	1. 掌握学生心理特征、认知水平、行为能力和控制能力方面的特点，能运用教学和学习理论针对性地指导学生学习； 2. 能熟练运用行动导向教学方法，开展理实一体教学，指导学生向工作本位或职业岗位过渡
	教学评价	1. 能运用教学评价工具评估课程教学效果； 2. 能参与设计教学质量评价标准
	教学研究	1. 能针对教育教学工作中的现实需要与问题，进行探索和研究； 2. 能主持或作为主要成员参与校级以上教改课题研究，能运用理论分析、调查研究等方法，归纳分析相关问题，形成论文等物化成果； 3. 能主持或作为主要成员参与省级以上教改课题研究，能运用理论分析、调查研究等方法，归纳分析相关问题，形成论文、专著等物化成果； 4. 能指导青年教师开展教学和教学研究
领军人才* （20年以上）	课程开发	1. 能作为主持人进行职业能力标准开发、人才培养方案制订、课程标准制定； 2. 能将企业实际任务或案例转化为学习项目； 3. 能带领团队创新工作
	教学设计	1. 能创建适于工作过程导向的课程学习的环境； 2. 能指导青年教师进行教学设计

续表

级别	能力模块	能力要求
领军人才 （20 年以上）	教学实施	1. 掌握学生心理特征、认知水平、行为能力和控制能力方面的特点，能运用教学和学习理论针对性地指导学生学习； 2. 能熟练运用行动导向教学方法，开展理实一体教学，指导学生向工作本位或职业岗位过渡
	教学评价	1. 能运用教学评价工具评估课程教学效果； 2. 能参与设计教学质量评价标准
	教学研究	1. 能针对教育教学工作中的现实需要与问题，进行探索和研究； 2. 能主持省部级以上教改课题研究，会运用理论分析、调查研究等方法，归纳分析相关问题，形成论文等物化成果； 3. 能指导青年教师开展教学和教学研究

2. 教师专业技术能力标准

依据相应专业学生职业能力标准，该标准中要求的必备相关知识和技能也是承担相应课程或者教学任务的教师所应该达到的。教师专业能力指标中的专业知识和专业能力即来源于学生职业能力标准中的知识和技能的要求。知识一般包括完成工作任务所必需的专业技术理论知识，与专业紧密相关的安全生产知识、法律法规知识、环境保护知识以及特定情境下的工作过程知识等。技能主要指操作技能，是指为达到预定的目标运用特定工具和方法改变工作对象的方位、物化形态等所进行的操作，是通过学习而形成的合法则的操作活动方式。教师在掌握专业知识和专业技能的同时，还应该具备实施该专业课程任务的综合能力，所以在教师专业能力标准中提出了达标测试要求，教师必须通过达标测试，才能承担相应的教学任务。教师专业技术能力标准由各专业教学团队制定，并由专业团队组织对教师进行培训、考核。以模具设计与制造专业教师专业技术能力标准作为范例，见表 4-8。

表 4-8　模具设计与制造专业教师专业技术能力标准

级别	专业知识	专业能力	达标测试要求
新教师 (1~2年)	1. 掌握机械制图、材料、公差与配合基础知识； 2. 掌握模具设计基础知识； 3. 掌握模具制造基础知识； 4. 了解模具开发的整个流程； 5. 了解国内外模具行业发展最新动向	1. 能收集同类产品技术资料并对简单冲压件或塑料件进行成型性分析； 2. 能应用UG等三维软件设计简单零件（如垫片）的冲压模，或应用UG等三维软件设计简单塑料件的注塑模； 3. 能抄画一幅中等难度的模具图（包括二维和三维图）； 4. 能编制简单冲裁模的加工工艺； 5. 至少会一种模具加工实操，如钳、车、铣、数铣、线切割、磨	1. 教师通过二级学院/专业团队/模具行业协会主考的模具中级工（或初级模具设计师）理论知识考试； 2. 教师在规定时间内合作完成一套简单零件冲裁模具（或注塑模具）的设计、装配、调试，并进行答辩
双师素质教师 (3~5年)	1. 掌握机械制图、材料、公差与配合基础知识； 2. 掌握模具设计基础知识； 3. 掌握模具制造基础知识； 4. 掌握模具成本核算方法，具备单个模具项目管理、质量检验能力； 5. 掌握模具三维、二维设计知识，或模具数控加工技术	1. 能收集同类产品技术资料并对中等难度的冲压件或塑料件进行成型性分析； 2. 能利用三维软件对一般冲压件或注塑件进行造型优化处理； 3. 能应用UG等三维软件设计中等难度的零件（如车架横梁）的冲压模，或应用UG等三维软件设计中等难度的塑料件的注塑模； 4. 能编制中等难度冲压模的加工工艺； 5. 至少会一种模具加工实操，如钳、车、铣、数铣、线切割、磨； 6. 能指导学生参加市级以上模具数字化设计与制造等比赛	1. 教师通过二级学院/专业团队/模具行业协会主考的模具高级工（或中级模具设计师）理论知识考试； 2. 教师在规定时间内合作完成一套中等难度的零件冲裁模具（或注塑模具）的设计、装配、调试，并进行答辩

续表

级别	专业知识	专业能力	达标测试要求
骨干教师（5~15年）	1. 掌握机械制图、材料、公差与配合基础知识； 2. 掌握模具设计基础知识； 3. 掌握模具制造基础知识； 4. 掌握模具成本核算方法，具备一般难度的模具项目管理、质量检验能力； 5. 掌握材料成型CAE分析，模具三维、二维设计知识，或模具数控加工技术	1. 能收集同类产品技术资料并对复杂的冲压件或塑料件进行成形型分析； 2. 能利用三维软件对一般冲压件或注塑件进行造型优化处理； 3. 能应用UG等三维软件设计复杂零件（如汽车顶盖后横梁）的冲压模；或应用UG等三维软件设计塑料件的复杂注塑模； 4. 能编制复杂冲压模的加工工艺； 5. 至少会两种模具加工实操，如钳、车、铣、数铣、线切割、磨； 6. 能独立指导学生参加模具数字化设计与制造等比赛	1. 教师通过二级学院/专业团队/模具行业协会主考的模具高级技师（或高级模具设计师）理论知识考试； 2. 教师在规定时间内独立完成一套复杂零件冲裁模具（或注塑模具）的设计、装配、调试，并进行答辩
专家型教师（15年以上）	1. 掌握机械制图、材料、公差与配合基础知识； 2. 掌握模具设计基础知识； 3. 掌握模具制造基础知识； 4. 掌握模具成本核算方法和质量管理知识，具备中等难度模具项目管理、质量检验能力； 5. 掌握材料成型CAE分析，模具三维、二维设计，二次开发知识以及现代模具制造技术等行业前沿技术	1. 能收集同类产品技术资料并对复杂的冲压件或塑料件进行成型性分析； 2. 能利用三维软件对复杂冲压件或注塑件进行产品设计、模具设计； 3. 能从技术上指导中等难度的模具项目开发； 4. 能应用多种前沿技术、工程软件结合本身工作经验解决企业生产中的技术难题； 5. 能应用现代模具制造技术解决模具制造中的难题，提高生产效率，保证产品质量； 6. 能制定符合企业需求的模具技术标准	1. 教师能主要参与完成市级以上模具方面的科研课题，为企业解决疑难技术问题； 2. 教师能主持完成模具工种等级鉴定，或执裁市级以上高职模具数字化设计与制造等比赛； 3. 教师能主持完成中等难度的模具项目的开发

续表

级别	专业知识	专业能力	达标测试要求
领军人才（20年以上）	1. 熟练掌握机械制图、材料、公差与配合基础知识； 2. 掌握模具设计基础知识； 3. 掌握模具制造基础知识； 4. 掌握模具成本核算方法和质量管理知识，具备大型模具项目管理能力； 5. 精通材料成型CAE分析，模具三维、二维设计，二次开发知识以及现代模具制造技术等行业前沿技术	1. 能收集同类产品技术资料并对复杂的冲压件或塑料件进行成型性分析； 2. 利用三维软件对复杂冲压件或注塑件进行产品设计、模具设计； 3. 熟悉国内外模具行业企业的新动向，能对模具行业发展趋势进行前瞻性预测以及调整建议； 4. 能应用多种前沿技术、工程软件结合本身工作经验解决企业生产中的技术难题，并在某一个技术领域上属于国内创新领先； 5. 能以技术总监的角色负责大型、复杂模具项目开发，能应用模具设计制造过程的信息化或数字化，利用模具管理系统，实现大型模具项目中模具成本、效率与质量的优化； 6. 能主导制定符合企业需求的模具技术标准	1. 教师能主持完成省级以上模具方面的科研课题，为企业解决高难度技术问题； 2. 教师能主持省级以上高职模具数字化设计与制造等比赛； 3. 能主持完成大型企业模具项目的开发

3. 教师职业发展标准

为了给高职院校教师提供具体明确的职业发展参照标准，帮助教师进一步明确发展方向和发展任务，通过教师工作任务分析会，在岗位素质能力分析的基础上，以学校发展战略目标为引领，根据高职院校教师成长发展的规律，制定了教师职业发展标准。教师职业发展标准由低到高分成五个等级，每个等级标准均包括职业道德、教育教学、教研科研、社会服务与实践、学习发展五个维度，每个维度包括若干个具体指标。教师可以根据自身目前实际情况，选择一个相对匹配度较高的等级标准进行自我诊断。教师职业发展标准可以帮助教师了解现阶段自身发展状况，认识自身优势与不足，明确自身发展目标和"最近发展区"发展目标,增强持续改进的意识,促进教师健康成长;同时让学校准确了解教师职业发展的状况,为学校教师队伍建设决策提供科学依据,为教师职业发展提供有针对性的服务和支持。教师职业发展标准由学校教师发展中心(或人事处)牵头,教务处、专业团队协助制定。表4-9至表4-13为五个等级的教师职业发展标准。

表4-9 教师职业发展标准(一级)

诊断维度	诊断序号	诊断指标
职业道德	1	师德考核合格以上
	2	教育教学工作中没有不当政治言论
	3	无学生投诉
	4	无教学责任事故
教育教学	1	系统承担过1门课程教学任务,按要求完成全部教学工作任务
	2	担任过专业班主任,或学生社团指导教师,或从事学生管理工作1年以上,考核称职以上
	3	参加过1次校级以上教育信息技术竞赛或其他教学类竞赛,获三等奖以上
	4	参加教学质量工程项目建设,按要求完成任务
教研科研	1	参加过校级教改项目或科研项目
	2	公开发表教改或科研论文
社会实践与服务	1	专业课教师在国家机关、企事业单位或生产性实训基地参加工作实践(挂职锻炼、技术指导、社会调查等)累计3个月
学习与发展	1	取得高校教师资格证
	2	参加新教师培训、技能培训、教学能力提升培训研修等,考核合格(或完成规定的学习任务)
	3	与一位"老"教师结对,拜师学习
	4	取得与本专业相关的初级职业资格证书
	5	年度考核合格以上

表 4-10 教师职业发展标准（二级）

诊断维度	诊断序号	诊断指标
职业道德	1	师德考核合格以上
	2	教育教学工作中没有不当政治言论
	3	无学生投诉
	4	无教学责任事故
教育教学	1	系统承担过2门课程的全部教学工作，其中至少1门为专业课（公共课教师系统承担过1门课程教学任务），按要求完成全部教学工作任务
	2	有1门课评为优质课以上
	3	担任过专业班主任，或学生社团指导教师，或从事学生管理工作1年以上，考核称职以上
	4	指导学生参加竞赛获得校级二等奖以上，或个人参加教育信息技术竞赛或其他教学类竞赛获校级二等奖以上
	5	参加教学质量工程项目策划及建设活动，能提出有价值的意见和建议，并按要求完成任务
教研科研	1	主持过校级教改项目或科研课研究
	2	参加省过级以上教改项目，或地厅级以上科研项目
	3	在公开刊物发表教改或学术论文
	4	取得以下成果中的1项： （1）校级教学成果奖三等奖以上； （2）专利授权； （3）承担过大型项目设计，或公开举办个人专业展演（画展、设计展、音乐会等）； （4）体育教师担任教练，指导学生参加校级以上赛事取得一等奖以上

续表

诊断维度	诊断序号	诊断指标
社会实践与服务	1	专业课教师在国家机关、企事业单位或生产性实训基地参加工作实践（挂职锻炼、技术指导、社会调查等）累计6个月以上，基础课、公共课教师累计3个月以上
	2	参加二级学院组织开展的社会服务（培训）项目工作，按要求完成任务
学习与发展	1	参加校内外提升专业能力、教学业务能力等培训研修，完成规定的学习任务
	2	取得教师系列中级（讲师）专业技术职务
	3	取得与本专业相关的中级职业资格证书
	4	年度考核合格以上，获得过优秀等级

表4-11 教师职业发展标准（三级）

诊断维度	诊断序号	诊断指标
职业道德	1	师德考核合格以上
	2	教育教学工作中没有不当政治言论
	3	无学生投诉
	4	无教学责任事故
教育教学	1	系统承担过2门课程的全部教学工作，其中至少1门为专业核心课程（公共课教师系统承担过1门课程教学任务）
	2	有1门课评为精品课
	3	担任过专业班主任，或学生社团指导教师，或从事学生管理工作1年以上，考核称职以上
	4	指导学生参加竞赛获得校级一等奖或省级二等奖以上，或个人参加教育信息技术竞赛或其他教学类竞赛获得校级一等奖或省级二等奖以上
	5	参加教学质量工程项目建设，至少主持1门课程建设

续表

诊断维度	诊断序号	诊断指标
教研科研	1	主持完成省（教育厅）级以上教改项目
	2	主持完成市厅级以上或主要参与完成省部级以上科研项目
	3	在国内核心期刊发表教改或专业论文
	4	取得以下成果中的1项： （1）校级教学成果奖二等奖以上； （2）市厅级科研成果三等奖以上； （3）专利授权； （4）承担过大型项目设计，或公开举办个人专业展演（画展、设计展、音乐会等）； （5）体育教师担任教练，指导学生参加市厅级以上赛事取得二等奖以上，担任过校以上体育赛事副裁判长以上职务等
社会实践与服务	1	开发或参与社会服务（培训）项目并成为项目实施的骨干力量
	2	专业课教师在国家机关、企事业单位或生产性实训基地参加工作实践（挂职锻炼、技术指导、社会调查等）累计6个月以上，基础课、公共课教师累计3个月以上
	3	在工作实践中能给所在单位提供技术咨询或技术服务，产生一定社会效益或经济效益
	4	系统担任过1年以上青年教师指导工作，并取得良好成效
学习与发展	1	参加本专业前沿知识技术学习、提升教学业务能力等研修交流活动，完成规定的学习任务
	2	取得教师系列副高级（副教授）专业技术职务
	3	取得与本专业相关的高级职业资格证书
	4	年度考核合格以上，获得过优秀等级

表 4-12 教师职业发展标准（四级）

诊断项目	诊断序号	诊断指标
职业道德	1	师德考核优秀
	2	教育教学工作中没有不当政治言论
	3	无学生投诉
	4	无教学责任事故
教育教学	1	系统承担过2门专业核心课程的全部教学工作（公共课教师系统承担过1门课程教学任务）
	2	有2门课程评为精品课
	3	开设公开示范课
	4	担任专业班主任或学生社团指导教师，或给学生提供发展咨询服务
	5	指导学生参加竞赛获得国家级二等奖以上或省级一等奖以上，或个人参加教育信息技术竞赛或其他教学类竞赛获得国家级二等奖以上或省级一等奖以上
	6	参加教学质量工程项目建设，主持本专业课程体系建设、教学资源库建设等
教研科研	1	主持完成省级（教育厅）以上教改项目（重点资助）
	2	主持完成市厅级以上科研项目（3档以上）
	3	在国内核心期刊发表教改或专业论文不少于2篇
	4	取得以下成果中的1项： （1）省级教学成果奖二等奖以上； （2）市厅级科研成果二等奖以上； （3）作为第一发明人获专利授权； （4）承担过市级以上大型项目设计，或公开举办个人专业展演（画展、设计展、音乐会等）； （5）体育教师担任教练，指导学生参加省部级以上赛事取得二等奖以上，担任过市厅级以上体育赛事副裁判长以上职务等

续表

诊断项目	诊断序号	诊断指标
社会实践与服务	1	开发社会服务（培训）项目
	2	专业课教师在国家机关、企事业单位或生产性实训基地参加工作实践（挂职锻炼、技术指导、社会调查等）累计6个月以上，基础课、公共课教师累计3个月以上，受聘为技术顾问，所开展的工作产生明显的社会效益和经济效益
	3	系统指导1名以上青年教师不少于2年
	4	带领团队开展教研科研技术服务、开展教师培训、提供业务咨询，取得较好效果
学习与发展	1	参加高质量的培训、学术访问和学术交流活动，在交流中分享自己的成果
	2	取得正高级（教授）专业技术职务
	3	年度考核合格以上，获得过优秀等级

表 4-13　教师职业发展标准（五级）

诊断维度	诊断标序号	诊断指标
职业道德	1	师德考核优秀
	2	教育教学工作中没有不当政治言论
	3	无学生投诉
	4	无教学责任事故
教育教学	1	系统承担过2门专业核心课程的全部教学工作（公共课教师系统承担过1门课程教学任务）
	2	所教课程评为精品课
	3	开设公开示范课
	4	给学生提供学业、就业创业、技术能力、身心健康等发展咨询服务，成效显著
	5	参与教学质量工程项目建设，主持专业（群）建设

续表

诊断维度	诊断标序号	诊断指标
教研科研	1	取得下列成果中的1项： （1）主持完成国家级（教育部）教改项目； （2）主持完成省部级以上科研项目； （3）在国际权威刊物或国内核心期刊上发表学术论文； （4）作为主持人或主要完成人（排名前三）获得一项省级教学成果奖一等奖以上或国家级教学成果奖二等奖以上； （5）市级科研成果奖一等奖以上或市级科技进步奖三等奖以上； （6）承担过省部级大型项目设计，或公开举办行业认可的高水平个人专业展演（画展、设计展、音乐会等）； （7）体育教师担任教练，指导学生参加国家级以上赛事取得二等奖以上，或担任过省部级以上体育赛事副裁判长以上职务等； （8）入选市级以上人才项目
社会实践与服务	1	承担过下列工作中的1项： （1）受邀主持或参与教育部（行指委）专业标准制定； （2）受聘担任企事业的技术顾问或质保工程师或技术副总等相关职务，给聘请单位带来明显社会效益和经济效益
社会实践与服务	2	开发社会服务（培训）项目，产生较好的社会效益和经济效益
社会实践与服务	3	带领团队开展教研科研技术服务、开展培训指导、提供业务咨询，成效显著
学习与发展	1	参加国家级或国际高水平学术交流会议，在省级以上学术交流活动或行业举办的高水平学术活动中，进行主题发言
学习与发展	2	聘为三级以上教授
学习与发展	3	年度考核合格以上，获得过优秀等级

第四节 实训基地标准开发

实训教学是指在接近生产、管理、服务的实际工作环境中，采用来自真实工作项目的典型性案例，在教学过程中理论结合实践，进行反复训练的教学活动。

实训教学需要具备实训教学条件（实训基地），因此建设实训教学条件成为高职院校重要的教学建设内容之一。产教融合、校企合作、工学结合是职业教育的重要特色，而实训教学最能体现职业教育人才培养的特色，实训教学条件的建设和利用情况，直接反映了职业教育教学的特色与水平。实训教学是学生获得职业能力和养成职业精神的重要途径。

一、高职院校实训教学条件建设的现状

高职教育培养具有德技双修、工匠精神、技艺高超的高素质技术技能人才。毕业生直接从事生产、技术、管理和服务第一线工作。高职院校实训教学条件正是担负这一类人才培养任务的主要阵地。实训教学条件开发与建设的方向与目标要立足于支撑专业培养目标的达成。近年来，经过政府引导和各高职院校的大力投入，建设了一批高水平的、彰显职教特色的实训教学基地，为培养高素质高技能人才打下了坚实的物质基础。

由于政府部门的资金投入和推动，以及各高职院校的大力建设，全国高职院校实训教学条件建设取得了明显的效果，例如国家示范校、骨干校的实训教学条件投入均超过 1 亿元，极大改善了实训教学条件。但从总体上看还是存在一些问题和不足：实训教学条件建设缺乏系统性，建设的顶层设计不够，导致重点不突出，一些亟须建设的体现新技术新业态要求的实训基地建设迟缓，需要顶层构建实践教学体系，需要完善实训教学条件建设标准；实训教学条件的管理和运行机制仍需不断完善和提高，导致实训教学条件利用率和设备完好率不高，没能充分发挥实训条件的功能，需要完善实训教学基地的运行与管理标准。

二、高职院校国家专业实训教学条件建设标准简介

（一）高职院校国家专业实训教学条件建设标准的总体建设情况

为落实《国家职业教育改革实施方案》，进一步完善职业教育标准体系，规范和加强实训教学环节，教育部组织制定了一系列专业实训教学条件建设标准。2018—2022 年，教育部分四批共颁布了高等职业学校 64 个专业的实训教学条件

建设标准，其中，2018 年颁布 7 个，2019 年颁布 15 个，2021 年颁布 27 个，2022 年颁布 15 个（见表 4-14）。颁布的实训教学条件建设标准针对的是某专业校内实训场所和设备，从国家层面为某专业实现人才培养目标和规格应具备的实训教学条件提供一个可供参考的建设标准，可以规范高职院校相关专业的实训条件建设和实训教学。

表 4-14　2018—2022 年教育部颁布的高等职业学校专业实训教学条件建设标准

年度	专业数量	专业
2018	7 个高职专业	1. 城市轨道交通运营管理专业； 2. 电气自动化技术专业； 3. 工业分析技术专业； 4. 焊接技术与自动化专业； 5. 物联网应用技术专业； 6. 移动应用开发专业； 7. 智能控制技术专业
2019	15 个高职专业	1. 城市轨道交通车辆技术专业； 2. 城市轨道交通通信信号技术专业； 3. 道路桥梁工程技术专业； 4. 工业机器人技术专业； 5. 化工生物技术专业； 6. 康复治疗技术专业； 7. 矿物加工技术专业； 8. 模具设计与制造专业； 9. 软件技术专业； 10. 铁道信号自动控制专业； 11. 网络技术专业； 12. 物流管理专业； 13. 物流信息技术专业； 14. 新能源汽车运用与维修专业； 15. 智能交通技术运用专业

续表

年度	专业数量	专业
2021	27 个高职专业	1. 信息安全技术应用专业； 2. 现代通信技术专业； 3. 供用电技术专业； 4. 制冷与空调技术专业； 5. 空中乘务专业； 6. 食品质量与安全专业； 7. 食品检验检测技术专业； 8. 视觉传达设计专业； 9. 临床医学专业； 10. 现代医学影像技术专业； 11. 大数据与会计专业； 12. 电子商务专业； 13. 市场营销专业； 14. 酒店管理与数字化运营专业； 15. 市政工程技术专业； 16. 学前教育专业； 17. 园林技术专业； 18. 畜牧兽医专业； 19. 智慧健康养老服务与管理专业； 20. 环境工程技术专业； 21. 电子信息工程技术专业； 22. 工程测量技术专业； 23. 无人机应用技术专业； 24. 电梯工程技术专业； 25. 铁道供电技术专业； 26. 铁道交通运营管理专业； 27. 食品智能加工技术专业

续表

年度	专业数量	专业
2022	15个高职专业	1. 现代农业技术专业； 2. 电力系统自动化技术专业； 3. 高速铁路综合维修技术专业； 4. 港口与航运管理专业； 5. 飞机机电设备维修专业； 6. 汽车智能技术专业； 7. 大数据技术专业； 8. 虚拟现实技术应用专业； 9. 人工智能技术应用专业； 10. 口腔医学技术专业； 11. 电子竞技运动与管理专业； 12. 服装设计与工艺专业； 13. 冷链物流技术与管理专业； 14. 建筑工程技术专业； 15. 摄影与摄像艺术专业

（二）高等职业学校国家专业实训教学条件建设标准的内容

教育部颁布的专业实训教学条件建设标准内容，包括适用范围、实训教学场所要求、实训教学设备要求、实训教学管理与实施、规范性引用文件、参考文献等。其中实训教学场所的"分类、面积与主要功能"和各实训室的"实训教学设备要求"是实训教学条件建设标准的主要内容。

（1）实训教学条件建设标准中的"适用范围"，规定了标准适用于高等职业学校某专业校内实训教学场所及设备的建设，是达到某专业人才培养目标和规格应具备的基本实训教学条件要求。高等职业学校相关专业及有关培训机构可参照执行。

（2）实训教学条件建设标准中的"实训教学场所要求"包括分类、面积与主要功能，采光、照明、通风、防火、安全与卫生、网络环境、实训场所布置等内容，其中"分类、面积与主要功能"规范了实训教学类别、实训场所名称、实训场所面积、主要实训项目、对应的主要课程等内容。以"电气自动化技术专业实训教学条件建设标准"为例，按照实训教学内容划分三类实训教学场所，即专业基础技能实训场所、专业核心技能实训场所、专业拓展技能实训教学场所，共计有计算机辅助制图实训室等 13 个实训室，表 4-15 是其中计算机辅助制图实训室的分类、面积与主要功能。"采光、照明、通风、防火、安全与卫生、网络环境、实训场所布置"则规定了实训室需要在这些方面应符合国家、行业等的相关规定和要求。

表 4-15　计算机辅助制图实训室的分类、面积与主要功能

实训教学类别	实训场所名称	实训场所面积/m²	功能	
			主要实训项目	对应的主要课程
专业基础技能实训	计算机辅助制图实训室	≥90	1. 机械零部件结构绘制； 2. 电气原理图绘制； 3. 电器布置图绘制； 4. 电气安装接线图绘制等	电气工程制图

注：实训场所面积是为满足 40 人/班同时开展实训教学的要求。

（3）实训教学条件建设标准中的"实训教学设备要求"明确了设备名称、设备主要功能和技术要求、执行标准或质量要求以及满足一定实训学生人数的设备数量等。以"工业机器人技术专业实训教学条件建设标准"为例，标准共有 16 个实训室，每个实训室均提出了实训教学设备要求，表 4-16 是其中机械制图实训室的设备要求。

（4）实训教学条件建设标准中的"实训教学管理与实施"要求实训室建立健全实训室和实训教学设备管理制度，规范仪器设备采购、使用、维护、报废等运行环节；要求配备相应职称的专、兼职管理人员并明确相应的岗位职责，定期培训和考核；要求制定安全教育制度并贯彻执行；要求制定实训教学突发事件应急预案与处理措施；鼓励结合专业特点和学校实际，建设多种形式的实训环境，

实施理实一体化教学。

表 4-16　机械制图实训室设备要求

序号	设备名称	主要功能和技术要求	单位	数量	执行标准或质量	备注
1	绘图设备	1. 工程绘图桌； 2. 图板； 3. 丁字尺	套	40		
2	测绘设备及工量具	1. 圆柱齿轮减速器等测绘用设备； 2. 活动扳手； 3. 金属直尺； 4. 游标卡尺； 5. 一字改锥和十字改锥		若干		也可使用其他常见机械产品进行测绘
3	教具教学模型			若干		

注：1. 表中实训设备数量是为满足 40 人/班同时进行实训操作教学的配备要求。在保证实训教学目标要求的前提下，各学校根据本专业的实际班级人数和教学组织形式对实训设备进行合理安排，配备相应的仪器设备数量。

2. 各学校可根据地域特点和行业、企业对从业人员的具体要求，优先选择具有 ISO 标准管理体系认证等国家质量监督管理部门认可的企业所生产的相应规格、型号的仪器设备，优先选择企业所用真实设备，根据专业特点选择虚拟仿真实训资源等。

（5）实训教学条件建设标准中的"规范性引用文件"，规定了适用于标准的有关规范性引用文件。

三、高职院校实训教学条件建设标准开发

（一）构建实践教学体系

1. 实践教学条件建设存在的问题

实训条件建设的通常思路，一般是根据需要开设的实训课程、实训项目，来

决定需要建设的实训基地。但是这样的思路存在几个问题：首先，缺乏顶层设计，仅罗列了实训条件需求，导致实训条件建设缺乏主次、缺乏先后，在学校不能一蹴而就建设全部实训条件的情况下，不能指导学校分步骤、分层级、分主次来建设实训教学条件。其次，实训课程、实训项目的变动性是比较大的，课程和项目的增减变动是常态，以实训课程、实训项目作为建设实训基地的依据会导致建设方向的偏差，一些实训室建设好了就荒废了，造成不必要的浪费。

2. 基于工作岗位与教学规律构建实践教学体系

实践教学体系是对实践教学过程所涉及的各种要素及其相互关系的系统设计，是建设实训教学基地的重要依据。实践教学体系应不同于课程体系和实训条件体系，实践教学体系体现不但要体现实训内容的分类以及各实训内容之间的关系，更重要的是要体现未来工作岗位、技术领域的关系。专业的未来工作岗位、技术领域是根据专业目标定位开展工作任务分析而获得的，因此构建实践教学体系的起点来源于专业目标定位，来源于专业工作任务分析，来源于未来工作岗位、技术领域，来源于职业能力需求。构建专业（群）实践教学体系应以工作岗位或技术领域为依据，而不是以实训课程或实训项目为依据。由于一个专业（群）的工作岗位或技术领域是相对稳定的，以此为依据构建的实践教学体系也是相对稳定的，只有稳定的实践教学体系才能作为开展实践教学、建设实践基地、开发实训课程和实训项目的参考系。因为工作、技术、教学并不能保证一一对应，因此需要在未来工作岗位、技术领域的体系框架的基础上，对实践环节进行教学转换，由此构建实践教学体系。对接工作岗位或者技术领域，结合教学实施的需要，开发相应实训课程和实训项目，确保实训基地的充分利用。

各专业（群）围绕专业群的产业定位和技术领域，按照群共享、方向分立、创研灵活的思路，重构专业群"群共性技术+方向技术+创研技术"实践体系，从实践目标、实践内容、运行与保障等方面系统设计实验实训、创新研发、生产实习、社会实践等实践教学环节。各专业（群）根据专业群的组群逻辑和专业特点，用简图表达专业群实践教学体系，图4-2是数控技术专业的专业实践体系。

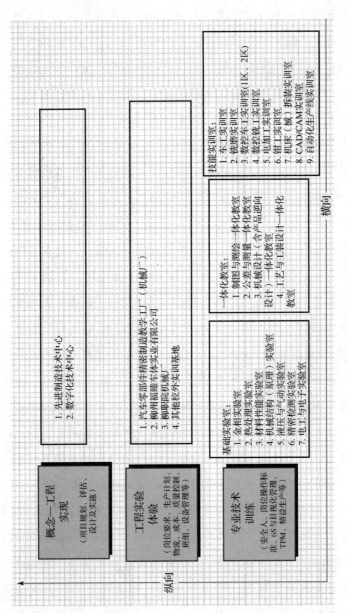

图 4-2 数控技术专业实践体系

3. 基于职业能力建设实训教学条件

职业能力在工作中得到体现,从教学的角度看,就是基于职业能力的学习内容是工作,通过工作来形成职业能力。实训教学条件的建设,就是为学生建立起可以从中学习职业能力的工作条件。从另一个角度说,就是实训教学条件的建设要满足学生在特定工作领域中完成典型工作任务的要求,满足完成典型工作任务后形成职业能力的要求。表4-17为数控技术专业工作领域与典型工作任务。

表4-17 数控技术专业工作领域与典型工作任务

工作领域	典型工作任务	
1. 数控机床操作	1.1 加工前准备	(1) 能合理选择切削方式、切削用量; (2) 能根据加工要求确认毛坯余量; (3) 能根据不同零件材质选用切削刀具; (4) 能进行机床的对刀操作; (5) 能进行机床加工参数的设定; (6) 能合理地选择和使用量具 (以下典型工作任务对应的职业能力略)
	1.2 工件装夹定位	
	1.3 工件加工与调试	
	1.4 零件自检	
2. 机加工工艺编制	2.1 图纸分析	
	2.2 工艺分析	
	2.3 工艺编制	
	2.4 工艺优化	
	2.5 工艺确定	
	2.6 工装夹具设计	

续表

工作领域	典型工作任务
3. 数控编程	3.1 编程准备
	3.2 程序编制
	3.3 加工与调试（程序校验）
	3.4 程序优化
	3.5 程序管理
4. 质量控制	4.1 测量操作
	4.2 尺寸分析
	4.3 尺寸控制
5. 设备维护与保养	5.1 维护
	5.2 维修
	5.3 设备管理
6. 生产现场组织与管理	6.1 现场问题解决
	6.2 协调响应
	6.3 现场文档管理

在实训教学条件建设时，需要把工作领域、典型工作任务和职业能力转化为实训项目、实训课程。因此，要建立实训课程、实训项目与工作任务、职业能力的对应关系，确保实训项目、实训课程囊括所有的典型工作任务，能满足职业能力训练的需要。在解决了建设什么实训室、开设什么实训课程和项目后，还需要解决如何建设实训室、如何设计实训课程和项目的问题。依照职业能力形成的规律和条件，要求实训教学条件要满足学生"在工作中学习"的需要，在学习型的工作中，学生在一定的工作情境中，可以进行完整工作过程的实训。表4-18为数控技术专业实训场所设备条件。

表4-18 数控技术专业实训场所设备条件

阶段	实训场所	教学项目	设备名称
1. 专业技术训练（基础实验）	基础实验室	1. 制图与测绘实训项目； 2. 公差与测量实训项目； 3. 材料与热处理实训项目； 4. 机械结构分析与设计项目； 5. 电工实训项目； 6. 液压与气动实训项目	1. 图板、测绘工具、零件模型等； 2. 千分表、内径百分表等常用测量仪器； 3. 金相显微镜等； 4. 常用机构实物及模型等； 5. 电工实验台； 6. 液压与气动实验台
2. 专业技术训练（机械加工）	技能实训室（实训车间）	1. 钳工实训项目； 2. 普车实训项目； 3. 普铣实训项目； 4. 数车实训项目； 5. 数铣/加工中心实训项目； 6. 数控线切割实训项目； 7. 数控多轴加工实训项目	1. 钳工台、钳工工具； 2. 普通车床； 3. 普通铣床； 4. 数控车床； 5. 数控铣床； 6. 数控电火花、线切割机床； 7. 多轴联动机床
3. 工程实施体验（工艺编程）	工艺设计室、技术中心、校内机械工厂校外实训基地	1. 工艺设计项目； 2. 自动编程项目； 3. 产品质量检测与控制项目	1. 刀具、工装夹具； 2. 计算机及配套的数控加工、编程软件； 3. 三坐标测量机等
4. 从概念到工程实现（综合应用阶段）	职业能力测试区、技术中心、校内机械工厂、校外实训基地	1. 职业能力测试； 2. 新产品试制项目； 3. 汽车零部件精密制造数控加工项目； 4. 职业素质与专业技能顶岗实习； 5. 预就业顶岗实习	1. 普车、普铣、磨床、数控铣床、数控车床、数控线切割； 2. 数控精密加工机床； 3. 汽车零部件精密制造数控加工生产线； 4. 校企共建的校外实训设备

(二) 实训教学条件建设原则与标准

1. 实训教学条件建设原则

(1) 实训教学条件建设的目标性。实训教学条件建设服务于学校的办学定位,这决定了实训条件对接哪些区域的经济、哪些产业的岗位,也决定了实训教学条件建设具有地方特色和产业特色,因此即使是同一个专业,西部地区和东部地区在建设实训教学条件时,也会有不同的特征。实训教学条件建设还服务于人才培养目标,支撑人才培养规格的达成,满足实训课程实训项目的开展。

(2) 实训教学条件建设的体系性。实训教学条件建设要依据专业实践教学体系,需要在明确各个实训环节的基础上分步骤分主次建设。依据实践教学体系,就是要分清各个实训室之间的关系,哪些是重要的实训,哪些是次要的实训;哪些是简单的单项实训,哪些是复杂的综合实训。

(3) 实训教学条件建设的职业性。为了营造接近实际的工作情境,实训条件建设要在劳动工具、劳动方法、工作关系、工作环境等方面对接企业,贴近生产、管理、服务一线工作,即一般说的实训基地建设"八合一":车间与教室合一,学生与学徒合一,教师与师傅合一,教学内容与工作任务合一,实训工具与生产工具合一,作业与产品合一,教学与科研合一,育人与生产合一。实训教学条件建设的职业性还体现在不但满足在校学生的训练上,还要向行业、企业和社会开放,可以为企业在职人员提供培训,为社会提供职业体验和认知等。

(4) 实训教学条件建设的先进性。这是对实训教学条件职业性的进一步要求。服务于产业的转型升级和高质量发展,需要把新技术、新工艺、新产品、新材料反映在实训条件建设中,做到跟随适应产业发展的同时,在场地建设、设备配置、技术应用、管理运行等方面具有一定的前沿性,适当引领促进产业的升级转型。

(5) 实训教学条件建设的现实性。实训教学条件建设要适应学校的实际和学生的具体实际情况,不能超越现实条件。实训教学条件建设要根据社会的需求、专业定位和学生情况的变化,以及职业和技术的发展,适时调整。

2. 实训教学条件建设立项标准

实训教学条件建设立项标准是建设实训基地的依据，由项目建设必要性、项目建设可行性、建设目标与预期效益、建设内容、资金安排和进度、设备（服务）配置方案等要素构成（见表4-19）。

表4-19 实训教学条件建设立项标准

指标	指标内涵	分值
1. 实训教学条件建设必要性	1. 项目建设符合学校办学定位，符合地方产业和专业发展趋势，符合学校、二级学院（部门）和专业发展的中长期规划目标和内容。 2. 项目建设能满足专业人才培养方案要求，与专业（实践）教学体系相对应，对提高教学质量、科研水平和社会服务能力等有明显作用。 3. 项目建设能解决教学中所急需的设备、设施、资源、技术、管理等问题	20
2. 实训教学条件建设可行性	1. 项目资金总预算恰当可行，经费来源有保障。 2. 项目建设所需资源、环境、前期准备等已基本满足建设条件，如建设场地有落实或规划，校企合作有深入洽谈，签订有合作意向框架协议。 3. 参加项目建设的人员组成结构合理，责任分工明确	10
3. 实训教学条件建设目标与预期效益	1. 有具体、可测量的建设目标，并能达到和满足项目必要性所提出的各项指标要求。 2. 教学效益明显，受益专业及学生面广、数量多、预期使用率高等。实训基地项目建成后能有效应用于课程（实践）教学、专业技能竞赛等，承担充足的教学或科研任务，年使用率达到40%以上（年使用1600学时，则使用率为100%）。 3. 社会效益、经济效益、管理效益明显。如可开展的科技服务、生产服务、社会培训等项目数多，产生经济效益高，有效提高学校或二级学院管理效率和水平，有效提升教学（实训）环境，展现校园文化和企业文化等	10

续表

指标	指标内涵	分值
4. 实训教学条件建设内容、资金安排和进度	1. 项目建设的内容详细、具体、切实可行，能满足实现项目建设目标与预期效益的需要。对实训基地项目，建设实训场所的空间布局有利于开展实践教学，体现专业特色；设备安装和装修方案可行，有效果图；各分项目设置合理，所配置的主要设备及数量合理等。 2. 对建设项目的总资金预算合理，各分项目使用资金分配合理。 3. 项目进度安排合理，预期能在建设计划期限内完成项目	30
5. 实训教学条件设备（服务）配置方案	1. 项目中具体采购设备（服务）的数量、型号规格、关键参数、技术要求等合理，能满足教学需求，价格合理。 2. 设备（服务）名称和型号符合规范，备选供应商数符合规定	25
6. 其他	1. 申报书内容填写完整，各项表述合理清晰，撰写格式和排版统一规整。 2. 有对已有同类设备（服务/资源）使用情况的说明、项目设备（服务/资源）安装及使用条件说明、管理方式的说明等。 3. 有部门论证会意见，部门论证成员构成合理、符合规定	5

在实训教学条件建设立项标准中，办学定位、满足人才培养目标（专业能力、方法能力、社会能力）、符合实践教学体系决定了建设的必要性，实训室满足的实训课程、实训项目决定了建设的效益。

四、高职院校实训教学基地管理标准开发

实训基地建设在形成职教特色方面起到重要的作用，然而实训基地的管理和利用在促进学生职业能力形成方面更加重要，如果"重建轻用"将导致工作的本末倒置。现在一些学校存在一方面建设了很多实训室，另一方面学生对实训教学不满意的情况，形成这种情况的原因很多，其中"重建轻用"是其中之一。按照"支持教学、自主诊断、重在改进"的工作方针，充分利用信息技术聚焦实训室运行的实训室管理、实训室利用、物品管理、环境与安全、创新与成效等

五方面内容，构建实训室运行与管理标准（见表 4-20）。

表 4-20 实训室运行与管理标准

指标 （权重）	二级指标 （权重）	指标内涵	计分方法	考查方式及支撑材料
1. 实训室管理 （15 分）	1.1 人员配备 （5 分）	（1）二级学院领导有专人负责实训室管理； （2）实训室配备有专门管理员； （3）贵重仪器设备（单价或整套 40 万元以上）有专人负责管理； （4）使用、管理实训室人员经过培训，根据要求持证上岗	（1）有学院领导负责实训室管理加 1 分； （2）有专门管理员加 2 分； （3）贵重设备有专人管理加 1 分； （4）按要求持证上岗加 1 分	（1）负责人信息公开； （2）管理人员的资格证书
	1.2 建立制度与执行 （10 分）	（1）实训室建立了必备的四个基本管理制度（包括岗位责任制度、安全制度、卫生保洁制度、设备维护维修制度）； （2）实训室四个必备的基本管理文件档案完备规范（实训教学计划、实训室使用记录、设备维修记录等）； （3）利用现代化手段进行实训室管理； （4）制定易燃、易爆、剧毒、放射性物资及其他危险物品的专门管理制度； （5）按照管理制度执行	（1）四个基本管理制度加 4 分，每少一个扣 1 分； （2）四个基本管理文件档案加 4 分，每少一个扣 1 分； （3）利用现代化手段进行实训室管理加 2 分； （4）有危险品，无专门制度扣 2 分； （5）不按制度执行扣 2 分	（1）管理制度并公开（发文或张贴）； （2）制度执行记录； （3）文件档案的过程性记录

续表

指标（权重）	二级指标（权重）	指标内涵	计分方法	考查方式及支撑材料
2. 实训室利用（25分）	2.1 教学资料（5分）	（1）制定实训课程标准； （2）制定实训项目指导书； （3）实训课教材、辅助资料、网络资源	（1）实训课程标准完整规范加2分； （2）实训项目指导书完整规范加2分； （3）实训室其他资料完善加1分	（1）实训课程标准； （2）实训项目指导书
	2.2 利用率（20分）	（1）计算机房、基础实训室、综合性实训室使用率高（60%、40%、30%）； （2）大型仪器设备使用率高（10%）	（1）计算机房、基础实训室、综合性实训室使用率分别： ①达到60%、40%、30%，则加20分； ②达到45%、30%、20%，则加15分； ③达到30%、20%、10%，则加10分； ④达到15%、10%、5%，则加5分； （2）大型设备使用率达到10%，则加20分；达到6%，则加15分；达到4%，则加10分； （3）如果实训室同时有多种设备，则计算平均分	（1）根据排课计划和使用登记表统计计算使用率； （2）核查某两周不低于5学时的使用率

续表

指标（权重）	二级指标（权重）	指标内涵	计分方法	考查方式及支撑材料
3. 物品管理（35分）	3.1 仪器设备（20分）	（1）仪器设备的账物相符； （2）仪器设备完好率高（计算机房95%，其他90%）； （3）仪器设备张贴条形码，张贴必要的建设项目信息； （4）捐赠、丢失、损坏和报废的设备，按规定处理； （5）仪器设备技术资料保管齐全	（1）设备账物完全相符加10分，每有一套设备账物不符扣5分； （2）计算机房、其他实训室仪器设备完好率分别： ①达到95%、90%，则加10分； ②达到90%、80%，则加5分； ③达到80%、60%，则加2分； （3）条形码等信息不完整扣1分； （4）设备变更处理不符合规定扣2分； （5）技术资料不完整扣2分	（1）账物逐项核对； （2）设备变更处理证明材料； （3）仪器设备技术资料； （4）随机抽取不低于5台套或20%试运行设备
	3.2 低值耐用品、低值易耗品和材料（10分）	（1）低值耐用品、低值易耗品、材料的账物相符； （2）低值耐用品、低值易耗品、材料的保管、领用和回收记录规范； （3）制定低值耐用品、低值易耗品、材料年度经费预算	（1）耗材账、物相符加4分； （2）耗材保管、领用和回收记录规范加4分； （3）制定耗材经费预算加2分	（1）账物逐项核对； （2）物品的过程性记录； （3）物品的经费预算； （4）随机抽取不低于5种低值耐用品、低值易耗品、材料进行核查

续表

指标（权重）	二级指标（权重）	指标内涵	计分方法	考查方式及支撑材料
3. 物品管理（35分）	3.3 教学软件（5分）	（1）教学软件的账物相符；（2）实训室必备的教学软件保证运行良好；（3）及时软件升级、后期服务	（1）软件账物相符加2分；（2）软件运行良好加2分；（3）服务保障及时加1分	（1）账物逐项核对；（2）随机抽取不低于5台或20%软件试运行
4. 环境与安全（25分）	4.1 信息公布（5分）	（1）设置实训室标识牌：实训室简介、实训项目等；（2）公开实训的管理制度（学生守则、开放使用制度等）；（3）公开安全操作规程、设备操作流程等	（1）设置实训室标识牌加2分；（2）公开管理制度加2分；（3）公开操作规程流程加1分	（1）实地查看设备；（2）制度上墙或学生可以随时查看；（3）操作规程上墙或学生可以随时查看
	4.2 整洁（10分）	（1）门窗、地面、墙面、天花板等无污迹、无破损；（2）设备、桌椅、台架等整洁无灰尘；（3）设备、桌椅、台架摆放整齐；（4）不堆放无关的杂物	（1）门窗、地面、墙面、天花板等无污迹、无破损加4分，每存在一项问题扣1分；（2）设备、桌椅、台架等整洁无灰尘加4分；（3）设备、桌椅、台架摆放整齐加2分；（4）堆放无关的杂物扣2分	实地现场查看

续表

指标 （权重）	二级指标 （权重）	指标内涵	计分方法	考查方式及支撑材料
4. 环境与安全 （25分）	4.3 安全 （10分）	（1）设置安全警示标识、逃生路线图和求救电话； （2）消防设施配置完备，定期检查； （3）电、水、气等使用符合安全标准； （4）排放废气、废水、废物遵守国家环境保护工作的有关规定	（1）设置安全警示标识、逃生路线图和求救电话加5分； （2）消防设施配置完备，定期检查加5分； （3）电、水、气等使用不符合安全标准，每项扣4分； （4）排放废气、废水、废物不符合有关规定，每项扣4分；	（1）实地现场查看； （2）消防物品定期检查记录； （3）安全使用、安全排放检查
5. 创新与成效 （加分项） （20分）	5.1 技术创新 （5分）	（1）挖掘现有仪器设备潜力，开发功能、改造升级、延长寿命； （2）自制新型教学、科研仪器设备	每项技术创新加5分	提供能证明的材料或实物（诊改周期的创新）
	5.2 管理创新 （5分）	创新管理方式和措施，实行开放实训室管理	每项管理创新加5分	提供能证明的材料或实物（诊改周期的创新）
	5.3 建设成效 （10分）	（1）校企合作成绩突出； （2）对外培训、技术研究和开发成效明显； （3）提高实训室利用率效果明显； （4）支持创新创造方面成效显著； （5）实训基地建设取得标志性成果	每项有明显提高的成效加5分	提供能证明的材料或实物（诊改周期的成效）

第五节　课程标准开发

课程标准是落实培养目标和指导教学工作最基本的纲领性教学文件，是选用与编写教材、进行教学以及评估和检查教学质量的依据。职业教育课程标准是贯彻国家教育方针，落实学校的办学理念和定位，实现技术技能人才培养目标，强化专业特色和工学结合课程改革的重要载体，对于落实立德树人根本任务，体现新职业、新技术、新工艺的新要求，进一步深化教育教学改革，提高人才培养质量，有着重要的意义。

一、课程标准的含义

《教育大辞典》中对课程标准作了如下解释：确定一定学段的课程水平及课程结构的纲领性文件。课程标准的结构一般包括课程标准总纲和各科课程标准两部分。前者是对一定学段的课程进行总体设计的纲领性文件，规定各级学校的课程目标、学科设置、各年级各学科每周的教学时数、课外活动的要求和时数以及团体活动的时数等；后者根据人才培养方案（也有称为教学计划）具体规定各科教学目标、教材纲要、教学要点、教学时数和编订教材的基本要求等。1952年后，我们称前者为"教学计划"，后者为"教学大纲"。

课程标准包含三个层次，即国家层面课程标准、专业大类课程标准和学校层面课程标准。每个层次的课程标准所起的作用不同，而在高职教育课程改革的今天，大部分是对学校层面的课程标准进行研究与开发。

二、国内外职业教育课程标准建设的现状

课程标准是学校教育教学的指导性文件，是课程建设和管理的依据，是取得良好教学效果、提高教学质量的必要条件。与国外相比，我国高职教育课程标准建设还处于起步阶段，但是起点很高。

（一）国外职业教育课程标准建设的现状

相比较我国而言，国外的职业教育课程标准已经步入正轨，对其进行分析，

有助于推动我国课程标准的建设。职业教育课程标准建设得比较成熟的国家包括德国、美国、英国、加拿大、澳大利亚等。

德国职业教育课程开发以校企合作为基础，经历了从同步课程、协调课程、自主课程模式到"学习领域"课程的演变过程。本世纪初在德国职业教育中推广基于工作过程的职业教育课程理念和设计方法。基于工作过程的课程开发方法强调工作过程（信息、计划、决策、实施、控制、评价）的整体性、工作要素（人、机、料、法、环等）的完整性。

加拿大的职业教育课程标准则以"DACUM"（即 Developing A Curriculum，教学计划开发）为制定方法，其指导思想是：课程开发的出发点是就业环境而不是教育专家的观点；学校制定教学目标和编制课程必须以职业岗位所要求具备的能力作为依据，而这种依据应来自从事某职业的专家所作的客观真实的职业分析。其基本过程是：由学校聘请行业中若干（8~12人）具有代表性的专家组成 DACUM 委员会；根据专业定位和目标岗位进行工作分析，确定对应于每个职责的综合能力和对应于每项任务的专项能力；由学校的教育专家、教师组成的教学分析委员会，根据 DACUM 工作成果进行教学分析，从而确定教学单元（或称模块），再由模块构成课程，编制课程标准等。

（二）我国职业教育课程标准建设的现状

在国家层面，义务教育阶段的课程标准较为完善，其他类型和层次的教育，课程标准制定相对较晚。在职业教育领域，中等职业教育的课程标准建设比高等职业教育开展得相对早。高等职业教育的课程标准建设尤其慎重，因为专业数量和课程数量种类多，《职业教育专业目录（2021年）》共设置了高职专科专业744个，一个专业就有几十门课程，而且课程差异大，即使是同一门课程不同地区不同学校的课程标准也可能出现较大的差异。因此目前高等职业教育的课程标准首先在公共必修课开始制定，2021年教育部颁布了高等职业教育专科"英语""信息技术"两门课程的课程标准。虽然课程数量不多，但是体现了高等职业教育课程改革的方向，显示出高等职业教育课程改革的指导思想、重要指引和改革路径，对深化高等职业教育课程改革、提高课程教学质量、提升学生学科核心素养和综合职业能力具有重要的指导作用。

有关机构非常重视本次课程标准的制定，前期进行了大量的基础工作。以信息技术课程标准制定为例，课标研制组组长是北京师范大学的黄荣怀教授，副组长是深圳信息职业技术学院的孙湧院长，研制组分东北、华北、华东、华南、西北和西南区域派出5个调研组，共调研了24所学校，用问卷调研了150个教师、40个教学管理人员、4000名学生，还对1800名学生进行了测试。

1. 高等职业教育国家课程标准的内容

2021年教育部颁布的高等职业教育专科英语、信息技术两门课程的课程标准，内容框架包括课程性质与任务、学科核心素养与课程目标、课程结构、课程内容、学业质量、课程实施和其他。

(1) 课程性质与任务。课程性质说明课程所属的领域在国民经济和产业发展中的作用，对个人的生活、学习和工作的影响，以及对国家战略的意义，同时明确了高等职业教育的定位，规定了课程性质为高等职业学校必修课。课程主要任务则说明课程要全面贯彻党的教育方针，落实立德树人根本任务，以及课程对学生职业能力、社会价值观，以及职业发展、终身学习和服务社会的任务。

(2) 学科核心素养与课程目标。"学科核心素养"在以往的课程标准中出现不多，主要是出现在普通教育的课程标准中，这是本次职业教育课程标准制定的一个新内容。核心素养是党的教育方针的具体化、细化，强调立德育人，明确了学生学习课程后应形成的正确价值观念、必备品格和关键能力，引导学科教学更加注重育人本质。课程目标与传统的课程标准基本一样，规定了学生通过本门课程学习后在知识、技能和素养等方面达到的目标。

(3) 课程结构。课程结构是根据课程目标确定的课程模块构成和学时安排。模块一般分为基础模块、拓展模块（职业模块）。基础模块一般是必修或限定选修内容，是课程的基础性核心内容。拓展模块（职业模块）一般为选修内容，是学生深化其对课程的理解，拓展其职业能力的基础，各地区、各学校可根据国家有关规定，结合地方资源、学校特色、专业需要和学生实际情况，自主确定拓展模块教学内容。学时安排分别对基础模块、拓展模块（职业模块）提出教学学时的建议，各模块具体学时，由各地区、各学校根据国家有关要求，结合实际情况自主确定。

(4) 课程内容。课程内容是课程标准的主体,明确课程每一个教学单元(任务、项目、主题)的内容要求,提出相关教学提示。内容要求是对课程目标的进一步具体化,是学生学习每一个教学单元后应达到的要求。教学提示则提出了本教学单元的教学组织形式建议,以及在教学过程中应注意的问题。

(5) 学业质量。这是本次课程标准的一个创新,包括学业质量内涵和学业质量水平,体现了更加注重学生的学习获得和成果表现,更加注重因材施教。

学业质量内涵是学生在完成本课程学习后的学业成就表现,是以核心素养内涵及具体表现为主要维度,结合课程内容,对学生学业成就表现的总体刻画。表 4-21 是信息技术课程标准的学业质量内涵。

表 4-21 信息技术课程标准的学业质量内涵(部分)

核心素养	内涵	具体表现
信息意识	了解信息及信息素养在现代社会中的作用与价值,主动地寻求恰当的方式捕获、提取和分析信息,以有效的方法和手段判断信息的可靠性、真实性、准确性和目的性,对信息可能产生的影响进行预期分析,自觉地充分利用信息解决生活、学习和工作中的实际问题,具有团队协作精神,善于与他人合作、共享信息,实现信息的更大价值	1. 理解信息的概念和意义,对信息具有敏感度; 2. 能定义和描述信息需求; 3. 掌握信息的常用表达方式和处理方法,并将其与具体问题相联系; 4. 能对信息的价值及其可能的影响进行判断

学业质量水平为两级,根据课程结构,基础模块对应水平一,拓展模块对应水平二。水平一是学生完成基础模块后应达到的标准,水平二是学生完成拓展模块后应达到的标准(见表 4-22)。

表4-22 信息技术课程标准的学业质量标准（部分）

核心素养	水平一	水平二
信息意识	1. 理解信息、信息社会的基本概念，了解数据与信息的关系； 2. 针对简单任务需求，能确定所需信息的形式和内容，知道信息获取渠道； 3. 能初步掌握信息的常用表达方式和处理方法，并能针对具体问题选择恰当的信息表达方式和处理方法； 4. 对信息系统在人们生活、学习和工作中的重要作用、优势及局限性有一定认识； 5. 了解新一代信息技术，对信息技术促进经济社会现代化发展有一定认识	1. 理解数据、信息、情报等概念，了解知识管理体系，对信息具有较强的敏感度； 2. 针对具体任务需求，能准确定义所需信息，并能描述信息需求； 3. 能依据不同的任务需求，主动地比较不同的信息源，确定合适的信息获取渠道； 4. 能自觉地对所获信息的真伪和价值进行判断，对信息进行处理； 5. 能针对具体问题，确定恰当的信息表达方式和处理方法，选择合适的工具辅助解决问题； 6. 充分认识信息系统在人们生活、学习和工作中的重要性，在信息系统构建与应用过程中，能利用已有经验判断系统可能存在的风险并进行主动规避； 7. 在了解新一代信息技术的基础上，对新一代信息技术在所从事专业领域的应用有一定认识

（6）课程实施。明确课程实施环节的责任主体和要求，对教学要求、学业水平评价、教材编写、资源开发和环境等提出要求。在教学要求部分，要求紧扣核心素养和课程目标，贯彻党的教育方针，落实立德树人根本任务，突出职业教育特色，强调学生的价值观、综合应用能力、学习能力、创新意识和全面发展。在学业水平评价部分，提出要基于学科核心素养进行学业水平评价，目的是促进学习、改善教学、监控学业质量，建议采用过程性评价与总结性评价相结合的方式，全面、客观地评价学生的学业状况。在教材编写部分，要坚持立德树人，突出学科核心素养，倡导开发新型活页式、工作手册式教材和新形态立体化教材，鼓励理实一体、项目导向、任务驱动的教学模式。在资源开发和环境部分，资源

开发主要是指支持课程教学的数字化教学资源开发,环境主要是指教学设备设施,以及支持学生开展数字化学习的条件。另外还对教学团队和教学管理等方面提出了要求和建议。本部分内容对编写教材、教学实施、考试评价有很具体的指导价值,突出了课程标准的可操作性。

(7) 其他。课程标准中根据不同的学科,增加了一些很有参考价值的内容,如英语课程标准有附录:词汇表,共收词汇 3000 个,包括入学时应掌握的词汇 2100 个、基础模块词汇 500 个(用＊标记)和拓展模块词汇 400 个(用＊＊标记)。信息技术课程标准有附件:教学设备设施配备要求,分别提供了基础模块教学必配和拓展模块教学需要选配的教学机房设备设施配备要求。

2. 高等职业教育国家课程标准的特点

(1) 落实新的职教改革精神。落实国务院印发的《国家职业教育改革实施方案》中关于"将标准化建设作为统领职业教育发展的突破口""发挥标准在职业教育质量提升中的基础性作用"的要求。高等职业教育课程标准借鉴了其他类型教育课程目标的研究成果和经验,以习近平新时代中国特色社会主义思想为指导,落实立德树人根本任务,体现了关于德智体美劳全面发展的人才培养目标要求。贯彻职业教育由追求规模扩张向提高质量转变的精神,发挥标准在职业教育质量提升中的基础性作用,巩固和发展国务院教育行政部门联合行业制定国家教学标准、职业院校依据标准自主制订人才培养方案的工作格局。

(2) 学科核心素养与课程目标结合。重点提出学科核心素养,是党的教育方针的具体化,立足立德树人,挖掘课程的育人价值,明确了学生学习课程后应达成的正确价值观念、必备品格和关键能力。引导立足职业教育,学科教学更加注重育人本质。把学科核心素养与课程目标结合,形成教学合力。

(3) 学业质量分层设置。包括学业质量内涵和学业质量水平,体现了更加注重学生的学习获得和成果表现,更加注重根据学生差异性而因材施教。学业质量要求,引导教学更加关注核心素养和课程目标,强调学生解决综合职业问题的能力。学业质量水平分层设置,可以有效帮助教师和学生把握教与学的深度和广度,为过程性评价和结果性评价等提供依据,具有很强的操作性。

(4) 强调职教特色和遵循育人规律结合。在目标上,强调核心素养和综合职业能力，注重有机融入职业道德、劳模精神、工匠精神教育，培育学生职业精神。在教学模式上，鼓励理实一体、项目导向、任务驱动的教学模式。在内容上，采取"基础模块为共性要求，拓展模块（职业模块）满足学生继续学习与个性发展需要"的形式，注重教学内容与社会生活、职业生活的联系。在教学实施上，重视实训教学条件建设，鼓励校企合作，提倡专兼教师结合。

（5）注重教学实施和可操作性。明确课程实施环节的责任主体和要求，对教学要求、学业水平评价、教材编写、资源开发和环境等提出要求。学科核心素养与课程目标既分别描述又相互联系，具有很强的指导性。学业质量明确了质量内涵，并列出了学生的具体表现，具有很强的操作性。

三、职业能力导向课程的特征

职业教育的课程类型是职业能力导向的课程，比较典型的职业能力导向课程有工作过程系统化课程、项目课程、CBE 课程、情境化课程等。高等职业教育国家精品课程要求"以职业能力培养为重点，与行业企业合作进行基于工作过程的课程开发与设计""以真实工作任务及其工作过程为依据整合、序化教学内容"。工作过程系统化课程继承和创新过去改革的经验和成果，契合了高等职业教育作为新的教育类型的特征，成为职业能力导向课程的主要课程模式。工作过程系统化课程主要具有六个方面的特征：课程内容是具有范例性的工作任务；学习单元由多个同范畴的学习情境组成；课程内容以串行结构进行序化；教学环境体现真实的工作要素；教学实施由专兼结合教师共同完成；教学过程经历完整的工作过程结构。这些特征相辅相成，共同构成一个有机的整体。

（一）课程内容是具有范例性的工作任务

课程内容是具有范例性的工作任务，首先要求学习的内容是工作，其次要求工作是具有范例性的工作。这回答了工作过程系统化课程内容选择的问题。

1. 学习的内容是工作

以工作作为学习内容是工作过程系统化课程的核心思想，"先有工作，然后有知识"是工作过程系统化课程的重要特征。工作过程系统化课程"是对现实社会发展的实用性回答"，课程的内容是工作，"教学内容不再指向于技术变化的外在表现，而是指向于职业工作任务"。工作是课程存在的理由，也是课程开发和设计的"线索"，没有工作就没有课程。知识不再是课程存在的理由，而是挂在"线索"上的"珠贝"。正因为课程的内容是工作，所以工作过程系统化课程的表述一般是动宾结构，而不是名词词组。

2. 设计范例性的工作

工作过程系统化课程强调工作的范例性，不追求学科的完整性。这意味着学习的工作任务是在职业岗位中具有代表性与典型性、对学生职业发展具有重要意义的工作，要能承载相应的知识、能力和素质。范例性的工作不是"随意的案例"，而是要"集萃的案例"，不要把范例性的工作等同于经常性的工作。学生学习范例的工作，可以提高未来岗位的工作能力，并实现工作方法的迁移。因此，在开发工作过程系统化课程时，必须"看清看透"纷繁复杂的工作，要分析工作背后的本质，要厘清各工作之间的关系，对工作进行分类归总；在设计学习情境时，要经过教学化的处理，使之地方化、学校化、个人化。

（二）学习单元由多个同范畴的学习情境组成

学习单元由多个同范畴的学习情境组成，意味着学习情境是同范畴的，而且是多个的。这回答了工作过程系统化课程内容的教学化处理问题。

1. 设计同范畴的学习情境

同范畴是系统化设计学习情境的前提条件。工作过程系统化课程的学习情境，无论是在形式上，还是在内涵上，都是同范畴的，其工作过程的结构具有相似性。正是有了这个相对固定的结构，才使得工作过程系统化课程有了一个与稳定的学科知识结构类似的平台。学习情境的同范畴保证了学习内容同属于某工作领域下的工作，适应了学习情境系统化设计的要求。

2. 开发多个学习情境

一个学习领域下的学习情境一般不少于三个。设计多个同范畴的学习情境，是让学生在同一范畴的工作中有提升强化的机会，目的是达到举一反三的效果，实现能力逐步提升。但是学习情境也不是越多越好，要考虑教学上的是否必要以及课时上的限制。

（三）课程内容以串行结构进行序化

课程内容以串行结构进行序化，首先是指各学习情境是按照难度渐进的线性顺序排列的；其次是指在每一个学习情境中，内容是基于工作过程的串行结构来呈现。这回答了工作过程系统化课程内容序化的问题。

1. 难度渐进的学习情境

这是要求在序化学习情境时，要遵循学生能力发展规律，遵循职业发展规律，按照由简单到复杂的顺序进行系统化安排。在这个过程中，教师指导逐渐减少，学生自主逐渐增高。H.－D. Hoepfner 根据学生学习的独立性、教师角色的转变，设计了三类任务："封闭性"的任务（给出详细指导和提示，答案唯一）；"开放性"的任务（给出概要的和指导性的提示，答案多个）；"设计导向性"的任务（用引导问题引导完整的工作过程，答案开放）。

2. 串行结构的内容组织

学科课程与工作过程系统化课程在组织课程内容上采用了两种不同的方式：前者是一个知识系统，强调知识的构成，是一种平行结构；后者是行动系统，强调知识的生成，是一种串行结构。这是工作过程系统化课程的核心特征，它把知识放在完成实际工作的过程之中，知识按照工作过程的需要来呈现，工作过程需要什么知识就呈现什么知识，工作过程中什么时候需要知识就什么时候呈现知识，以工作过程作为参照系，知识集成于、贯穿于工作过程中。

（四）教学环境体现真实的工作要素

教学环境体现真实的工作要素，意味着需要建设具有"真实"职业氛围的实践教学环境，学生在真实的情境中完成工作任务。这回答了工作过程系统化课程教学条件建设的问题。每项工作都是在特定的工作环境中，按照一定的时间和空间顺序组合特定的工作要素实现工作目标的过程。工作过程要素"真实"就是教学中面对的劳动对象、工作方法、工具和工作人员等，和未来工作中面对的相一致。在工作过程系统化课程开发过程中，存在着重视工作过程的结构而忽视工作过程的要素的现象。"真实"性是高职院校实践教学基地建设的必然目标。

（五）教学实施由专兼结合教师共同完成

教学实施由专兼结合教师共同完成，是指需要校企合作建设一支专兼结合的师资队伍共同实施教学。这回答了工作过程系统化课程师资队伍建设的问题。工作过程系统化课程是工学结合的课程，学习的内容是工作，是开放性的工作，是始终处在不断变化中的工作。要胜任基于工作的教学，要求教师既懂基础理论知识，又有很强的实践能力。为适应课程的要求，学校应该成为一个开放的管理平台，用开放的观念，通过开放的管理制度，建设"双师"结构师资队伍，专职和兼职教师共同承担课程教学。

（六）教学过程经历完整的工作过程结构

教学过程经历完整的工作过程结构，表明工作过程系统化课程实施的是行动导向的教学，学生全程参与工作的全过程。这回答了工作过程系统化课程教学实施的问题。

典型的工作过程结构是"六步"工作过程：明确任务/获取信息—制订计划/作出决定—实施计划—检查控制—评定反馈，"这六个步骤始终显性和隐性地存在于一切人的一切工作过程之中"（姜大源），这是六个具有普适性的工作过程。在始终处于变化的工作要素中，学生参与结构相对稳定完整的工作过程，获得一个"完整的实践工作的框架"（南丁格尔）。在这里应该指出的是，工作过程不同于生产流程，也不同于操作流程。

四、课程标准开发

（一）课程标准开发的原则

1. 落实立德树人根本任务

贯彻党的教育方针，落实立德树人根本任务，促进学生德技双修和全面发展。将社会主义核心价值观教育贯穿教育教学全过程，形成全员育人、全程育人和全方位育人格局。全面推行课程思政改革，发挥课程的思想政治教育功能，落实思想品德修养教育教学要求。

2. 坚持校企合作、工学结合

适应产业转型升级，紧跟新技术、新工艺、新规范的变化，对接"1+X"职业技能等级证书标准，校企双元共同开发课程标准，彰显"做中学，做中教"、工学结合、知行合一的改革特点。加强学生认知能力、合作能力、创新能力和职业能力培养。加强劳动教育，以劳树德、以劳增智、以劳强体、以劳育美。培育和传承工匠精神，引导学生养成严谨专注、敬业专业、精益求精和追求卓越的品质。

3. 坚持目标导向、成果导向

各专业立足于地方产业高质量发展，定位于产业的中高端，明确专业定位、培养目标、毕业要求。课程体系和课程标准支持培养目标、毕业要求的实现，确保目标层层落实不遗漏。

学习成果是教学设计自始至终的关注点，学习目标、学习内容、教学过程、评价考核等围绕学生的学习成果来组织，各环节相互呼应，形成相辅相成、相互支撑的课程标准，确保学习成果的实现。明确学生取得的学习成果是什么，为什么要让学生取得这样的学习成果，如何让学生取得这些学习成果，如何知道学生确实取得了这些学习成果。

4. 坚持学生中心、持续改进

以学生为中心，关注学生自我的比较与发展，改变灌输课堂的传统，提倡师生对话、生生对话。课程标准要适应学校和学生的具体实际情况，不超越现实。部分特殊的课程（如顶岗实习、职业能力测试、毕业设计等）可以采用不同的体例。课程标准要反映现代科学技术、社会科学的发展，反映新标准、新技术、新工艺、新规范，根据社会的需求、课程发展、教学条件和学生情况的变化，持续改进修订。

（二）职业能力导向课程开发过程

1. 行业分析

结合我国的职业分类和职业标准，开展深入调研，对社会各行业的能力标准和职业要求进行全面的分析。在遵循学校办学方向和专业定位的基础上，切实做好行业与企业需求分析、教育与劳动力市场需求分析、人才规格需求分析等，以取得课程开发的客观基础。

2. 工作任务分析

工作过程系统化课程开发需要分析行动领域、学习领域和学习情境，行动领域分析的核心是典型工作任务分析。工作任务分析是课程开发的源头，由教师和实践专家组成工作小组，共同确定和描述典型工作任务的详细内容，包括"工作与经营过程、工作对象、工具、工作方法、劳动组织和对工作的要求"等。在工作任务分析中，以工作过程为主线，突出工作过程中的主要地位，按工作过程的需要来选择知识，以工作任务为中心整合理论与实践知识；以职业能力为基础，打破对以"重复、刚性"的操作技能为主要内容的职业能力的理解；以工作任务为项目，学习内容是工作，并通过工作来学习。

3. 构建专业课程体系

经过工作任务分析，获得与专业相关的典型工作任务，通过教学转换把典型工作任务转变为工作过程系统化课程。工作过程系统化课程通常是一个专业的专业核心课程，属于专业技能体系课程。完整的专业人才培养课程体系需要构建基本素养、专业技能、管理能力、创新创业"四体系"课程：首先，设计以通识教育、课程思政、劳动教育、艺术教育为重点的基本素养体系；其次，设计以新技术为引领的专业技能体系，以产业分析、工作任务分析结果为依据，紧密对接产业链，将新工艺、新技术、新知识及时纳入教学内容，开发与行业、企业人才需求相匹配的新技术课程；再次，设计以精益生产、基层管理、全员管理为重点的管理能力体系，以培养自我管理能力、基层管理能力和精益生产管理能力为目标，开设管理类课程并把管理能力融入专业课程；最后，设计以构建校企政多方协同的创新创业生态圈为重点的创新创业体系，系统设计创新创业教育，构建创新创业课程群，建设双创基地，坚持工学结合，加强认知能力、合作能力、创新能力和职业能力培养。

4. 制定课程标准

各专业（群）面向用人单位、兄弟院校、毕业生等深入开展调研，形成调研报告，研究起草课程标准。每门课程共同开发的人员不少于3人，并包含企业方人员。成立校、院两级课程审查小组，审查课程标准的思想性、科学性等。根据审议和审查意见修订课程标准。审查通过后，方可执行。

（三）课程标准包括的内容

课程标准应包含以下基本内容，专业（群）可以根据需要进行适当的调整变更。

1. 课程信息

简要说明本课程的课程名称、管理部门、参考学分/学时、适用专业（群）、开发人员等信息。

2. 课程性质和设计

（1）课程性质。课程性质包括本课程的基本属性（如项目课程、实训课程、理论课程等），课程与培养规格之间的对应关系及相关度，课程在专业课程体系中的定位（核心课程、支持性课程等），与前后课程之间的关系等。

（2）课程设计。阐述课程的基本理念、课程的特点，并对课程标准的设计思路做简要的说明。解析课程的学习内容、教学模式和评价方式的理论依据、创新特色等。

3. 学习目标

（1）具体目标。学习目标从专业培养目标出发，支持培养规格的实现。将对应的专业培养目标和规格分解细化为课程的专业能力、方法能力、社会能力目标（各课程可以根据课程的特点采用不同的体例描述教学目标）。

（2）学习成果。明确学生的预期学习成果，使学生从学习的一开始就有明确的目标和预期表现。课程成果可以是可行性报告、实验报告、调研报告、策划方案、已发表的论文、专利、设计图纸、软件、样机、模型、使用说明、艺术作品等，成果应具体、可验收，成果应包含成果说明。

（3）学习目标对应的培养规格。根据课程与培养规格之间的对应关系及相关度，填写表格（见表4-23）。在数量和标准上，课程学习目标一般超过专业培养规格。表格中的内容简要描述，不需具体细化。

4. 学习内容

（1）内容选择与学时分配。学习内容要以达成预期学习目标为准则，选取对实现学习目标有价值的内容，删除对实现学习目标关系不大的内容（见表4-24）。

学习内容不以教材为依据，不能把教材的内容直接作为学习内容，不能把教材的体例直接作为学习框架。

表 4 – 23　学习目标对应培养规格

序号	课程学习目标	专业培养规格	
		可达成的专业培养规格	相关度

表 4 – 24　内容选择与学时分配

序号	学习内容	学时分配				
		总学时	课内	课外	理论	实践

（2）具体学习内容。以学习单元为单位，列出具体学习内容（见表 4 – 25）。对于工作过程系统化课程，则以学习情境或工作任务为单位，明确工作对象、工作过程、工作要素（工作方法、劳动工具、组织形式）等。必要时，建议对学生的实践项目（综合作业）独立描述。

表 4 – 25　具体学习内容

学习单元	学习目标	具体学习内容（工作对象、工作过程、工作要素等）	作业

学习内容包括理论和实践的学习内容，分别描述。

学习内容包括第一课堂（课内）和第二课堂（课外）的学习内容。如果课程安排有第二课堂学时，需具体列出推荐开展的第二课堂活动。

5. 学习评价

推行"完一课，成一事"的考核，学习评价要检验和证明学生是否达成学习目标、学习成果。除了教师组织的作业、测验、实践等环节对学生的学习过程进行评价，还要从校方、管理者、同行、毕业生、学生等多元主体的角度进行评价。

（1）考核方式。考核内容包括课程过程性考核和期末考试的内容，权重则指每项考核内容所占比重。考核方式包括笔试、口试、实操、创作等，体现成果导向、多元参与、适用可行。

考核评价需要体现"6+N"评价维度。专业职业能力测试至少从规范性、合作性、经济性、环保性、忠诚性、创新性6个维度进行评价（评分），其他课程根据目标不同可以增加展示性、功能性等N个维度进行评价。

（2）课程考核对应的学习目标。考核内容应指明与具体哪些课程的学习目标相对应，用以检测学生是否达到课程既定的学习目标。

"课程考核与学习目标的对应表"（见表4-26）中的内容简要描述，不需具体细化。评价方法与学习目标不必是一一对应关系，可以一个评价方法达成多个学习目标，可以多个评价方法达成一个学习目标，可以多个评价方法达成多个学习目标。

表4-26 课程考核与学习目标的对应

序号	考核内容	考核方式	权重	可达成的课程学习目标

6. 实施建议

（1）教学方法。教学方法旨在促进学习成果的达成，注重运用行动导向的教学，善用示范、诊断、评价、反馈以及建设性介入等策略，来引导、协助学生达成预期成果。推进课堂革命，组建教学创新团队，开展分工协作的模块化教学模式，优化教学行为，变革学习方式。

简要说明教学方法和策略，不仅要明确所采用教学方法的名称，还需要简要描述教与学的关键环节或过程，明确所选用的教学方法促进了哪些学习目标的达成。

（2）教学场地和设施。对完成本课程所需要的教学场地和设施提出要求。

（3）任课教师。就如何组建结构化教学创新团队提出要求和建议，对任课课程教师的职称、专业和职业经历、职业资格提出要求。

（4）教材和参考资料。对教材（讲义）的编写、选用教材、参考资料提出建议。

第五章
高职院校教学标准应用保障体系构建

第一节　高职院校教学标准运行保障体系构建

一、教学标准运行保障体系的内涵

高职院校要确保各项教学标准落地实施，不断完善改进，需要构建教学标准运行保障体系，包括建立保障组织架构、制定制度及对各项教学标准实施的过程进行检查、督导等。教学标准运行保障体系应建立在及时有效的信息反馈机制的基础上，将实际教育教学效果与计划目标之间的差异作为反馈信息，纠正目标偏离，从而有效地保证高职教学标准的落地实施和实施质量。

二、教学标准运行保障体系构建的思路

（一）构建"双控"人才培养质量保障体系

各项教学标准实施的最终目标都是指向学校人才培养的质量，因此，标准运行保障体系应当融入学校的人才培养质量保障体系当中。首先建立"双控"人才培养质量保障体系（见图5-1），即由学校内部和学校外部不同主体共同构成对人才培养质量的监督、评价、反馈。学校人才培养质量管理工作的主要内容包括：人才培养方案的制订和执行、课程标准的实施、学生职业能力等级的测试、教师标准的落地、教学的组织和管理、学生综合素质的评定、用人单位对学生的

评价等影响培养质量的各种因素和各个环节。内控体系主要负责人才培养质量的内部管理，含学生综合素质考核管理和教学过程质量管理，管理形式包括各级听课、各项检查、各类评价、问卷调查、座谈会等；外控体系主要负责人才培养质量的社会管理，管理形式包括专业教学指导委员会、行业指导委员会对专业的信息反馈、第三方评价机构对毕业生培养质量的跟踪调查、问卷调查、座谈会等。内控体系的反馈形式包括每周教学检查通报、学年教学质量报告等。外控体系的反馈形式主要是学年教学质量报告、专业排名分析、第三方评价机构的毕业生跟踪调查报告、座谈会等。

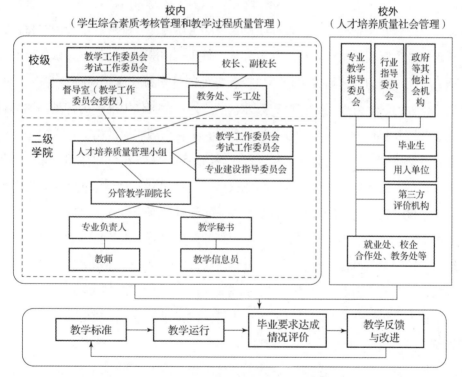

图 5-1　高职院校"双控"人才培养质量保障体系

（二）明确"双控"人才培养质量保障体系组织结构和职责

组织体系的建立是实行人才培养质量保障的组织保证，是人才培养质量管理的主体。高职院校"双控"人才培养质量保障的组织机构，分为校内管理体系和校外管理体系，其中校内管理体系的构成分为校级和二级学院两个级别，校内、校外管理体系共同对人才培养的四个环节（教学标准制定、教学运行、毕业要求达成情况评价、教学反馈与改进）的质量进行监督、评价、反馈。

1. 校内管理体系的组织架构和职责

高职院校通过多层面的人才培养质量管理主体来设置校内人才培养质量管理组织。学校层面的人才培养质量管理组织架构由校领导、教务处、学工处、督导室等组织机构，教学工作委员会和考试工作委员会组成。二级学院的组织架构由人才培养质量管理小组、教学工作委员会、考试工作委员会、专业建设指导委员会、分管教学副院长、专业负责人、教学秘书、教师、教学信息员等机构和人员组成。由校长作为第一责任人，总管学校整体的人才培养质量管理工作，承担主体责任。分管教学副校长承担教学质量管理的主体责任，分管学生管理工作的副校长承担学生管理的主体责任。督导室负责组建学校层面的教学督导队伍，开展检查、督促学校的人才培养工作，包括教务处的日常教学质量检查和管理工作，学生工作处的学生管理工作，对教务处、学工处日常工作中反馈的各类问题进行协调处理，并督查处理结果。教务处是学校教学管理的职能部门，负责实施教学管理和教学质量监控，对教学质量管理起着组织协调、分析反馈作用。教务处的主要职责是：建立健全全校性的教学质量管理保障体系；组织制定各类教学标准，建立保障教学质量的流程和制度文件，实施日常教学检查，开展教学工作评估反馈和跟踪改进。学生工作处是学生管理的职能部门，主要负责学生第二课堂活动的管理、学生诚信管理、学生综合素质管理、学生日常管理等。二级学院层面设置人才培养质量管理小组，是二级学院开展教学检查和监控的基层组织机构，组长由二级学院院长担任，成员由二级学院其他领导、团队负责人和具有丰富教学经验的教师（含专职外聘教师）组成。人才培养质量管理小组的主要职责是：负责本学院人才培养质量管理的具体工作，接收和处理二级学院教学工作委员会、专业建设指导委员会和考试工作委员会的意见，并将教学相关信息反馈给教学副院长。教学副院长组织教学计划制订、课程管理、教学质量管理工作，组织收集反馈本学院人才培养质量管理工作的有关信息，组织学生座谈会、教师座谈会，管理本学院的学生信息员队伍等。专业负责人、教学秘书负责执行二级学院的人才培养要求，并收集有关信息调整教学。

2. 校外管理体系的组织架构和职责

高职院校人才培养质量保障不仅仅是学校自身的事情，组织机构不能仅仅设置在学校内部，也需要来自社会的多方面监督。通过就业处、校企合作处、教务处、二级学院等部门收集校外专业教学指导委员会、行业指导委员会、政府、毕业生、用人单位、第三方评价机构等对人才培养质量的评价和反馈。政府是高等职业教育的投资者，同时也是受益人，通过行政手段对教育质量进行必要的、有效的管理。高职院校培养的人才，最终要"投入"市场，经过市场的"检验"，因此，要强化市场和用人单位的管理，开展社会调研，充分了解企业的人才培养质量反馈和用人需求。委托麦可思等第三方评价机构开展毕业生跟踪调查，监测和评估人才培养质量，持续构建教学基本状态数据库，完善质量监控与评估体系，加强教学培养改进，提升毕业生的就业竞争力和培养质量。

（三）制定"双控"人才培养质量保障相关制度

学校建立人才培养质量保障相关制度，例如学生综合素质考评制度（学业分、诚信分、第二课堂活动分的管理以及综合素质考评管理办法等）、教学过程管理制度（社会调研制度、课堂教学管理制度、听课制度、考试制度等）、校院两级教学工作委员会及考试工作委员会相关制度、毕业生质量跟踪调查制度等，确保体系运行顺畅、有效。

三、教学标准运行保障的实施路径

（一）人才培养方案实施保障

人才培养方案是学校组织教学、规范教学环节、实现人才培养目标的纲领性文件，对于提升专业人才培养质量具有决定性的意义。人才培养方案的质量保障包括人才培养方案制订管理和人才培养方案执行情况管理。学校制定《人才培养方案制订的指导性意见》，从指导思想、基本原则、制订流程、人才培养方案主要内容等方面给出指导性意见。专业人才培养方案制订遵循"七步循环法"，从步骤、主要任务、成果输出、参与人员给定了标准和要求，使编制人才培养方案具有可操作性。教务处给定专业人才培养方案的主要内容说明，方便相关人员理解人才培养方案指导性意见。完善人才培养方案审核流程和审核标准，严格组织人才培养方案审核，组织校级教学工作委员会和院级专业建设指导委员会对人才培养方案的科学性、合理性和规范性进行论证和审核。制订人才培养方案发布与调整流程和管理制度，对于需要进行调整的部分课程，需要按照程序提出教学计划异动申请。人才培养方案实施部分，主要包括教学计划录入、课程安排、学生选课、教师调停课、成绩录入、教师更改成绩、考试管理、毕业资格审核等工作流程。教务处以及二级学院教学管理人员，按照人才培养方案实施的流程制度，开展校级和二级学院级教学质量检查或抽查工作，二级学院根据检查反馈的情况进行改进，教务处对整改情况进行复查，如有不合格，反馈到二级学院进行再次整改，直到问题得以解决。

（二）学生职业能力等级标准的实施保障

编制《职业能力等级标准开发指导手册》，包含职业能力等级标准术语及定义、标准的定位及用途、标准的开发流程、标准的编制原则、标准的内容和结构、与其他相关标准的关系等内容，指导各专业制定学生职业能力标准。每个专业按照制定测试方案、题库开发、题库审核论证、测试实施、结果分析、反馈改进的螺旋循环实施学生职业能力测试（见图5-2）。

学生职业能力测评过程分为准备阶段、命题阶段、测试阶段、数据处理阶段、总结分析阶段。准备阶段，成立学生职业能力测评的工作机构，选取测评对象和专业，确定测评内容和方式，明确测评数据分析的方法。命题阶段，进行命题培训，试题编制开发，确定评分标准和考场要求，试题审题，开发调查问卷。测评阶段，进行考务培训、考务组织、考场和设备布置，组织开展职业能力测评，按照标准进行评分，开展问卷调查。数据处理阶段，开展数据分析培训，对测评数据进行统计分析。总结分析阶段，各试点专业撰写学生职业能力测评报告，编写职业能力测试指导手册。

制定《考试管理办法》，明确考试、考试管理机构和职责、考核方案审定、过程性考核、结果性考核、成绩评定、成绩复查及更正、考试情况检查等的要求，规范考试过程管理。成立校、院两级考试工作委员会，审定考试有关政策，审定考试工作方案、考核方案、考试命题，监督考试过程，检查有关课程考试的材料，开展课程考核的研究与改革等工作，开展开放式学生职业能力测试，系培养学生分析和解决实际问题的综合职业能力。

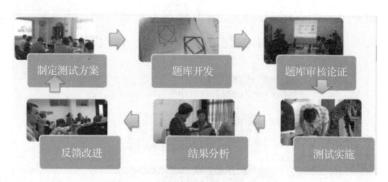

图 5-2 学生职业能力测试过程

(三) 师资标准的实施保障

职业教育教师能力标准分为两个维度，横向以教育教学能力为主线，包括教师教育教学能力标准和教师专业技术能力标准，纵向以教师的职业生涯发展为主线，包括教师职业发展标准。学校系统设计教师培训、日常管理、教学检查和考评，建立流程制度，保证师资标准落地，支撑学生职业能力培养和人才培养质量。通过开展教师工作分析会，运用工作分析法，结合人才培养计划及团队结构对岗位技能进行评估，分析建立各职位职级体系，聘请专家对不同岗位教师现有能力与特点进行评价，归纳出学校不同岗位教师应具备的素质与技能。基于工作任务分析结果确定岗位任职资格，制定覆盖全员的岗位说明书，从岗位专业知识、技能、学历、工作经验等方面要求岗位任职人员的能力。根据教师岗位工作任务分析结果及岗位说明书比对分析现有教师的能力情况，同时结合教师发展诊断对教师能力与岗位技能需求进行匹配，获得现有教师能力提升需求，按照提升教师能力的方法（见图5-3），开展有针对性的培训。通过"五措施+双线"师资培养模式（见图5-4），培养教师职业能力。五措施为训、挂、导、研、赛，双线（双师素质）包括教学技能、职业技能。开展培训需求调查、建立培训课程库、制定培训方案、开展培训活动、评估培训效果。建立师徒导师制、优秀人才工作室，对教师开展高阶教学能力、科研能力、技术技能指导。开展校内教研活动和国内外研修活动，开展各级教学科研课题，与企业合作开展技术革新、改造、成果转化等技术创新服务。推行导师制，为每位新入职教师配备教学导师，根据各类青年教师成长发展需要配备不同类型导师，指导周期为1~4年。通过信息化管理手段，及时了解导师带徒工作情况，通过自评、部门考评等方式对导师带徒成果进行定期考评，对过程中的困难及问题进行及时改进。

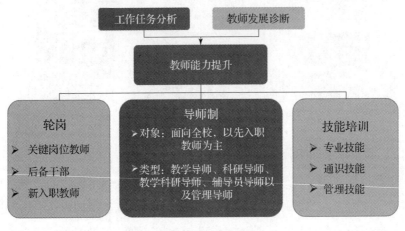

图5-3　提升教师能力的方法

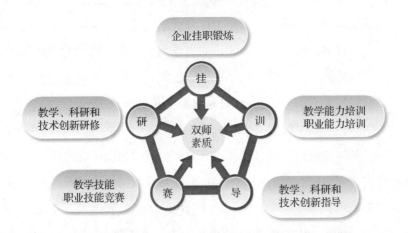

图5-4　"五措施+双线"师资培养模式

制定《教师课堂教学工作规范》，从教学工作基本要求、教师任教资格、教学准备、课堂教学、课程考核与反思等方面对教师课堂教学工作提出要求。制定《教师课堂教学行为规范及扣分清单》，从正面和反面对教师提出要求。构建教师职业教育教学能力评测模式（见图5-5），对全体教师实施职业素质能力评测及培养，有效促进广大教师职业教育核心能力的提升，进而提升学校人才培养质量。

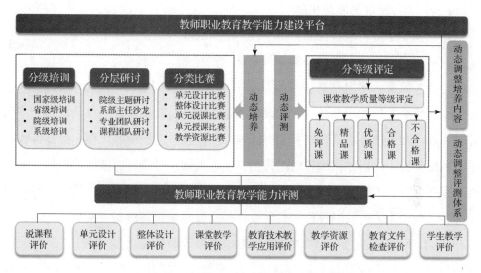

图 5-5　教师职业教育教学能力评测模式

（四）实训基地标准的实施保障

制定《教学建设项目管理办法》，规范实训基地项目建设工作，提高项目建设质量。教学建设项目包括项目入库、项目立项、项目方案变更、项目实施过程管控、项目资金管理、项目验收等环节，对每个环节进行系统内的设计，明确任务和责任。规定项目承担部门必须在项目申报前，对项目的可行性、必要性、建设方案、设备/服务采购等进行部门论证。部门论证成员由学校专业建设指导委员会成员、学校副高及以上职称相关专业专家、校外（行业企业）专家等组成，其中校外（行业企业）专家不少于论证成员总人数的1/3。必要时，应增加学校相关领域专家（教学、财务、资产管理、基建、信息技术等）参加。通过部门论证后，必须再组织学校论证，即由教务处负责组织学校论证专家组对项目进行论证。对学校论证组专家也有规定：学校论证组专家成员由学校教学工作委员会成员、学校学术委员会成员、学校相关领域专家（教学、财务、资产管理、基建、信息技术等）等组成。必要时，应增加校外（行业企业）专家等参加。明确教务处、财务处、后勤处、资产处、审计室、二级学院的管理机构和职责。每年对实训室从制度、设备耗材、环境及安全、创新成效等 12 个指标开展诊断改进，评估实训基地对学生职业能力培养和人才培养方案的支撑作用。

（五）课程标准的实施保障

课程标准是落实培养目标和指导教学工作的基本纲领性教学文件，是选用与编写教材、实施教学、评估和检查教学质量的依据。课程标准既指导教师的教，也指导学生的学。制定《课程标准实施管理办法》，明确课程标准实施的职责、按照课程标准进行教学条件建设、教学准备和实施、教学评价，以及课程标准的修订、执行和管理等事项。充分发挥课程标准在教学工作中的作用，提高课程标准在教学实施中的指导作用和约束作用，促进教师执行课程标准的严肃性、主动性和创造性，规范课程标准的管理。建立多元主体参与课堂质量评价，构建从教学准备、教学实施、教学评价和教学改进的全套教学管理流程（见图 5-6），共梳理了 11 项关键质控点。制定《课堂教学质量等级评定实施办法》，采用"三评一复核"（即学生评价、同行评价、学校督导评价和全校或二级学院公开复核）的评定方式，系统构建评价指标，引导教学改革方向，奖惩并施，鼓励教师教学改革积极性，推动课程改革，鼓励教师提高授课水平，使教学改革的成果落实到课堂，稳步提高教学质量。建立学生评教制度，分析全校排名前 5% 和后 5% 课程数据、各项指标数据、不同二级学院的情况，发现问题形成改进意见。

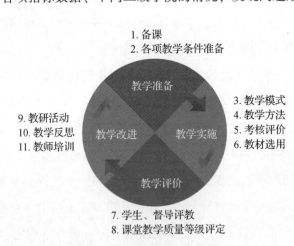

图 5-6 课堂教学 PDCA 循环流程

第二节 高职院校教学标准的诊断与改进

教学标准的诊改是高职院校教学诊改工作的重要组成部分，须依托各院校的教学诊改体系开展。要解决教学标准诊改的相关问题，前提是建立科学、规范、适应学校发展需求的教学诊改体系。

一、高职院校教学诊改的发展概况

我国的教育教学评估在保证办学方向、规范院校管理、促进教育投入等方面发挥了重要作用，取得了显著成效，但也存在诸多问题，如管办评不分影响信度、主体单一影响效度、过滥过密干扰正常教学、责任错位侵犯办学自主权等。2012年，我国对教育质量保障体系的顶层设计做出重大调整，成立了国务院教育督导委员会办公室，标志着教育教学评估进入一个以"管办评分离"为主要特征的新的发展阶段，教学工作诊断与改进制度逐步进入大众视野。

"诊断"原本是医学术语，企业将其原理运用于内部管理，形成了"企业诊断"理论，促进了企业的自我发展和良性运转。进入新世纪后，"诊断"逐渐被引入教育领域，教育部以此为契机，引导各类院校建立以自我诊断与改进（简称"诊改"）为主要手段的教学质量内部保证体系。

建立职业院校教学工作诊改制度的根本出发点是探索、建立适应经济发展新常态需要的职业院校内部教育质量保证体系，营造具有中国特色、适应职业教育特点的现代质量文化，让职业院校能够在不依靠外部评估的情况下，将教学质量管理得更加规范、精细、到位，将社会赋予职业院校的质量保证责任落到实处。同时也使教育行政部门进一步加强对职业院校教学质量的事中事后监管，更好地履行质量管理的职责。

教学诊改工作涉及面广、影响度高，触及职业院校的各个层面，会导致每位师生理念意识、思维模式、行为习惯等的改变，须通过长期的实践、大量的积累才能形成较为完善的诊改机制、流程以及方式方法等。教育部先后发布了《教育部办公厅关于建立职业院校教学工作诊断与改进制度的通知》（教职成厅

〔2015〕2号)、《关于印发〈高等职业院校内部质量保证体系诊断与改进指导方案（试行）〉启动相关工作的通知》（教职成司函〔2015〕168号)）以及《关于做好中等职业学校教学诊断与改进工作的通知》（教职成司函〔2016〕37号）等教学诊改工作的相关文件，指导职业院校开展诊改工作。并在《高等职业教育创新发展行动计划（2015—2018年）》（教职成〔2015〕9号）中进一步要求"建立诊断改进机制""以高等职业院校人才培养工作状态数据为基础，开展教学诊断和改进工作。加强分类指导，保证新建高等职业院校基本办学质量，推动高等职业院校全面建立完善内部质量保证体系，支持优质高等职业院校实现更高水平发展"。

与此同时，完善职业教育教学的相关标准也是当前职教改革的重点工作之一。在2019年1月国务院发布的《国务院关于印发国家职业教育改革实施方案的通知》中，明确提出职业院校要按照"专业设置与产业需求对接、课程内容与职业标准对接、教学过程与生产过程对接的要求"等要求，不断完善职业教育教学相关标准。

综上所述，积极进行教学诊改研究，切实开展教学诊改实践，已经成为加速职业教育发展的重要动力之一，也是确保职业院校人才培养质量稳步提升的基本保障之一，必须贯彻到教学工作的各个方面、各个环节。在职业院校教学标准的建立和实施过程中，同样必须融入教学诊改的理念和要求，形成长效的自我诊断与改进机制，促进教学标准持续改进、不断完善，保持教学标准的科学性、先进性和实用性，推动教学质量稳步提升。

二、高职院校教学标准诊改的指导理论

职业院校应以各级教育主管部门的文件精神为基础，结合职业教育的教学特点和本校的实际情况，创新运用质量管理相关理论，逐步形成适合本校教学标准诊改工作要求的指导理论。

（一）教学标准诊改的理论依据

1. 教育部等主管部门的相关文件要求

《教育部办公厅关于建立职业院校教学工作诊断与改进制度的通知》提出，

职业院校要根据自身的办学理念、办学定位、人才培养目标，聚焦专业设置与条件、教师队伍与建设、课程体系与改革、课堂教学与实践、学校管理与制度、校企合作与创新、质量监控与成效等人才培养工作要素，查找不足，完善工作过程，旨在建立职业院校教学工作诊断与改进常态化工作机制，保证人才培养质量持续提高。

《关于印发〈高等职业院校内部质量保证体系诊断与改进指导方案（试行）〉启动相关工作的通知》指出，方案的目标是构建网络化、全覆盖、具有较强预警功能和激励作用的内部质量保证体系，具体任务包括三个方面，即完善高职院校内部质量保证体系、提升教育教学管理信息化水平、树立现代质量文化，并列举了体系总体框架、专业质量保证、师资质量保证、学生全面发展保证体系运行效果等5个诊断项目、15个诊断要素、37个诊断点。方案要求各省（自治区、直辖市）结合实际制定相应的执行方案和工作计划，各高职院校要根据本校实际情况构建符合学校现状和特点的质量保障体系。

全国诊改专委会委员经贵宝对《高等职业院校内部质量保证体系诊断与改进指导方案》进行了解读，着重介绍了"五纵五横一平台"的高职院校内部质量保证体系构架。"五纵"即纵向五个系统，包括决策指挥系统、质量生成系统、资源建设系统、支持服务系统和监督控制系统；"五横"即横向五层面，包括学校层面、专业层面、课程层面、教师层面和学生层面，形成以师生发展质量为核心，以专业和课程为载体，促使高职院校在学校、专业、课程、教师、学生不同层面建立起完整且相对独立的自我质量保证机制；"一平台"即现代信息技术平台，平台包括四大功能：现代质量保障体系的信息平台，现代管理、科学决策的支持平台，跨时空交流、智力资源共享的服务平台，激发内在活力、推动持续发展的创新平台。教学诊改要实现人人参与、处处覆盖、时时共享的人才培养工作状态数据采集与管理平台，即平台数据源头采集，人人都是源头数据的采集者；平台数据即时采集，源头数据一经产生立即采集；平台数据开放共享，人人都是数据的使用和监督者。教学工作诊断与改进设计了以"质量改进螺旋"为基本单元、纵横联动、全覆盖的质量保证体系运行机制，按照目标、标准、设计、组织、实施、诊断、学习、创新、存储、改进的流程进行诊改，一轮诊改结束后，在诊改基础上形成新的目标、标准，再进行下一轮诊改，循环往复，形成教学工作诊改的螺旋模式。在这样的循环过程中，形成诊改的目标链、标准链，诊改工作覆盖学校全员、覆盖纵向五系统和横向五层面。

2. 高等职业教育教学特性

高等职业教育培养生产、建设、服务、管理一线需要的高素质技术技能人才。与普通教育和成人教育相比较，职业教育侧重于实践技能和实际工作能力的培养，即职业教育的教学工作是以培养学生的职业能力为核心而展开的。因此，教学标准的诊改也必须以此为核心，将是否有利于提高学生职业能力作为诊改工作的基本原则之一。

3. 质量管理相关理论

（1）卓越绩效模式。这是20世纪80年代后期美国创建的一种世界级企业成功的管理模式，其核心是强化组织的顾客满意度和创新活动，追求卓越的经营绩效。该模式以顾客为导向，追求卓越绩效管理理念，包括领导、战略、顾客和市场、测量分析改进、人力资源、过程管理、经营结果等七个方面。它提供一种评价方法和评价标准，企业可以采用这一标准集成的现代质量管理的理念和方法，不断评价自己的管理业绩，促使企业走向卓越。

这一模式在教育领域也同样适用。以卓越绩效模式为主要手段，以提高顾客（学生、用人单位、家长、政府等）满意度和教育教学质量为核心目标，通过建立理念、组织、目标、标准、服务支撑、过程管理、评估改进等运行系统，能够形成内部质量持续改进和优化的有效保证机制。

（2）戴明循环（PDCA）质量管理理论。戴明循环是一个持续改进模型，它包括持续改进与不断学习的四个循环反复的步骤，即计划、执行、检查、改进。戴明循环按照这一顺序螺旋循环、永不停止地进行下去，成为提高产品质量、改善单位经营管理的重要方法，成为质量保证体系运转的基本方式。戴明循环作为一个适应性极强的改进模型，也被广泛应用于教学质量的改进工作当中并取得了丰富的成果，具有较高的应用价值。

（3）零缺陷管理理论。零缺陷管理理论简称ZD，亦称"缺点预防"。零缺陷管理的基本内涵和基本原则大体可概括为：基于宗旨和目标，通过对经营各环节各层面的全过程全方位管理，保证各环节各层面各要素的缺陷趋向于"零"。零缺陷特别强调预防系统控制和过程控制，要求第一次就把事情做正确，使产品符合对顾客的承诺要求。开展零缺陷管理可以提高全员对产品质量和业务质量的责任感，从而保证产品质量和工作质量。该理论也被应用于教育领域，并在教学质量监控、改进等方面产生了良好的效果。

（二）教学标准诊改的指导思想

1. 以教育部相关文件要求作为教学标准诊改的基本指导思想

根据《国务院关于加快发展现代职业教育的决定》（国发〔2014〕19号）、《高等职业教育创新发展行动计划（2015—2018年）》、《关于印发〈高等职业院校内部质量保证体系诊断与改进指导方案（试行）〉启动相关工作的通知》等文件精神，高职院校的教学诊改应以建立质量目标体系、完善质量标准体系和制度体系为抓手，以提高顾客对人才培养工作质量的满意度为目标，按照"需求导向、自我保证，多元诊断、重在改进"的工作方针，遵循高等职业教育人才培养内在规律，切实履行人才培养质量保证的主体责任，强调全员参与、全方位覆盖、全过程控制的质量管理，建立质量保障的长效机制，持续提高人才培养质量和办学水平。

2. 以利于提升学生职业能力作为教学标准诊改的必要指导思想

职业院校是我国当前职业教育的主要承担者。职业教育的主要目的是为国家、社会培养具备较高职业能力水平的人才，即具备良好职业知识、专业技能和职业道德的高素质技能型人才。因此，职业院校必须将有利于提升学生职业能力作为教学标准诊改工作的必要指导思想，充分体现职业教育的教学特性。

（三）教学标准诊改的基本原则

为全面、充分贯彻以上指导思想，职业院校教学标准的诊改工作应坚持以下原则：

1. 主体性原则

履行学校领导机构、管理机构、教学机构、教师、学生的主体责任，激发全员提高质量的内生动力和创造力，不断优化教学标准的制定和实施，保证教学质量稳步提升。

2. 整体性原则

发挥决策指挥、质量生成、资源建设、支持服务和监督控制等五个系统的整体功能，形成全员参与、全过程管理、全方位监控的教学标准诊改体系。

3. 及时性原则

需及时采集、分析并反馈教学标准运行各环节的相关数据、信息等，实时监控，注重过程管理，源头动态信息即时形成校本数据平台，预警反馈及时完整，纠偏举措迅捷精准有力。

4. 持续性原则

利用卓越绩效模式、PDCA 循环等理论、方法，持续改进，积累创新，追求卓越。在教学标准诊改的运行过程中，至少应该在两个层面保持其持续性：其一，应保证教学标准的制定、运行、诊断以及改进等各环节的持续性；其二，应保证教学标准诊改工作以一定的周期持续开展，一般以 3 年为周期开展新一轮诊改工作。

三、高职院校教学标准诊改体系的构建

科学、完善的诊改体系是有效开展教学标准诊改的基本前提。教学标准诊改体系作为学校整体教学工作诊改体系的有机组成部分，一方面应该与学校教学诊改体系保持一致，并融入其中；另一方面必须坚持职业能力导向，将是否有利于培养、提高学生的职业能力水平作为诊改的指导思想，形成具有职业教育教学特征的教学标准诊改体系（见图 5-7）。

教学标准诊改体系主要由组织结构、规划链、标准链、内控机制、诊改数据平台以及诊改运行保障等构成。

（一）建立组织机构，保证运行顺畅

科学高效的组织机构是教学诊改体系的中枢系统，也是诊改工作稳步推进的基本保证。教学诊改工作的组织机构包括校级工作组、校级专项工作组、二级学院工作组以及专业（课程）团队工作组等多个不同层级的机构，其中与教学标准诊改工作相关的主要机构如下：

第五章　高职院校教学标准应用保障体系构建　　131

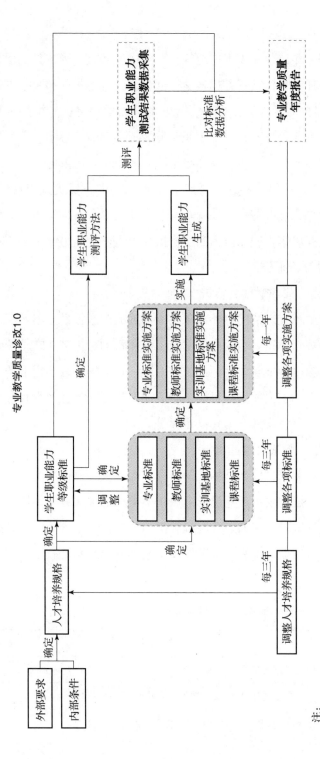

图 5-7　教学标准修改体系

(1) 校级专项工作组。包括学校层面的专业及课程、师资、学生质量、校本数据平台、诊断改进工作监督专项工作组等，一般由教务处、人事处、学生处等相关职能部门领导担任组长，负责各项教学标准诊改的统筹指导和服务协调。

(2) 二级学院（部）质量保证工作组。一般由二级学院院长（主任）担任组长，负责审核各专业人才培养方案、学生职业能力标准、专业标准、课程标准等，保证专业建设的实施质量，组织撰写二级学院专业质量年度报告。

(3) 专业（课程）质量保证小组：一般由专业（课程）负责人担任组长，负责专业、课程质量的自我诊改工作，编制本专业人才培养方案、学生职业能力标准、课程标准，组织开展学生职业能力测试，撰写学生职业能力测试分析报告以及专业（课程）质量分析报告等。

（二）制定各级规划，形成教学目标链

各高职院校应根据本校实际情况、外部条件及发展的需求，设立不同层次的发展规划，形成完整的规划体系，构建内部质量保证体系的目标链。在学校整体目标链的框架下，应对教学标准相关目标进行进一步细化，形成教学标准子目标链，主要包括专业建设目标、人才培养目标、职业能力目标、课程教学目标，以及作为支持的教师能力目标、实训基地建设目标等。

（三）制定各类标准，形成教学标准链

根据教育部相关文件要求，以教学标准子目标链为基础，根据职业能力导向的人才培养工作要求，形成主要由专业类标准、学生类标准、课程类标准、教师类标准以及实训基地类标准等构成的职业院校教学标准链（见表5-1），并融入教育部要求的包含学校、专业、课程、教师以及学生等五个层面的教学诊改标准体系中。

表5-1 教学标准链

系列教学标准	支持标准
专业类标准	专业人才培养方案、专业设置及调整标准、专业建设评估标准等
学生类标准	学生职业能力等级标准、学生综合素质发展标准等
课程类标准	课程标准、课程建设标准、课堂教学质量等级标准等

续表

系列教学标准	支持标准
教师类标准	教师教育教学能力标准、教师专业技术能力标准、教师职业发展标准等
实训基地类标准	实训基地建设标准、实训基地运行管理标准等

（四）制定规章制度，形成内控机制

高职院校应根据内部质量指标，通过实施诊断性绩效考核，发现教学标准制定与实施的改进点，并将绩效考核结果与部门、个人奖励性绩效挂钩，充分调动教师积极性，持续提升教学标准的科学性、适用性。在此基础上，实行日常监控管理与阶段性诊断结合，逐步形成诊断改进和质量报告制，以学生职业能力测试为基础，及时反馈各项标准实施、运行、管理中出现的问题与改进建议。

（五）依托诊改数据平台，实时反馈运行情况

利用学校教学诊改数据平台，实时采集教学标准制定及实施工作中的行为数据，利用数据清洗和大数据分析功能，结合分析反馈系统为教学标准诊改提供技术支撑，为管理部门、教学部门和师生个人的管理决策、教学调整以及学习改进提供数据支持。此外，还可通过诊改平台数据的挖掘分析，逐步实现可视化的监测、诊断、预警，提供更为直观的改进依据和建议。

（六）明确保障措施，持续推进诊改

高职院校要按照诊改方案及工作要求，统筹配备必要的人、财、物支持。设立专项经费，依据经费预算、使用制度，保证经费足额投入、合理使用，为目标任务完成提供资源保障。

第六章
高职院校教学标准开发与应用案例

第一节 高职院校教学标准开发与应用案例——以机电一体化技术专业为例

柳州职业技术学院（下称"柳职院"）机电一体化技术专业创办于1998年，现有在校生624人。2006年获广西优质专业，2015年获广西示范特色专业及实训基地建设项目，2017年获全国职业院校装备制造类示范专业点，2019年获高等职业教育创新发展行动计划骨干专业。该专业与上汽通用五菱、广西汽车集团等企业及德国工商大会（AHK）上海代表处展开深入合作，形成学校、跨企业培训中心、企业协同实施的现代学徒制人才培养模式。2014年与广西科技大学联合培养机电技术教育本科专业，2020年与广西科技大学联合培养机械电子工程本科专业。

一、机电一体化技术专业校本系列教学标准概述

机电一体化技术专业校本系列教学标准包括人才培养方案、学生职业能力等级标准、课程标准、师资专业技术能力培养标准和实训基地建设标准。

（一）机电一体化技术专业校本系列教学标准的内容

1. 人才培养方案

人才培养工作主要按照人才培养方案开展，人才培养方案是专业人才培养的核心标准，主要明确了以下几个方面的内容：专业基本信息、人才培养目标和规

格、专业人才培养模式、课程体系设计和人才培养工作安排。其中，专业的毕业要求中明确了学分、活动分、诚信分以及职业技能等级/职业资格等级证书的要求。在课程体系中，按照学校总体人才培养目标的要求，设置了基本素养、专业能力、管理能力和创新创业四个课程体系，每个体系都有明确的课程，支撑培养目标和规格的实现。在专业能力体系的课程构建中，通过工作任务分析会和社会调研，明确了专业的能力要求，在课程矩阵表中与培养规格一一对应，形成支撑。

2. 学生职业能力等级标准

机电一体化技术专业职业能力等级标准是依据机电一体化技术相关行业企业（职业）岗位能力需求，参照机电一体化技术专业相关工种的国家职业标准，根据毕业学生职业生涯发展的普遍规律确定的，机电一体化技术专业毕业生经过学习可达到的一种职业能力状态。机电一体化技术专业在借鉴 AHK 机电一体化工考证模式的基础上，按照完成工作任务的难易程度、工作责任、活动范围、知识技能要求等方面设计了两个等级的标准，考核的方式相同，但每个等级所包含的内容及要求不相同，目的在于考核学生是否达到了独立完成完整工作任务的职业行动能力。它对学生的能力要求是：不仅要懂得相关操作技能，还要具备独立完成完整工作任务的职业行动能力。

在职业能力测试过程中，分成理论考试和综合实践考核，分别占 50%。理论考试主要考查学生是否掌握必备的专业理论知识、职业理论知识以及一般认知分析能力。建立试题库，理论考试从题库中抽取试题组成考卷进行考试。综合实践考核的目的是考查学生是否掌握了专业技能、必备的理论知识，是否具备了职业行动能力，以及达到哪一个级别的能力水平。综合实践考核具有综合性，体现理论实践一体化，体现完整的工作过程，包括学生完成工作计划（或方案）制订、实施计划、过程控制、评价工作结果等。综合实践考核包含对学生语言表达、行为规范、职业素养等的考核。

3. 课程标准

机电一体化技术专业课程体系分成四个模块，其中群平台课程是专业群中机电共性技术课程模块，专业方向课是机电一体化技术专业的特色课程模块及跨领域应用技术课程模块。每个模块均基于"完一课，成一事"的结果导向思路，构建成完整工作过程的模块化领域课程，并在所有课程中有机融入精益化、信息化等生产管理内容,将"标准工位管理—班组管理—项目管理"逐层融入,养成岗位职业素养,以满足培养跨领域复合型人才的需要。

课程标准的主要内容包括课程基本信息、课程性质与设计、学习目标、学习内容、考核评价和实施建议等。在课程标准中,强调与专业培养规格的对应情况,强调学习成果以及成果的考核。

4. 教师专业技术能力标准

根据教师发展路径,从专业知识、专业能力维度制定了达标测试标准,以促进专业教师能力提高为目标,以专业教师的教学能力和专业技术能力为核心,在教师不同的职业生涯发展阶段有不同的教师职业能力标准。机电一体化技术专业教师的专业培养能力标准将教师分成了新教师、双师素质教师、骨干教师、专家型教师、领军人才等5个层次,每个层次都有应具备的专业知识、专业能力和达标测试的要求,为教师专业能力的发展明确了发展路径。

5. 实训基地建设标准

实训基地标准主要包括专业的实践教学体系及实训条件配备。

(1) 实践教学体系。按课程体系的实训教学要求,遵循机电综合能力的培养由"简单到复杂,单一到综合"的原则,构建图6-1所示的机电一体化技术专业实践教学体系。

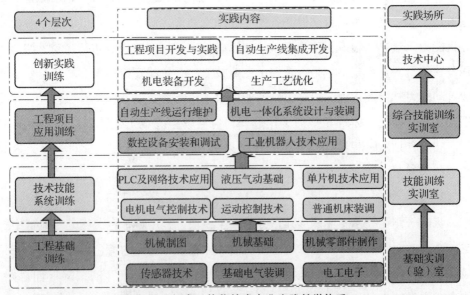

图6-1 机电一体化技术专业实践教学体系

（2）实训条件配备。一个实践教学班以 30 人为标准，校内基地和校外基地结合，规划完成实践教学项目需要配备的实训室、实训设备等（见表 6-1）。

表 6-1　实习条件配备

序号	实训室名称	校内/校外	主要设备名称	配备数量	实训项目/内容	备注
1	普通车工实训室	校内	普通车床	10	轴类零件的车削、套类零件的车削	
2	普通铣工实训室	校内	普通铣床	10	铣平面及连接面、铣台阶、直角沟槽、铣键槽、铣六方	
3	普通机床拆装与维修实训室	校内	通用设备机械本体	10	车床部件的拆装、车床的总装、机床典型故障的诊断与维修	
4	钳工实训室	校内	钳工台	15	锉削长方体、锉削六方、刃磨钻头、凹凸配合、曲面锉削、钻孔和攻丝、开放型配合、直角凹凸转位对配、半封闭形和半开放形镶配、封闭形镶配	
5	电工技能一体化实训教室	校内	电工基本技能训练操作台	30	常用电气线路安装、调试，交直流电机控制电路安装调试	
6	机床电气实训室	校内	普通设备电气控制装置	15	车床、铣床、钻床、磨床、刨床电气线路安装与故障排故	
7	机电设备控制实训室	校内	可编程控制器实训装置、模拟量模块、编程器（计算机及软件）、成套设备智能实训系统	15	PLC 实训、变频器实训、触摸屏实训、机床电路实训	

续表

序号	实训室名称	校内/校外	主要设备名称	配备数量	实训项目/内容	备注
8	液压与气动实训室	校内	PLC控制液压与气动综合实验装置	15	继电器控制液压传动回路、PLC控制液压传动回路、基于微机控制的液压控制系统	
9	AHK机电一体化工考试中心	校内	机电一体化实训台（包含PLC300等配套元器件）	15	机电系统组建实训	
10	运动控制系统实训室	校内	运动控制实训台（变频器、步进电机、伺服控制驱动装置套装）	15	步进电机项目、伺服电机项目、工业网络项目	
11	柔性自动生产线实训室	校内	柔性制造（物流）生产线或模拟型生产线	10	PLC实训，自动生产线加工、维护实训	
12	高级维修电工实训室	校内	高级维修电工实训台	15	PLC控制系统项目、电气驱动项目、上位监控项目实训	
13	工业机器人技术及应用实训室	校内	工业机器人本体及配套	10	机器人示教、编程、仿真调试，工作站操作、维护、安装、改造、设备管理和调试	
14	MPS系统集成与控制	校内	MPS模块化生产制造系统	5	搬运、装配、分拣、加工、运输、仓储等实训项目	
15	上汽通用五菱汽车有限公司	校外	工业机器人、汽车装配线、数控机床等维修维护	5	设备维修、维护、点检、安装调试	

续表

序号	实训室名称	校内/校外	主要设备名称	配备数量	实训项目/内容	备注
16	柳州柳新汽车冲压件有限公司	校外	工业机器人、装配线、焊装线等维修维护	5	设备维修、维护、点检、安装调试	
17	柳州商泰机械有限公司	校外	机械装配线、焊装线	5	设备维修、维护、点检、安装调试	
18	广西汽车集团有限公司	校外	工业机器人、汽车装配线、自动生产线等维修维护	5	设备维修、维护、点检、安装调试	
19	柳州福臻车体实业有限公司	校外	工业机器人、装配线、焊装线	5	设备维修、维护、点检、安装调试	
20	柳州职业技术学院机械厂	校内	设备维修维护保养	5	设备维修、维护、点检、安装调试	

二、机电一体化技术专业校本系列教学标准开发的过程

（一）明确系列教学标准之间的关系

系列教学标准开发的过程，是一项系统的工作，需对整个专业的人才培养目标进行定位，从生源、人才培养模式、校内外可利用的教学资源、合作企业、用人需求等多方面的因素进行综合系统的设计。人才培养方案的重点是解决专业定位、培养目标、培养内容和培养路径的问题；学生职业能力等级标准是以学生职业能力为本位，以国家专业教学标准和学校人才培养标准为依据，基于企业需求和学生需求，按照工作过程系统化的方法进行设计开发，突出学生在真实的工作环境中完成复杂工作的综合职业能力；课程标准是连接人才培养目标规格与教学实施的关键标准，一方面要遵循校企合作、工学结合的基本规律，另一方面要凸显"学生为本、成果导向、持续改进"的教育理念；教师能力标准以促进专业

教师能力提高为目标，以专业教师的教学能力和专业技术能力为核心，在教师不同的职业生涯发展阶段有不同的教师职业能力标准；实训基地标准是从属性标准、保障性标准，为学生职业能力等级标准服务，为人才培养目标的实现服务。

（二）明确以职业能力为导向的开发思路

专业系列教学标准是教师开展教学、进行课程建设以及学校管理部门进行专业评估和教学评价的重要依据，是学生自主学习的参考和指南，是用人单位选择录用毕业生的参考。因此明确以职业能力为导向的开发思路，组建由专业教师、教育专家、企业行业专家等人员构成的研发小组，在已修订的本专业人才培养方案的基础上，通过相关的理论学习、专业社会调研、用人单位人才需求调研、召开工作任务分析会等形式，开发专业系列教学标准。在系列教学标准制定的过程中，坚持德育为先，能力为重，把社会主义核心价值体系融入教育教学全过程，着力培养学生的职业道德、职业技能和就业创新能力；坚持工学结合、校企合作、顶岗实习的人才培养模式，重视理论实践一体化教学，强调实训和实习等教学环节，突出职业教育特色；坚持整体规划、系统培养，促进学生的终身学习和全面发展；坚持先进性和可行性，遵循专业建设规律；注重吸收职业教育专业建设、课程教学改革优秀成果，借鉴国外先进经验，兼顾行业发展实际和职业教育现状。

（三）制定科学规范的开发流程

系列教学标准的开发都经历了以下4个阶段。

1. 规划与设计

成立由行业企业专家、教科研人员、一线教师代表组成的专业建设委员会，共同开展系列标准的开发和制定工作。

2. 调研与分析

四调研：行业企业调研、毕业生跟踪调研、在校生学情调研和在校教师调研。

调研报告：分析产业发展趋势和行业企业人才需求，明确本专业面向的职业岗位（群）所需要的知识、能力、素质，为构建职业能力评价体系奠定基础。

3. 起草与审定

由专业教学团队起草系列标准,提交二级学院专业建设指导会或教学工作委员会审定。

4. 优化与调整

建立健全实施情况的评价、反馈与改进机制,根据技术发展趋势和教育教学改革实际,不断进行优化调整。

三、机电一体化技术专业系列教学标准的特点和内在关系

制定专业系列标准的根本目的是反映行业对职业资格的要求,为高等职业教育的实施提供一个有效的行为规范。下面以一个职业能力点为案例,来说明系列教学标准之间的特点和内在的关系。

(一)通过任务分析会,确定专业工作领域和能力要求

工作任务分析主要采用"头脑风暴法",即通过一位主持人依据精心设计的分析技术对若干行业技术专家进行引导来实施。其成功与否,很大程度上取决于主持人的水平与能力,以及行业技术专家的人选,他们务必是从事生产、服务与管理的第一线的行业技术专家。为了保证分析结果的全面和完整,每个岗位都必须有专家参加。通过工作任务分析会,确定了机电一体化技术专业的6个工作领域,即设备操作、设备维修、设备安装调试、设备改造、机电控制系统设计与开发、设备维护保养与开发,确定了20个典型工作任务和43项职业能力要求(见表6-2)。

表6-2 机电一体化技术专业职业能力要求一览表

序号	工作领域	典型工作任务	职业能力
1	设备操作	1-1 设备基础操作	1-1-1 能使用普通车铣磨钻床等机床进行简单基本操作; 1-1-2 能根据钳工基础知识使用钳工工具
		1-2 备件加工	1-2-1 能根据加工工艺要求,通过手工及相关机械设备进行零件加工; 1-2-2 能应用通用/专用量检具对零件进行检测; 1-2-3 能根据加工工艺要求,绘制简易加工图进行零件加工

续表

序号	工作领域	典型工作任务	职业能力
2	设备维修	2-1 机械维修	2-1-1 能够运用维修专用工具完成对设备本体、传动系统、液压控制系统、气动控制系统以及设备辅件的维修
		2-2 电气维修（主电路故障、控制电路故障、系统故障）	2-2-1 能使用电气维修专用工具，按电工安全操作规程进行作业； 2-2-2 能根据设备电气工作原理分析、判断和处理带PLC及变频器电路的电气设备常见故障； 2-2-3 能正确填写电气维修的记录
3	设备安装调试	3-1 设备安装	3-1-1 能根据电气接线图进行机电设备控制柜或机电一体化集成系统的电气线路连接； 3-1-2 能根据机电设备的装配图进行设备机械单元的安装
		3-2 机械调试	3-2-1 能判断设备每个部件是否动作正常； 3-2-2 能正确选择和使用调试检测仪器，根据设备的技术参数来调整设备的安装位置和精度要求，通过调试纠正安装误差
		3-3 电气调试	3-3-1 能判断设备电气元器件是否正常工作； 3-3-2 能按技术手册完成相应的电气调试； 3-3-3 能处理调试过程中的突发故障，并对设备安装存在问题跟踪解决
		3-4 设备验收	3-4-1 能根据设备验收内容及标准，正确检测设备的性能参数，完成验收准备及实施工作
4	设备改造	4-1 电气性能局部改造	4-1-1 根据工程师的总体规划完成单项电气功能设计改造； 4-1-2 完成改造设计方案的制定、文档整理
		4-2 机械局部改造	4-2-1 根据工程师的总体规划完成单项机械功能设计改造； 4-2-2 完成设计方案的制定、文档整理

续表

序号	工作领域	典型工作任务	职业能力
4	设备改造	4-3 控制系统改造	4-3-1 根据工程师的总体规划完成控制系统设计改造； 4-3-2 完成设计方案的制定、文档整理
		4-4 综合功能改造	4-4-1 能确定改造需求，制定总体规划，并完成设备综合功能的设计改造； 4-4-2 按要求进行改造项目验收，完成文档记录
5	机电控制系统设计与开发	5-1 电气系统设计	5-1-1 根据要求完成电气系统设计； 5-1-2 完成设计方案的制定、文档整理
		5-2 机械系统设计	5-2-1 根据要求完成机械系统设计； 5-2-2 完成设计方案的制定、文档整理
		5-3 组件安装	5-3-1 能根据电气接线图进行机电设备控制柜或机电一体化集成系统的电气线路连接，完成输入程序及检查； 5-3-2 根据机电设备的装配图进行设备机械单元的安装并检验
		5-4 功能测试	5-4-1 按照调试规程编写调试大纲； 5-4-2 按调试大纲逐项进行调试，使整体控制系统的功能和性能达到设计要求，填写调试报告
		5-5 操作说明书编写	5-5-1 按规范完成操作说明书编写
6	设备维护保养与管理	6-1 日常点检	6-1-1 能够按标准作业指导进行设备点检作业； 6-1-2 能发现设备常见故障，并能分析与协调处理； 6-1-3 能按需要制定设备点检表
		6-2 定期维护保养	6-2-1 确定定期维护保养的项目； 6-2-2 能够按标准作业指导书进行设备定期维护保养作业，完成设备性能的检测和维护
		6-3 设备运行管理	6-3-1 能对设备的运行信息、设备点检和检修记录表等进行收集和统计； 6-3-2 能分析目前设备运行状态，预测设备运行状态的变化趋势，并编制设备维修计划

（二）对职业能力进行等级划分和描述，形成职业能力等级标准

依据校本职业能力等级标准制定的分级标准，对完成典型工作任务所需的若干职业能力进行等级的划分和描述。一级是毕业门槛，要求所有学生都能够达到，因此一级设置的工作任务为：机械零部件加工与装配，电、气、液简单回路安装与调试，简单控制程序编写与调试，技术文档整理编制。完成一级的测试，学生到企业就能直接上岗，胜任岗位一线的操作。二级是提供给具有较强学习能力的学生进行自选，设置的工作任务为开放性的、复杂的工作任务：智能制造系统的安装与调试，智能制造系统的故障排查，智能制造系统的升级改造。这对学生完成工作的能力要求提高了，同时也为学有余力的学生提供了更高的平台和机会。学生通过完成两个等级的测试，能较好地掌握机电一体化技术专业的理论知识和实际操作，提高问题解决的综合能力。

（三）课程标准与专业培养规格一一对应，层层落实

在专业人才培养方案中，根据工作任务分析，明确专业人才培养的典型工作任务和能力要求，形成专业培养规格。在将典型工作任务转化为课程设置时，课程设置的目标和内容与专业的培养规格是一一对应的，使得目标得以层层落实。课程体系中的每门课程根据与专业培养规格相关的中高低程度，安排了不同的任务，使得所有课程围绕着专业培养规格和培养目标的实现服务。按照"完一课成一事"的理念，每门课程都有一个学习成果，每个学习成果又具体为课程中一个个小的学习成果。同时，每门课程又与职业能力测试中的能力要求息息相关，经过课程的学习和综合训练，学生能够在日常的课程学习和训练中达到学习目标，通过职业能力测试。如：机电一体化技术专业核心课程"运动控制系统的设计与装调"，其课程标准与21项人才培养规格的7项高度相关，与4项中度相关（见表6-3）。

表6-3　运动控制系统的设计与装调课程标准与培养规格对应情况一览表

能力类别	（培养规格）能力要求	相关度
专业能力	1.1 能阅读机电一体化设备的各类相关的技术图纸和资料，能完成维修电工、数控机床装调维修工等相应工种的基本操作；	中度相关

能力类别	（培养规格）能力要求	相关度
专业能力	1.4 能完成数控机床、自动生产线、工业机器人等机电一体化产品部件的装配工作； 1.5 能完成机电一体化产品的生产制造及现场技术管理工作； 1.7 能使用机电一体化技术专业术语进行业务交流与沟通，能阅读本专业一般外文资料	高度相关
方法能力	2.1 能独立学习，获取新知识、新技能	高度相关
社会能力	3.2 能与团队成员进行行动过程的合作、事实情况的沟通； 3.5 能完成项目所需要的劳动组织并实施； 3.6 能接待用户，用语言、文字正确表达机电一体化专业技术领域的相关业务	高度相关
社会能力	3.3 能对工作结果负责、与成员间进行合理竞争； 3.7 能遵守社会公德和职业道德，行为习惯符合社会规范和礼仪要求； 3.8 工作中能遵守法律法规、行业企业标准	中度相关

因此，该课程的学习目标围绕着这些相关的培养规格确定并进一步细化，见表6-4。

表6-4 运动控制系统的设计与装调课程学习目标一览表

学习目标	（课程教学）能力要求
专业能力	1. 能根据任务要求正确运用相关理论知识； 2. 能正确使用PLC编程软件； 3. 能正确使用电气绘图软件； 4. 能完成基本的逻辑控制程序； 5. 能正确进行变频、步进、伺服等控制的电路连接与参数设置； 6. 能正确进行控制系统的调试； 7. 能根据要求编制技术文档

续表

学习目标	（课程教学）能力要求
方法能力	1. 能根据任务要求进行有效的信息收集整理等工作并准确运用语言文字进行表达； 2. 能根据任务要求制订合理可行的工作计划，并根据实际情况进行决策优化； 3. 能正确高效使用工具书等参考资料； 4. 能细致观察、独立思考、客观评价； 5. 能有意识地提升创新思维
社会能力	1. 培养爱岗敬业、吃苦耐劳、自信沉稳、敢于担当、追求卓越的职业精神； 2. 增强与人沟通、团队合作、协同管理的能力； 3. 能遵循规章制度养成良好的工作习惯

在具体教学内容的设置上，循序渐进，以单项学习任务—综合学习任务—工作任务的方式组织教学内容，设计了6个模块20个学习任务（见表6-5），让学生在完成难度递增的任务中培养综合职业能力。

表6-5 运动控制系统的设计与装调课程学习内容设置表

学习单元	教学项目	学习内容	能力目标	学时
S7-300PLC编程基础	项目1 西门子S7-300 PLC软硬件安装及初步使用	实训台的功能；实训台整理要求；PLC软件安装，硬件组态，槽的规则，多机架组态；PLC下载；验电的步骤	能使用试验台正确接线、验电，完成PLC硬件组态并下载成功	4
	项目2 应用位逻辑指令控制三相异步电动机	位逻辑指令（边沿触发、RS触发器）；时钟指令；单按钮启动	熟练使用位逻辑指令（边沿触发、RS触发器）、时钟指令；能正确完成三相异步电动机启动编程接线下载	4

续表

学习单元	教学项目	学习内容	能力目标	学时
S7-300PLC编程基础	项目3 应用定时器指令实现顺序和间歇控制	S7-300PLC的五种定时器使用方法；可调脉冲；时序图	应用定时器指令实现顺启逆停的编程接线下载；利用可调脉冲实现交通灯的控制	4
	项目4 应用计数器指令实现产品定量分装控制	S7-300PLC的3种定时器；时序图	能应用计数器指令实现产品定量分装控制的编程接线下载	4
	项目5 应用数据传送等指令实现数码显示控制	基本数据类型；储存地址；传送指令；循环；进制的转换、基本数据类型；储存地址；数码管；与S7-200PLC的区别；比较指令	能应用数据传送指令实现不同类型数据的传送；能实现程序的循环；能说出数据的基本类型及使用区别。能够对数据进行不同进制之间的互换；能画出位、字节、字和双字的关系。能实现数码显示控制的编程接线下载	4
	项目6 应用逻辑运算及移位与循环指令实现复杂设备的控制	逻辑运算指令与、或、异或；移位命令	能应用逻辑运算指令实现分组控制的编程接线下载；能说出与、或、异或的特点和常用场合；能应用移位与循环指令控制复杂设备	4

续表

学习单元	教学项目	学习内容	能力目标	学时
S7-300PLC编程基础	项目7 应用功能与功能块控制多台设备	用户程序结构分类、编程思路；结构功能指令OB、FB、FC的区别；结构功能指令OB、FB、FC的使用方法；设置单流程顺序功能图并能转换成梯形图；选择流程和并行流程顺序功能图；M指令用作顺控的方法	能应用功能或功能块（含参数）控制3台设备星三角顺序启动，逆序停止的编程接线下载；会使用初始化组织块；能应用顺序控制实现多工位流水作业的编程接线下载	4
变频电机的控制	项目8 通过变频器面板操作控制三相异步电动机变频运行	变频器的主电路结构与各元件功能；主电路接线；用面板改修参数；通过面板使电机运行	口述变频原理；能绘制主电路接线；操作面板实现参数的查找修改；操作控制面板实现电机变频控制	4
	项目9 应用多段速信号控制三相异步电动机变频运行	设置外部控制的参数，编制程序；设置多段速控制的参数，编制程序	能够在有说明书的情况下设置外部控制参数；会变频器外部控制接线；会操作外部控制运行	4
	项目10 应用模拟量控制三相异步电动机变频运行	模拟量输入输出概念；模拟量外部控制接线；模拟量控制框图；模拟量程序编写方法	能应用模拟量控制三相异步电动机变频运行的编程接线下载	4

续表

学习单元	教学项目	学习内容	能力目标	学时
步进电机的控制	项目 11 应用 PLC 脉宽调制功能实现步进电机的速度控制	了解步进电机速度与位置的原理，细分步进电机速度控制公式，接线，编制程序	描述步进电机速度与位置的因素；懂得控制步进电机速度，实现正反转	4
	项目 12 应用 PLC 高速计数功能实现步进电机的位置控制	步进电机位置控制接线，高速脉冲的设置方式；高速计数的设置方式	懂得控制步进电机位置，会编制步进电机位置控制程序；应用高速脉冲进行步进电机的速度控制的编程接线下载	4
伺服电机控制	项目 13 通过伺服驱动器面板操作控制伺服电机的运行	伺服工作的原理；编码器的原理；伺服电机的应用领域；伺服驱动器的常用参数与设置；伺服电机的接线	会用面板控制伺服电机运行	4
	项目 14 应用速度控制模式实现伺服电机的速度闭环控制	速度控制模式参数设置；速度控制模式接线；速度控制模式编程	应用速度控制模式实现伺服电机变速运行的编程接线下载	4
	项目 15 应用位置控制模式实现伺服电机的位置闭环控制	位置控制模式参数设置；位置控制模式接线；电子齿轮比；位置控制模式编程	能应用伺服电机的位置控制模式实现阀门开度控制的编程接线下载	4

续表

学习单元	教学项目	学习内容	能力目标	学时
S7-300PLC通信	项目16 MPI 全局数据通信控制	全局数据区域；发射区，接收设置	会使用全局数据通信方式控制多台 PLC	4
	项目17 DP 主从通信控制	DP 主从网络组态；DP 网络交换区域的设置	会使用 DP 网络通信方式控制多台 PLC	4
	项目18 以太网通信的控制	以太网 IP，子网掩码的设置；以太网网络的组态；功能块的功能	会使用以太网通信方式控制多台 PLC	4
综合项目	项目19 PLC 电机控制综合实例1	专用机床运动控制	能根据任务设计编程接线下载	8
	项目20 PLC 电机控制综合实例2	伺服灌装系统控制	能根据任务设计编程接线下载	8
综合考试（笔试+实操）				

课程教学中遵循六步法教学，引导学生"做一件完整的事情"。通过课程学习，学生可完成从新建项目（接受任务、硬件组态、通信组态），到程序编写、硬件连接、参数设置，直至系统调试、技术文档交付的一系列专业操作，从而具备初步的机电一体化系统构建能力。强调以学生为主体，首先树立良好的职业规范，通过运用正确的学习和工作方法，培养学生的综合职业能力，为学生的职业生涯发展奠定良好的基础。

（四）教师专业技术能力标准

为了促进教师专业能力的提升，对每一个层次的教师提出专业能力要求，并围绕着学生职业能力的达成来开展测试，教师需要通过相应的测试，才能获得任教的资格（见表6-6）。

表 6-6 机电一体化技术专业教师专业技术能力标准

	专业知识	专业能力	达标测试要求
新教师 （1~2 年）	1. 掌握机械制图、材料、公差与配合基础知识； 2. 懂得电工电路原理、常见电子电路原理； 3. 安全用电知识； 4. 电动机原理； 5. 变压器原理； 6. 普通机床电气控制原理； 7. PLC200 基本应用； 8. 维修电工作业职业标准	1. 能收集同类产品技术资料并进行初步分析； 2. 能进行照明、继电控制电路图、简单电子线路的识读； 3. 认识与选用常用电气元件； 4. 可以安装与调试照明、控制电路； 5. 认识、检测与选用电子元件； 6. 能检测与选用电动机； 7. 能检测与应用变压器； 8. 能进行典型控制电路的 PLC 编程、连接与调试； 9. 中级维修电工技能操作	1. 参加国家特种作业操作证考试通过； 2. 教师在规定时间完成给定任务的机床电气线路（PLC 和继电器控制）的安装调试，并进行答辩； 3. 通过学生职业能力测试 1 级（加工部分不要求加工工件）
双师素质教师 （3~5 年）	1. 液压与气动元件工作原理； 2. 液压与气动回路工作原理； 3. 简单机电系统调； 4. PLC300、1200、1500 的使用； 5. 步进电机、伺服电机的使用； 6. 变频器、触摸屏的使用；	1. 能进行液压、气动系统图的识读与元件结构认识； 2. 能进行液压与气动回路的组建、调试，故障诊断与维修； 3. 能进行机电设备控制电路安装设计、元件选择与检测，电路安装调试； 4. 能根据需求对 PLC 进行选型、编程、组态、通信； 5. 能根据需求合理地选用电机并能使用各种电机搭运动控制系统； 6. 能进行基本的机电联合调试；	1. 获得维修电工国家职业资格（四级）证书； 2. 教师在规定时间完成给定任务的电气液系统组建任务，并进行答辩； 3. 教师在规定时间完成给定的机电一体化系统组建任务，并进行答辩；

续表

	专业知识	专业能力	达标测试要求
双师素质教师（3~5年）	7. 机电设备安装与维修的职业标准； 8. 工业控制网络技术； 9. 工业机器人基本操作	7. 能进行机电设备故障诊断与维修； 8. 能针对各种品牌工业机器人实施示教操作、编程、仿真	4. 通过学生职业能力测试2、3级（加工部分不要求加工工件）
骨干教师（5~15年）	1. 数控设备故障诊断与维修； 2. MPS系统集成与控制； 3. 机电一体化系统设计与组建； 4. 工业机器人系统集成	1. 能使用数控系统维修资料和设备图纸，按照维修规范对数控设备进行检测、维护与维修； 2. 能够对数控设备的故障进行分析，确定故障的原因并采取有效的措施排除故障； 3. 能进行数控设备点检、巡检维护、状态检测与预防维修计划制订； 4. 能够按照控制要求，完成小型自动化生产线设备的硬件安装、PLC程序编写、监控界面的设计及整机的运行调试； 5. 能根据自动生产线维护的基本要点进行简单的日常维护和设备保养； 6. 能分析并排除自动生产线系统故障、电气故障、机械故障、液压故障、气动故障； 7. 能进行机电一体化控制系统设计； 8. 设备管理与现场6S管理； 9. 能根据用途组建工业机器人工作站	1. 获得维修电工国家职业资格（三级）证书； 2. 教师在规定时间能够按照控制要求，完成小型自动化生产线设备的硬件安装、PLC程序编写、监控界面的设计及整机的运行调试，并答辩； 3. 担任过机床电气、电气液系统组建、PLC、机电一体化系统组建等方面的课程2年或以上

续表

	专业知识	专业能力	达标测试要求
专家型教师（15年以上）	1. 全面掌握常用机电元器件的选择使用； 2. 全面掌握机电集成设计常型； 3. 全面掌握机电集成工艺规范； 4. 全面掌握机电集成调试流程； 5. 全面掌握机电集成相关资料的技术要求	1. 能熟练制订中等难度的机电系统集成的工作计划； 2. 能合理确定中等难度机电系统的集成方案； 3. 能完成一定难度的控制程序的规划编制； 4. 能解决不常见的机电集成技术问题； 5. 能使用专业软件进行快速设计、仿真； 6. 能指导青年教师提升专业素养	1. 获得相应的高级职称和技能等级证书； 2. 根据实际的机电集成需求，提出完整的解决方案并实施完成
领军人才（20年以上）	1. 全面掌握机电集成方面的论证、设计、实施、优化等专业知识和工程规范； 2. 全面掌握机电集成领域的发展前沿动态； 3. 掌握主流专业软件的使用与交流	1. 能在机电一体化系统集成的全流程中合理运用新型技术； 2. 能解决某些具有相当难度的技术问题； 3. 能专业准确评估机电系统的性能优劣，提出优化解决方案； 4. 能开展高端学术交流活动； 5. 能指导本技术团队开展专业技术活动并取得实效	1. 获得相应的高级职称和技能等级证书； 2. 根据实际的机电集成需求，提出完整的优化解决方案并实施完成； 3. 以领先的专业视野发现并改进本专业团队的问题，带领团队成员建立具有鲜明专业特质的教学工程一体化团队

四、机电一体化技术专业校本教学标准体系应用成效

经过多年的实践与创新，机电一体化技术专业取得了良好的建设成效。2017年获得全国职业院校装备制造类示范专业点，2018年机电一体化技术示范特色专业及实训基地项目通过区级验收并获得"优秀"，2019年获国家骨干专业，在国内同类专业中具有一定的影响力。

（一）形成了"多元协同、分类分层、成果导向"的育训结合人才培养模式

从2015年秋季学期至今，通过"引进、消化、创新"国际先进职业教育模式，与上汽通用五菱开展机电一体化等专业现代学徒制人才培养实践，共建了三届3个双元制班，协同构建课程资源，以"完一课，成一事"的成果导向建立模块化课程，基于职业能力标准实施考核评测，创新"多元协同、分类分层、成果导向"的育训人才培养模式，形成一整套对接国际标准的智能制造技术工程人才培养模式规范文件。

（二）重构了基于德国职业教育理念的课程体系和"学一课成一事"的领域课程

以培养独立完成整体化工作任务的职业行动能力为目标，将工作领域转化成多个学习领域，构建了机电学院跨学科领域课程13门，这些课程的核心是"课程的集成化，学一课成一事"，打破原有学科体系，实现专业能力与关键能力的融合。校企共同开发了8门领域课程的课程包，主持并完成了国家级资源库"弧焊机器人工作站应用资源库"建设。

（三）形成了行业影响力大、行走国际路线的高水平师资队伍

机电专业群目前拥有国家教学名师1个，国家模范教师1名，国家教学团队1支，广西技术能手10人，广西五一劳动奖章获得者7人。建设有自动化与工业机器人技术开发工作室、工业智造装备技术研发工作室、智能制造产线设计与虚拟调试工作室、智能产线集成工作室4个优秀人才工作室。依托优秀人才工作室对外实施技术服务工作，近5年完成技术培训1289人次，完成企业技术改造、新装备研发项目200多项，行业影响力大。对接国际教师培养标准，专业群团队教师全员考取AHK培训资格证书，形成16人AHK考官团队，配合德国工商大会上海分会实施AHK认证考试工作。团队教师中有12人拥有海外学习培训经历。

（四）建设了产、学、研一体的智能装备技术综合性实训基地

依据"工程基础训练—技术技能训练—工程项目应用训练—创新实践训练"的主路线，通过两个千万元项目，近年来增加建设了数字化制造技术及应用实训室、检测技术及应用实训室、现代自动化装备技术中心、智能制造实践中心、光机电液一体化系统集成技术及应用实训室等实训基地，可满足智能制造方向专业学生理实一体化教学、技能训练、顶岗实习、专业职业能力测试、AHK 毕业考试、创新创业等教学实践需要，同时形成了对外技术培训、技术改造升级、新技术新工艺开发、新装备研制的社会服务基地。

目前机电一体化技术专业及专业群共建设了 19 个校内专业特色实训基地和 5 个校外实训基地，能满足专业教学需要。其中包括：柳州市 AHK 职业培训中心机电一体化工考试中心，这是广西区域唯一的 AHK 职业培训机电一体化工考试中心；与北京发那科公司合作、教育部立项的"FANUC 数控系统应用中心"；与教育部华航唯实、ABB、新时达共建的"工业机器人开放式公共实训基地"暨"ABB/新时达工业机器人研发应用中心"，该实训基地是全国 15 个开放式公共实训基地之一；与西门子（中国）公司共建的柔性制造生产线实训室；与柳州福臻车体实业有限公司共建的工业机器人自动焊接教学工厂等。

（五）教研与科研并重，提升了社会服务能力

通过带领学生参与企业项目的实施，为企业培养了一批拔尖的技术骨干。近 3 年共吸收优秀学生 500 人次以上，参与科研的企业科研人员 50 名以上，近年来为上汽通用五菱、柳工、东风柳汽、柳钢等企业完成技术改造、零部件视觉自动检测等新装备研发项目 246 项，发明专利 37 项，企业服务到款 5000 万元以上。建成了可为科研型教师和企业技术员开展科研和项目应用提供优质资源的创新平台。被评为"广西第五批自治区级技术转移示范机构"、柳州市"小微企业创业创新基地城市示范单位"，2017 年 10 月入选"2017 年柳州市小微企业公共服务平台"。同时还为上汽通用五菱、广西汽车集团等企业开展电气自动化技术、工业机器人技术、数控装调维修、智能产线虚拟仿真技术、大数据等技术培训和职业技能鉴定 6000 多人次；为企业发展做出了积极的贡献。对口支援院校 3 所，并成功开办了多期广西中职骨干教师培训班，充分发挥了示范辐射作用，取得了良好的社会效益。

（六）人才培养质量就业率高、满意度高、技能强、社会认知度高

毕业生就业在历年的第三方评价中，对口率超过 85%，学生满意度、用人单位满意度超过 93%。近 3 年学生在各种技能创新等大赛中获国家级一等奖 2 项、二等奖 5 项、三等奖 8 项，历年广西高职院校技能大赛数控装调与维修、工业机器人技术应用赛项中均以第一名获得一等奖。

第二节　高职院校教学标准国际化的探索与实践——以智能工程机械运用技术为例

柳职院工程机械运用技术专业成立于 2012 年，现有在校生 480 多人。根据《职业教育专业目录（2021 年）》，2021 年专业更名为智能工程机械运用技术。专业主要面向工程机械的检测、销售、维修、技术服务等岗位群，培养国际化复合型技术服务人才。专业是教育部现代学徒制试点专业、教育部创新发展行动计划骨干专业、广西优质专业、广西"双高"建设专业，与广西柳州机械股份有限公司在校内共建共享国家级生产性实训基地——"柳工—柳职院全球客户体验中心"。学生近 5 年平均就业率达 96.3%，柳工订单培养的"海外服务专员"毕业生遍布亚洲、非洲、欧洲等多个国家。

一、智能工程机械运用技术专业教学标准开发的背景

1. 国际化技术技能人才严重短缺成为制约中国工程机械走向全球化的关键因素

近年来，国内企业积极开拓海外市场，实施国际化战略。2016 年 3 月 18 日，由工信部装备工业司、中国工程机械工业协会组织制定的《工程机械行业"十三五"发展规划》明确提出了"十三五"期间行业发展的指导思想：实现工程机械行业中高速增长和迈向中高端水平的"双目标"。加快实施工程机械行业产业和产品走出去战略，推进国际产能合作。随着我国工程机械行业产品深度"走出去"的推进，工程机械国际市场开拓正逐渐从"走出去"到"走进去"转变，柳工、三一重工、中联重科、徐工等国内企业先后在国外设立制造和研发基地，

开启了我国工程机械的国际化之路。工程机械的国际化发展对中国的人才战略提出严峻挑战，国际化技术技能人才严重短缺成为迫切需要解决的问题。如何同步实现工程机械国际化人才培养，已成为当前亟待解决的重要问题。

2. 职业教育"走出去"已成为国家发展战略的助推器

国务院《关于加快发展现代职业教育的决定》中指出，"加强国际交流与合作，完善中外合作机制。推动与中国企业和产品'走出去'相配套的职业教育发展模式，注重培养符合中国企业海外生产经营需求的本土化人才。积极参与制定职业教育国际标准。"

教育部发布的《高等职业教育创新发展行动计划（2015—2018）》对高职教育国际化指明了政策方向，也是今后高等职业教育输出模式发展的行动指南。行动计划中要求，"扩大职业教育国际影响，广泛参与国际职业教育合作与发展。扩大国际话语权，增强国家软实力。"高职院校要配合国家战略布局，发挥高职院校的专业优势，"走出去"到国（境）外办学，为周边国家培养熟悉中华传统文化、当地经济发展亟需的技术技能人才；吸引境外学生来华学习；培养中国企业海外生产经营需要的本土人才；配合境外企业面向当地员工开展技术技能培训和学历职业教育等。

2021年10月中共中央办公厅、国务院办公厅印发的《关于推动现代职业教育高质量发展的意见》明确指出"推动职业教育走出去，服务国际产能合作，推动职业学校跟随中国企业走出去。积极打造一批高水平国际化的职业学校，推出一批具有国际影响力的专业标准、课程标准、教学资源"。

借助国家重大战略决策，如何发挥我国职业教育优势，通过人才培养国际化进一步带动产品国际化，让我国特色职业教育经验、标准、模式走向国际，是亟待探索和研究的重要课题。

二、智能工程机械运用技术专业教学标准开发的实践

1. 深度对接区域龙头企业国际化发展需求与外方需求，开发专业教学标准，保证标准的适应性

柳工机械股份有限公司（下称"柳工"）是中国工程机械行业和广西第一家

上市公司，是中国工程机械行业的领先厂商，是中国拥有最大、最完整的经销商的出口企业之一。截至2016年年底，柳工的海外客户数量持续增长，超过24000个，关键客户数量超过500个，拥有超过300家海外经销商团队，海外营业额在公司总营业额占比达到35%以上。

2006年柳工开始与沙特卡坦尼集团合作，全力拓展沙特业务，至2016年，在沙特销售整机超过2100台，卡坦尼集团业务得到长足发展，且不断向周边的也门、叙利亚、伊朗等国扩展。为满足卡坦尼集团的用人需求，同时为未来业务拓展储备人才，卡坦尼集团寻求柳工及柳职院的支持。2016年，三方签订了合作办学意向，由柳职院负责卡坦尼学院专业教学及管理咨询，柳工负责技术及相关培训支持。三方分别在2017年、2018年举行了多次会谈，就专业教学标准及合作细节进行了深入的讨论与沟通，确定了工作方案，明晰了各自责任，达成了开发工程机械专业教学标准的共识，完成了合作协议文本确认。

项目启动后，柳职院针对专业教学标准开发开展了深度调研，调研对象包括柳工及本地经销商、沙特方，调研主要方式是企业专家访谈、实地考察调研、文献查阅。调研目的是厘清柳工及本地经销商的人才结构现状、技术技能人才需求状况，了解企业职业岗位设置情况和有关典型工作任务，以得出对技术技能人才在知识、能力、素质等方面的要求，了解沙特当地的师资、实训条件、工作领域、发展状况、从业人员数量、受教育程度以及从业人员必备的知识和技能及专业教学情况等。

2. 借鉴发达国家职业教育的经验与模式，保证标准的科学性

2013年，柳职院入选教育部中德职业教育汽车机电合作项目（SGAVE），引入德国汽车机电人才培养标准；2014年，通过与英国瑞尔学徒制公司合作导入英国物流三级认证标准，引入英国现代学徒制；2015年，通过与德国工商大会合建AHK广西培训中心，引入德国机械与机电专业教学标准及双元制等。多年来，柳职院积极探索国际先进职教标准本土化实施。

2016年，沙特卡坦尼学院项目启动以来，柳职院工程机械专业教学团队以多年引入德国汽车机电专业教学标准进行本土化实施经验为基础，与柳工的技术人员共同研讨，结合企业与沙特方的办学实际，开发了包括专业教学标准、课程标准、实训基地建设标准、学生认证标准、教师分级认证标准等一套完整的智能工程机械运用技术专业标准，并配套编制了授课PPT和教材，整体向沙特卡坦尼学院输出。

3. 打造校企协同发展平台，完善育训体系，保证标准开发的先进性

2017年，由柳工与柳职院共同建设的工程机械校企协同发展平台——"柳工—柳职院全球客户体验中心"正式启用，该体验中心由双方共建共管共享，占地约60亩，建筑面积约10000平方米，总投资5000万元。中心主要用于学校和企业开展工程机械专业人才的培养，为柳工全球经销商和客户提供专业工程机械培训，为客户提供柳工全系列产品整机驾驶及工况体验。中心集培训、教学、职业技能鉴定、技能竞赛、客户体验、咨询服务、创新创业和专业技术交流平台等多功能为一体，是国际化、开放式的全球工程机械客户体验与培训中心。同时，柳工国际事业部彭智峰、何海峰两位技能大师工作室整体落户体验中心。

体验中心为专业教学标准的开发提供了坚实的软、硬件保障，一方面中心引入工程机械龙头企业先进技术标准和行业标准，另一方面中心吸纳柳工技能大师共同开发专业教学标准，保证了专业教学标准的先进性。

三、智能工程机械运用技术专业海外输出教学标准的主要内容

智能工程机械运用技术专业海外输出的教学标准主要包括：专业人才培养标准、课程标准、学生认证标准、教师分级认证标准等四个子标准。

1. 专业人才培养标准

专业人才培养标准是智能工程机械运用技术专业教学标准的核心，包括职业岗位描述、职业能力要求、学习年限、入学要求、职业资格证书、培养计划、培训计划安排表、考核方案、师资配备及实训设备条件10个方面的内容。

职业岗位描述明确了智能工程机械运用技术专业学生的就业及发展岗位群，针对职业岗位群，描述了对应职业岗位群的典型工作任务及对知识、能力、素质要求，并在此基础上，结合学习年限、入学要求、职业资格证书，构建了以培养职业能力为主线的课程体系，制订了专业教学（培养）计划及详细的计划安排表；考核方案强调理实一体，从考核内容、考核大纲、考核方式做了要求；师资

配备针对师资队伍，从数量及结构、知识、能力等方面提出要求；实训设备条件明确了开展专业教学实训所需要的主要实训设备、工量具配置的基本要求。

2. 课程标准

课程标准是核心课程的教学内容及其实施、评价的指导性文件，涵盖了机械识图、工程机械操作、工程机械及其系统保养与维护、发动机机械系统检修、柴油发动机电控系统检修、工程机械电气系统检修、工程机械液压系统检修、工程机械底盘检修、焊接基本操作、企业实习等10门专业核心课程的学习项目、学习内容、参考学时和能力要求。课程标准中的能力要求对应专业人才标准的职业能力要求。

3. 学生职业能力认证标准

学生职业能力认证标准是专业教学标准的重要组成部分，是专业教学标准实施成效和培养质量的检验标准。学生学习完成之后，需要通过测试确定能达到的能力等级。

学生职业能力认证标准包括职业能力等级、职业能力要求、工作任务、相关知识和技能描述等。职业能力等级认证分为初、中、高三个等级，并按不同级别设置了工程机械维护与保养、发动机机械系统检修、发动机管理系统（电控系统）检修、电气系统检修、底盘检修、液压系统检修、整机检修七个考核模块内容，标准中还配备了详细的考核评价方案和样题。

4. 教师分级认证标准

教师分级认证标准是对一个教师能否胜任该专业教学的基本要求，主要包括目的与范围、教师等级认定标准、认证流程、培训要求、考评要求、等级认定要求等。

教师分级认证分为初级和卓越级两个等级，认证流程分为计划、培训、考评和等级认定四个环节。获得初级资格的教师参加高等级的培训，考核合格后，认定为卓越级教师。培训内容及考评内容从专业理论知识、专业实践操作技能和教育教学能力三个方面进行了规定，凡是单项成绩达不到60分的，为不合格；单项成绩均达到60分的，认定为合格，获得培训相应的教师等级认定证书。

四、智能工程机械运用技术专业教学标准海外推广应用实践

1. 共建柳工—柳职院全球客户体验中心全球分中心，助力标准全球推广应用

为进一步推进柳工国际化发展战略，特别是在"一带一路"的建设布局，2017年以来，柳职院与柳工以柳工—柳职院全球客户体验中心为总部，分别在常州、无锡、蚌埠、镇江建立4个国内分中心，在印度、泰国、中东、俄罗斯、波兰、巴西、北美、南非等建立8个海外分中心，各分中心形成了专业教学标准统一、教学资源共享、文化互融、人才共育的协同发展格局。

通过在全球分中心推行统一的工程机械运用技术专业教学标准，保证了全球培训的同标同步，在服务企业海外发展的同时，实现中国标准的全球输出。

2. 搭建国际技能大赛平台，推广专业教学标准

柳工与柳职院积极组织开展全球技能大赛，2017年、2018年、2021年在柳工—柳职院全球客户体验中心分别举办了三届"柳工全球服务技能比武大赛"，赛项融入了专业教学标准中的素养、知识和能力要求，每届技能比赛都吸引来自十多个国家的柳工集团经销商、客户和员工参加。在大赛期间，通过"技能大赛培训提升项目"，柳工国际化培训师团队及学校专业教师团队，共同推广专业教学标准的应用。

3. 实施教师培训及分级认证，保证专业教学标准实施的有效性

为保证柳工—柳职院全球客户体验中心全球分中心专业教学标准在海外的落地实施，柳工和柳职院共同建立了教师培训认证体系，启动了以柳工技能大师彭智峰为主导的"大师工作室学徒项目""大师工作室巴西师带徒项目"和"全球分中心培训师、国内合作院校订单班授课教师的分级认证培训项目"。2019年6月，柳职院三位老师到沙特卡坦尼学院对首批12名教师学员开展培训与认证工作，对经过考核合格的9人颁发了资质等级证书。2020年4月，国内合作院校订单班授课教师培训认证工作在柳职院顺利启动，首批8名教师参加了培训。对企业培训师、全球合作院校教师的共享交流和培训，旨在迅速系统地提升全球分中心专业教学标准实施的有效性，打造一支胜任专业教学标准实施的校企专兼结合、国际化的教学团队。

五、实施成效

1. 人才训育成效显著，有力支撑柳工国际产能合作高质量发展

自 2017 年以来，柳职院为柳工培养了工程机械国际化人才 1730 多人，其中，境外人员 326 名，柳工海外技术服务人员中 20% 来自柳职院，开展针对境外经销商、客户、合作方和员工的职业技能培训 8200 多人，校企共建的大师工作室升级为省级工作室，为柳工海外营销收入比例从 2014 的 25% 提高到 2020 年的 40% 提供了有力的支持。

2. 专业教学建设成果显著，学生就业质量高

工程机械运用技术专业现已成为全国同类院校中办学规模最大、校企合作最深入、国际化办学影响力最大的专业，教师获省部级以上竞赛奖 6 项，学生获省部级以上竞赛奖 8 项，连续三届在"柳工全球技能比武大赛"获得一等奖；学生近 5 年平均就业率达 96.3%，海外学生平均工资比国内高 40%，优秀毕业生韦勇豪两次代表国家出征南极，负责南极科考设备的维护与维修。

专业取得国家级成果 5 项、省部级成果 16 项，并入选广西高水平专业群。教育部原部长陈宝生来柳职院指导调研时高度认可学校与柳工的校企合作模式。

3. 实现了"中国标准—柳职模式"的全球输出

2018 年，柳工、柳职院、柳工沙特经销商达成三方合作共建沙特卡坦尼学院协议，实现向沙特卡坦尼学院输出工程机械职业教育系列标准，获得近 6 万美元收入，成为全国鲜有的职业教育标准有偿国际输出的典型案例。2021 年，校企启动了体验中心升级项目，在泰国、俄罗斯、印尼等国共建国际工匠学院，全面推进工程机械专业教学标准实施落地，实现了"中国标准—柳职模式"的全球输出，强化了我国在国际职业教育中的大国形象。

柳职院积极配合广西优势企业"走出去"，实施"职业教育伴随计划"，整合行业、企业、学校资源，助力企业国际化发展，已经成为一张合作拓展企校国际化的亮丽名片。柳职院与柳工的合作模式，为工程机械企业解决全球用人需求，为职业院校开展校企合作提供了借鉴的蓝本。

第七章
校本教学标准开发指导性文件范例

第一节 人才培养方案制订指导性意见

柳州职业技术学院
高职专业（群）人才培养方案制订指导性意见

为进一步落实我校"党建引领，聚力'双高'，彰显特色，建成国内一流高职名校"的发展战略，落实有理想信念、工匠精神、高超技艺的"素养·管理·创新"国际化复合型技术技能人才培养目标，全面提升人才培养质量，对制订高职专业（群）人才培养方案提出以下指导性意见。

一、指导思想

以习近平新时代中国特色社会主义思想为指导，全面贯彻党的十九大精神和教育方针，贯彻落实《国家职业教育改革实施方案》（国发〔2019〕4号）、双高计划、提质培优计划、教育部《关于职业院校专业人才培养方案制订与实施工作的指导意见》（教职成〔2019〕13号）等文件精神，遵循高职教育教学的客观规律，以高质量就业为导向，以服务地方为宗旨，落实立德树人根本任务，把培育和践行社会主义核心价值观融入教育教学全过程。健全德技并修、工学结合育人机制，深化产教融合、校企合作，推进教师、教材、教法改革，培养有理想信念、工匠精神、高超技艺的"素养·管理·创新"国际化复合型技术技能人才。

二、基本原则

（一）坚持立德树人，德技双修

加强党对人才培养方案制订与实施工作的领导，落实立德树人根本任务，构建"思政课程+课程思政"大格局，培育和践行社会主义核心价值观，将专业精神、职业精神和工匠精神融入人才培养全过程，实现思想政治教育与技术技能培养的有机统一。创新思政课程教学模式，强化专业课教师立德树人意识，推动专业课教学与思想政治理论课教学紧密结合、同向同行。

（二）推进"人工智能+"专业升级，聚焦高端，适应新技术新业态

以职业教育国家教学标准为基本遵循，贯彻落实党和国家在课程设置、教学内容等方面的基本要求。聚焦高端产业和产业高端，紧密对接新技术、新模式、新业态发展，推进"人工智能+"专业升级。主动应对新一轮科技革命与产业变革，以智能制造、云计算、人工智能、机器人等新技术为引领，根据新技术、新模式、新业态发展总体要求，明确课程目标，优化课程内容，及时将新技术、新工艺、新规范纳入课程标准和教学内容。

（三）深化"双元三维四体系"卓越工匠育训模式

深化"双元三维四体系"卓越工匠育训模式：学校与企业"双元"协同，铺设课堂、活动、环境"三维"育人路径，建设基本素养、专业技能、管理能力、创新创业"四体系"，培养培训"卓越工匠"。大力推进现代学徒制，稳步推进1+X证书制度试点。遵循学校卓越工匠育训模式，各专业（群）结合产业与专业的特点，形成和凝练具有专业特色的人才培养模式。

（四）深化"三教"（教师、教材、教法）改革

建设符合项目式、模块化教学需要的教学创新团队，不断优化教师能力结构。健全教材选用制度，选用体现新技术、新工艺、新规范等的高质量教材。普及项目教学、案例教学、情境教学、模块化教学等教学方式，广泛运用启发式、探究式、讨论式、参与式等教学方法，推广翻转课堂、混合式教学、理实一体教学等新型教学模式，推动课堂教学革命，打造优质课堂。全面推行"教考分离"考试改革，推进和拓展"完一课，成一事"课程考核，实施"三阶段三等级"职业能力测试，构建具有柳职院特色的学生职业能力测试体系。

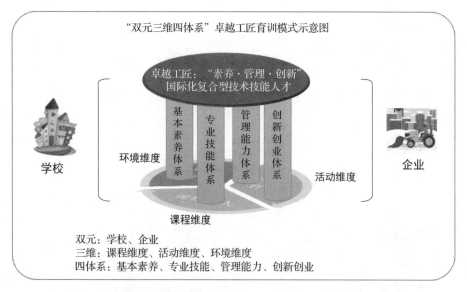

（五）建立专业群可持续发展保障机制

以产业为逻辑起点，确定专业群对接的产业链领域，按照产业背景相同、技术领域相近、专业基础相通、教学资源共享的原则组建专业群。建立专业跨界融合机制，构建群平台课程、结构化教学团队、共享型基地，实现集群共享，协同发展。建立健全行业企业、第三方评价机构等多方参与的专业人才培养方案动态调整机制。构建对接地方高端产业链的专业群预警设置机制与对接产业转型升级的专业群调整机制。开展专业、课程、基地、师资教学质量内部诊断与改进，建立内外双控质量保证机制。

三、专业人才培养方案制订的流程

在做好专业群产业分析，找准专业群（专业）定位的基础上，召开工作任务分析会，原则上按照"七步循环法"（见附件1）来制订人才培养方案。

四、专业人才培养方案的主要内容

（一）专业群基本信息

1. 专业群包含的专业一览表
2. 专业群与产业链分析

（1）专业群与产业链的对应性

（2）专业群人才培养定位

（3）群内专业的逻辑性

3. 专业群课程体系结构

4. 专业群实践教学体系结构

（二）专业基本信息

1. 专业名称及代码

2. 入学要求

3. 修业年限

4. 职业面向

5. 制订人员

（三）专业培养目标与毕业要求

1. 培养目标

2. 毕业要求

（四）人才培养模式

（五）"双元三维四体系"设计

1. 课程体系结构表

2. 基本素养体系设计

3. 专业技能体系设计

4. 管理能力体系设计

5. 创新创业体系设计

（六）人才培养工作安排

1. 教学活动时间分配表

2. 课程学分学时比例构成表

3. 第一课堂进程安排

4. 第二课堂教育活动进程安排

5. 专业选修课安排

（七）实施保障

1. 实训基地配备
2. 结构化教学团队
3. 教学资源
4. 教学方法
5. 学习评价
6. 质量管理

（八）有关人才培养方案的补充说明

（九）附件

1. 课程对应的职业资格/技能等级证书一览表
2. 职业能力等级标准
3. 专业社会调研报告

五、专业人才培养方案的管理和执行

人才培养方案经二级学院组织专业建设指导委员会［含行业企业专家、教研机构人员、一线教师、学生（毕业生）代表］论证通过后，报教务与实训管理处审核，呈分管教学工作的副校长审批，提交学校党委会审定后方可执行。

附件1　专业人才培养方案制订"七步循环法"

步骤		主要任务	成果输出	参与人员
第一步	社会调研	1. 产业分析：通过组织行业、企业专家，进行专业群产业分析，确定产业的整体发展状况、本地产业和企业的状况、产业链的构成、产业链中的高端领域、产业链包括的岗位（工种）、各岗位（工种）技术链的构成、技术链中的共性技术，明确专业群组群逻辑和主要服务产业链	调研报告	行业、企业、政府专家

续表

步骤		主要任务	成果输出	参与人员
		2. 工作任务分析：通过组织企业一线技术专家进行头脑风暴、深入访谈和工作日记分析，确定工作领域、典型工作任务以及职业能力要求		专业教师、企业专家、教育学专家、公共课教师
		3. 调研：采取"三访一研"（访行业企业、其他院校、毕业生，形成调研报告）的形式，确定培养目标和岗位要求；调研对象包括行业企业、其他院校、毕业生等；找准在广西区内、国内同类院校相同或相类似专业的定位		专业教师、公共课教师、学生管理人员、校内外教学质量监控小组成员
第二步	课程体系构建	1. 设计以通识教育、课程思政、劳动教育、艺术教育为重点的基本素养体系	课程体系结构	公共课教师、教育学专家、学生管理人员、专业教师、企业专家
		2. 设计以新技术为引领的专业技能体系：以产业分析、工作任务分析结果为依据，紧密对接产业链，将新工艺、新技术、新知识及时纳入教学内容，开发与行业、企业人才需求相匹配的新技术课程		公共课教师、教育学专家、学生管理人员、专业教师、企业专家
		3. 设计以精益生产、基层管理、全员管理为重点的管理能力体系：以培养自我管理能力、基层管理能力和精益生产管理能力为目标，开设管理类课程并把管理能力融入专业课程		专业教师、技术专家、公共课教师、教育学专家、学生管理人员、企业专家
		4. 设计以构建校企政多方协同的创新创业生态圈为重点的创新创业体系：系统设计创新创业教育，构建创新创业课程群，建设双创基地，坚持工学结合，加强认知能力、合作能力、创新能力和职业能力培养		公共课教师、教育学专家、学生管理人员、专业教师、企业专家

续表

步骤		主要任务	成果输出	参与人员
第三步	课程标准和活动方案的制定	1. 基本素养体系、管理能力体系、创新创业体系课程群开发：主要任务是结合专业特点，有针对性地选择教学内容、教学方法和考核方式，制定公共课的课程标准和基本素质第二课堂教育活动的活动方案	课程标准；活动方案	公共课教师、教育学专家、学生管理人员、专业教师、企业专家
		2. 专业技能体系课程群开发：主要任务是有针对性地选择教学内容、教学方法和考核方式，制定专业基础课、专业核心课、专业拓展课、实习等的课程标准、专业技能大赛的具体方案及考核标准等		专业教师、企业专家、教育学专家
第四步	人才培养方案论证、审核	1. 专业建设指导委员会对人才培养方案进行论证和审核，并修订完善人才培养方案；二级学院院领导审核	人才培养方案；审核意见表	专业建设指导委员会
		2. 学校组织论证会，对人才培养方案进行论证和审核		行业企业、教研机构、校内外一线教师和学生代表组成论证专家组
		3. 对专业人才培养方案进行论证后，提交校级党委会审定		校党委委员
第五步	人才培养方案保障条件设计和建设	确定能够满足人才培养方案实施所需要的师资队伍和实训条件的建设思路和具体落实，并加强和完善人才培养方案实施的保障制度建设	实训基地、师资队伍建设规划	专业教师、企业兼职教师、公共课教师、学生管理人员、校内外教学质量监控小组成员

续表

步骤		主要任务	成果输出	参与人员
第六步	人才培养方案实施	1. 第一课堂教学实施：根据人才培养目标要求，按照课程标准，组织学校专职教师、企业兼职教师及辅导员共同实施课程教学和学生管理，教学质量监控组督导教学过程，保证教学质量	人才培养方案实施计划；教学异动表	专业教师、企业兼职教师、公共课教师、学生管理人员、校内外教学质量监控小组成员
		2. 基本素质第二课堂教育活动实施：根据职业素养和职业核心能力的培养要求，开设素质教育选修课、讲座培训拓展课和综合实践活动课，组织学生开展校园文化实践和社会实践，开展技能竞赛、科技创新等活动，增强实践能力，培养创新能力，提高综合素质		
		3. 环境维度实施：按照人才培养目标要求，构建四个体系环境，建设双创中心、协同创新研究院，构建"群基础技术+方向技术+创研技术"的产教融合型实训基地，打造精益实训文化、"匠心柳职"文化，通过精致校园建设，环境育人，提高学生综合素养		
第七步	人才培养方案实施效果反馈	1. 实施课堂教学质量等级评定，通过督导、学生信息员、二级学院教学质量监控小组，收集课程教学反馈信息	人才培养质量报告；课程报告	专业教师、企业兼职教师、公共课教师、学生管理人员、校内外教学质量监控小组成员
		2. 通过对毕业生追踪调查和走访用人单位、第三方评价，收集毕业生及用人单位对人才培养方案实施的意见和建议		
		3. 根据各方反馈信息，对人才培养方案进行及时反思和进一步完善		

附件 2 专业（群）人才培养方案的主要内容说明

一、专业群基本信息

（一）专业群包含的专业一览表

专业名称和专业代码、所属专业大类及代码、所属专业类及代码按照教育部颁布的《职业教育专业目录（2021 年)》填写。

表 1 专业群包含的专业一览表

专业群名称	专业名称	专业代码	所属专业大类及代码	所属专业类及代码

（二）专业群与产业链分析

1. **专业群与产业链的对应性**

专业群应开展新一轮的产业分析，明确专业群对接的产业，并画出专业群对接产业的示意图。专业群对接的产业应是地方重点发展的产业、技术技能人才紧缺的产业，聚焦人工智能、两化融合等产业高端。

2. **专业群人才培养定位**

专业群人才培养定位的领域、岗位、技术应是产业中技术含量高，附加值高，难以通过短期培训替代，具有就业竞争力的领域、岗位或技术。

3. **群内专业的逻辑性**

按照"产业背景相同、技术领域相近、专业基础相通、教学资源共享"的原则组建专业群。一般 3～6 个专业组成一个专业群，群内专业有共享合作企业、共享用人单位、共享专业课程、共享校内实训基地。共享的平台课程应至少 3 门。在特殊情况下，可以允许个别专业的共享性稍弱。

(三)专业群课程体系结构

根据专业群的组群逻辑和专业特点,用简图表达专业群课程体系结构,主要包含两个方面的内容:①课程体系描述;②课程体系结构图。

学校提出重构专业群"群平台+方向+X证书"课程结构。"群平台"是共性专业群平台,面向群内所有专业,体现了专业群内专业面向产业的共性技术,注重培养学生的可持续发展能力;"方向"是专业方向,体现专业群内专业之间的差异,决定专业的定位和培养目标,注重培养学生的就业能力;"X证书"课程是指专业课程与职业技能等级证书有机融合,注重培养学生的跨专业能力和复合职业能力,促进学生个性成才。

(四)专业群实践教学体系结构

实践教学体系是对实践教学过程所涉及的各种要素及其相互关系的系统设计。根据专业群的组群逻辑和专业特点,用简图表达专业群实践教学体系,主要包含两个方面的内容:①实践教学体系描述;②实践教学体系结构图。

实践教学体系应不同于课程体系和实训室体系,实践教学体系体现实训内容的分类,以及各实训内容之间的关系。围绕专业群的产业定位和技术领域,按照群共享、方向分立、创研灵活的思路,重构专业群"群共性技术+方向技术+创研技术"实践体系,从实践目标、实践内容、运行与保障等方面系统设计实验实训、创新研发、生产实习、社会实践等实践教学环节。

二、专业基本信息

(一)专业名称及代码

专业名称和专业代码、所属专业大类及代码、所属专业类及代码按照教育部颁布的《职业教育专业目录(2021年)》填写。

(二)入学要求

一般为高中阶段教育毕业生或具有同等学力者(高中毕业/中职毕业)。

(三)修业年限

基本学制3年,弹性学习年限2~8年。

(四)职业面向

职业面向以表格的形式呈现,包括本专业所对应的行业、主要职业类别、主要岗位类别（或技术领域）职业技能等级证书、社会认可度高的行业企业标准和证书举例。

表 2　职业面向

专业对应行业	
专业对应的主要职业类别	
专业对应的主要岗位（或技术领域）	
职业技能等级证书/行业企业标准和证书举例	

（五）制订人员

制订人员为参与人才培养方案制订（修订）的主要人员，一般需要学校和企业人员共同制订（行业企业专家、企业兼职教师，需标注人员的领域或者工作单位）。

三、专业培养目标与毕业要求

（一）培养目标

培养目标是指学生在毕业一段时间后（一般3～5年），在社会与专业领域能够达到的水平。培养目标应符合社会需要和国家教育方针，坚持中国共产党的领导和社会主义道路，坚持四项基本原则和社会主义核心价值观，培养"卓越工匠"，即培养有理想信念、工匠精神、高超技艺的"素养·管理·创新"国际化复合型技术技能人才。

岗位目标分三个层次：初次就业岗位、发展岗位、拓展岗位。

培养目标可以以专业为单位分别描述，一般表述为：对接……产业，定位……技术领域，促进学生德才兼备和全面发展，培养具有……素质，掌握……知识和技术，胜任……工作，有理想信念、工匠精神、高超技艺的"素养·管理·创新"国际化复合型技术技能人才。

（二）毕业要求

毕业要求支撑培养目标的实现，是学生在毕业时必须达成的学分、活动分和诚信分、人才培养规格的要求。

1. 学分、活动分和诚信分要求

学分要求：总学分 150 学分，其中必修课学分 135 学分，选修课不低于 15 学分。

活动分要求：120 活动分。

诚信分要求：1800 分。

2. 人才培养规格

人才培养规格包括专业能力、方法能力、社会能力要求，分为通用能力培养规格和专业能力培养规格。人才培养规格支持培养目标的达成，每一项能力要求应赋予唯一的编号。

表 3　人才培养规格

能力类别	能力要求
专业能力	1.1 * * ； 1.2 * *
方法能力	2.1 能够根据工作任务的不同需要去搜寻、获取信息，整理信息并运用信息； 2.2 * * ； 2.3 * *
社会能力	3.1 具有正确的政治、思想和道德是非辨别能力，以及社会责任感和职业道德； 3.2 与人交流、与人合作、跨文化交际能力； 3.3 * * *

四、人才培养模式

简要说明专业人才培养模式，尽量结合图表来说明模式如何在人才培养的各环节及人才培养方案的各个部分（培养目标、课程与教学、教学条件、质量保障）中体现。

五、"双元三维四体系"课程体系设计

(一)课程体系结构表

校企双元协同,铺设课堂、活动、环境三维育人路径,完善基本素养、专业技能、管理能力、创新创业四个体系,培养培训"卓越工匠"。

表4 "三维四体系"结构

三维 四体系	课程	活动	环境
基本素养 体系	1. 思想政治类课程; 2. 劳动教育类课程; 3. 职业素养类课程; 4. 身心健康类课程; 5. 应用基础类课程	1. 基本素养第二课堂系列活动; 2. 通用技能竞赛	1. "匠心柳职"校园文化; 2. 专业实践环境; 3. "精益实训"文化; 4. 双创实践与训练环境; 5. 劳动教育环境
专业技能 体系	1. 新技术通识课; 2. 专业平台课; 3. 专业方向课; 4. 专业拓展课	1. 专业第二课堂系列活动; 2. 专业技能竞赛	
管理能力 体系	1. 精益生产与管理基础; 2. 管理类选修课程; 3. 专业类管理课程	管理类讲座和活动	
创新创业 体系	1. 职业规划与就业指导; 2. 创新思维训练; 3. 创新与创业实务; 4. 专业类创新创业课程	1. 创新创业类竞赛; 2. 创新创业活动	

(二)基本素养体系设计

按照"服务社会、服务专业、服务学生;共性与个性相结合、必修与选修相结合、课内与课外相结合;在教学中有机融入价值引领、思想政治教育、职业核

心能力培养"的原则,形成基本素养体系,具体设置课程见表12(第一课堂进程安排表)。

(三) 专业技能体系设计

1. 职业/岗位分析

用表格的形式描述专业对应的职业或岗位能力要求。可以参考工作任务分析结果,以附件形式呈现。

2. 专业课程结构表

专业课程有专业群平台课、专业方向课、专业拓展课(X证书)等,具体的专业课程结构及课程名称与第一课堂进程安排表一致。

3. 课程矩阵

课程矩阵用来确定"课程与培养规格之间的对应关系及相关度"。课程与培养规格的对应关系,有就标注,无则用"—"标注。课程与培养规格的相关度,按照高相关、中相关、低相关三级划分,分别用 H、M、L 在表中标注。

表5中"培养规格"需与表3中的一致。

表5 课程矩阵

培养规格 课程名称	1.1	1.2	2.1	2.2	3.1	3.2
1						
2						
3						
4						
5						
6						
7						
8						
9						
10						

4. 专业核心课程描述

专业核心课程指对达成培养目标和毕业要求起到关键支撑作用的、工学结合的专业课程，一般是与工作领域相对应的学习领域课程。专业核心课程的数量要适当，每个专业的专业核心课程一般在6~8门。

表6 专业核心课程描述

序号	课程名称	课程主要内容	学时	开设学期

5. 实习设计与安排

实习总时间一般不少于6个月，不超过12个月（含假期）。实习分阶段安排：

（1）专业入门教育实习。专业入门教育实习一般为认知实习，以认知企业环境、感受企业文化为主，安排在专业入门教育课程中进行。

（2）职业素养与劳动教育实践。职业素养与劳动教育实践一般为跟岗实习，以养成职业素养、感受企业文化、认知职业岗位、强化劳动观念和培养劳动精神为主，时间安排为1~2个月，一般不超过2个月。实习期间开设"工业匠心"课程，同时实习企业应开设不少于16学时的劳动教育专题课程，邀请企业劳模、先进人物给学生授课，主要围绕劳模精神、工匠精神、劳动组织、劳动安全和劳动法规等方面开展。

（3）预就业实习。预就业实习一般为顶岗实习，以巩固熟练专业基本技能、培养或提升职业能力和职业素养为主，时间安排不少于6个月。原则上，开始进行预就业实习的时间，在第五学期每年12月份第一次学校组织的"双选会"以后。

表7 实习设计与安排

阶段	时间	实习项目 （内容/任务）	实习形式 （认知/跟岗/顶岗）	考核要求	主要合作企业

6. 毕业设计（论文）/职业能力测试

职业能力测试包括通用模块和专业模块。

通用模块测试由通识教育学院负责，以学生通用能力标准为依据，对职业能力测试等级、测试方式、测试内容、测试时间、组织安排、相关要求进行描述。

专业模块测试由专业所在二级学院负责。以学生职业能力等级标准为依据，对职业能力测试等级、测试方式、测试内容、测试时间、组织安排、相关要求进行描述。

专业模块测试统一按照两级进行设计，一级为毕业门槛，要求所有学生通过考核才能毕业。二级则是提供给具有较强学习能力的学生进行自选。测试应是综合性的，包括理论及实践测试，可设置为多个模块，各模块测试时间可灵活安排。鼓励职业能力测试与毕业设计结合开展。

各专业职业能力测试应体现"6+N"评价维度，即至少从规范性、合作性、经济性、环保性、忠诚性、创新性6个维度进行评价（评分），此外还可根据专业特点增加展示性、功能性等。6为必试维度，N为可选维度。

（四）管理能力体系

以培养自我管理能力、基层管理能力和精益生产管理能力为目标，开设管理类课程并把管理能力融入系列课程，开展全员实训管理，打造融入精益精神的教学和实训环境。

表8 管理能力体系

课程名称	活动名称
1. 精益生产与管理基础	全员实训管理
2. 管理类选修课程	
3. 专业类管理课程 （具体化，每个专业至少1门）	

（五）创新创业体系

系统设计创新创业教育，细化创新创业素质能力要求，不断完善创新创业教育课程体系，针对不同学生的需求开设创新创业系列选修课程和培训课程，每个专业结合专业实际情况,开展"课程双创"教学改革。

表9 创新创业能力体系一览表

课程名称	活动名称
1. 职业发展与生涯规划; 2. 职业发展与就业指导; 3. 创新思维训练; 4. 创新与创业实务	1. 创新创业训练营; 2. 创客马拉松; 3. 科学商店进社区; 4. 双创活动月
创新创业系列选修课程	1. 移动商务创业; 2. 精益创业; 3. 大学生KAB创业基础; 4. SYB创业基础; 5. 创业之星虚拟运营; 6. 桌游艺术——职场能力训练
专业类创新创业课程 (具体化,每个专业至少2门)	

六、人才培养工作安排

(一)教学活动时间分配表

用图表的形式对专业教学活动进行总体(含第一课堂和第二课堂)规划,标明三学年中每一个时段的不同的教学活动安排,除学校规定的表格项目外,各专业可以根据专业情况自行增加,但不得删除学校规定项目。

表10 ××专业教学活动时间分配表　　　　单位:周

项目＼学年	一		二		三		总计
	1	2	3	4	5	6	
1. 学期教育总周数小计	20	20	20	20	20	20	120
其中:课堂教学							
集中实训教学							
军事技能	2	—	—	—	—	—	2
毕业设计(论文)/职业能力测试							

续表

项目\学年	一		二		三		总计
	1	2	3	4	5	6	
实习							
校运会	0.5	—	0.5	—	0.5	—	1.5
劳动周	—	0.5	0.5	0.5	0.5	—	2
2. 寒暑假	4	6	4	6	4	6	30
3. 机动	1	1	1	1	1	1	6
合计	52		52		52		156

（二）课程学分学时比例构成表

表11　各类课程学分学时比例构成表

纵向结构	学分	学时	学分比例(%)	学时比例(%)	横向结构	学分	学时	学分比例(%)	学时比例(%)
公共必修课程					必修课				
群平台课程					选修课				
专业方向课程					合计				
专业拓展课程					理论学时				
综合实践课程					实践学时				
合计					合计				
新技术课程									
统考课程									

(三) 第一课堂进程安排

表 12　第一课堂进程安排表

模块名称及比例		序号	课程名称	总学分	总学时	课内课外学时构成		理论实践学时构成		第一学年		第二学年		第三学年		是否统考	是否新技术课程
						课内(线上)	课外(线下)	理论	实践	1	2	3	4	5	6		
公共必修课程	公共必修课程																
	限定选修课程																
专业必修课程	群平台课程																
	专业方向课程																
	专业拓展课程																
	综合实践课程																
专业选修课程	专业选修课程																

（四）第二课堂教育活动进程安排

表 13　非专业类第二课堂教育活动进程表

序号	活动体系分类（基本素养、专业能力、管理能力、创新创业）	活动名称	活动分	学期安排						组织实施
				1	2	3	4	5	6	
1										
2										
3										

表 14　专业类第二课堂教育活动进程表

序号	活动体系分类（基本素养、专业能力、管理能力、创新创业）	活动分	学期安排						组织实施
			1	2	3	4	5	6	
1									
2									
3									

（五）专业选修课安排

专业选修课是在一定的专业学习的基础上，为特定专业学生开设的、用于加深或拓展特定专业技能的课程。

表 15　专业选修课安排表

序号	课程名称	学时	学分	开课学期	面向专业	备注

七、实施保障

(一) 实训基地配备

一个实践教学班以 30 人（计算机类课程 50 人）为标准，校内基地和校外基地结合，规划完成实践教学项目需要配备的实训室、实训设备等，融入新技术的实训室请在备注中进行标识。

表 16　实训条件配备

序号	实训室名称	校内/校外	主要设备名称	配备数量	实训项目/内容	备注

(二) 结构化教学团队

结构化教学团队包括专职教师和兼职教师。专业带头人原则上应具有高级职称。"双师型"教师一般不低于 60%。兼职教师应主要来自行业企业。

(三) 教学资源

教学资源主要包括能够满足学生专业学习、教师专业教学研究和教学实施需要的教材、图书及数字化资源等。

1. 教材选用基本要求

按照国家教材管理相关规定选用优质教材，教材选用应结合区域和学校实际，切实服务人才培养。教材选用过程须公开、公平、公正，严格按照程序选用。

2. 图书文献配备基本要求

图书文献配备能够满足人才培养、专业建设、教学科研等工作需要，方便师生查询、借阅。专业类图书文献主要包括有关劳动与社会保障技术、方法、思维以及实务操作类图书，以及经济、管理、法律和文化类文献等。

3. 数字教学资源配置基本要求

建设、配备与本专业有关的音视频素材、教学课件、微课、在线课程、数字化教学案例库、虚拟仿真软件、数字教材等数字教学资源,种类丰富、形式多样、使用便捷、动态更新、满足教学。

(四) 教学方法

对实施教学应采用的方法提出要求和建议。结合学生和教学内容的实际情况,选择适当的教学方法,广泛运用项目教学、案例教学、情境教学、混合式教学等教学模式,推进信息技术与教学有机融合。

(五) 学习评价

对学生学习评价的方式方法提出要求和建议。内容上,可以从专业能力、方法能力、社会能力方面进行评价,落实"6+N"评价维度;方式上,可以采用笔试、口试、项目、实践活动等多种方式进行评价,并采取过程性评价(侧重于教学过程)和终结性评价(侧重于教学结果)相结合的方式进行。

(六) 质量管理

对专业人才培养的质量管理提出要求。建立专业建设和教学质量诊断与改进机制,健全专业教学质量监控管理制度,完善课堂教学、教学评价、实训实习、毕业设计(论文)/职业能力测试等方面的质量标准建设,建立毕业生跟踪反馈机制及社会评价机制,充分利用评价分析结果改进专业教学,持续提高人才培养质量。

八、有关人才培养方案的补充说明

关于人才培养方案制订/修订依据的说明以及其他需要说明的内容。

九、附件

1. 职业能力等级标准

各专业根据工作任务分析的结果,将人才培养规格进一步综合和具体化,分等级描述学生应达到的职业能力。职业能力等级标准统一按照两级进行设计。

2. 专业社会调研报告

采取"三访一研"的形式开展社会调研,确定培养目标和岗位要求。调研对象包括行业企业、其他院校、毕业生等。调研报告主要包括调研目的、对象、方法、内容、教改思路等。社会调研结果是人才培养方案制订、修订的重要依据。

第二节 学生职业能力等级标准开发指导手册（3.0）

柳州职业技术学院
学生职业能力等级标准开发指导手册（3.0）

2.0 版修订说明

学生职业能力等级标准开发指导手册 2.0 相较手册 1.0 主要的修改内容有：

1. 将职业能力等级由原来的三个级别改为两个级别，并对等级划分的标准、各等级的任务特征进行了修改。

2. 对测试方式、测试时间、评级规则进行了优化，构建 STEELI+评价模型，要求至少从 6+N 个维度进行评价。

3. 与其他相关标准的关系部分增加国家 1+X 证书制度下相关职业等级标准。

2019 年 7 月

3.0 版修订说明

学生职业能力等级标准开发指导手册 3.0 相较手册 2.0 主要的修改内容有：

1. 更新教育部专业目录文件为 2021 年版。
2. 优化标准开发原则。

2021 年 12 月

一、术语及定义

(一) 职业能力

职业能力是人们在真实工作情境中整体化地解决综合性问题的能力。职业能力也称为职业行动能力。职业能力包括专业能力、方法能力、社会能力。职业能力形成的三个基本条件是：学习的对象是工作，面对全面的工作要素（工作对象、工具、工作方法和劳动组织方式、工作要求），经历完整的工作过程（信息、计划、决策、实施、检查控制、评估）。

(二) 职业能力等级标准

职业能力等级标准是指职业能力达成的程度，是依据行业企业（职业）岗位能力需求（可参考国家职业标准等），按照人的全面发展理念确定的我校高职毕业生经过学习可达到的一种状态标准。

二、标准的定位及用途

(一) 标准的定位

职业能力等级标准是由我校教师、教育专家、企业行业专家共同制定，由学校批准执行的校本标准。

(二) 标准的用途

职业能力等级标准是我校教师进行课程建设及开展教学的重要依据，是学生自主学习的参考和指南，是学校管理部门进行专业评估和教学评价的重要依据，是用人单位选择录用毕业生的参考。职业能力等级标准也是开发教师职业能力标准、实训基地标准、课程标准、教学过程标准的重要依据。

三、标准的开发流程

职业能力等级标准的开发流程见表1。

表 1　职业能力等级标准开发流程

工作步骤	主要任务	开发主体	开发结果
成立标准开发小组	各二级学院按专业成立标准开发组织机构，明确职责	二级学院领导、专业负责人、专业教师团队、行业企业专家	
社会调研	通过社会调研对行业企业发展状况，本专业毕业生就业情况、就业岗位、工作性质、工作任务、知识能力要求等进行全面调研	专业负责人、专业教师团队、行业企业专家	调研报告
典型工作任务及职业能力分析	通过工作任务分析会、工作日志、现场调研等方式确定工作领域及典型工作任务，进行职业能力分析	企业实践专家、教师	工作领域典型工作任务职业能力表
职业能力等级标准编制	对专家分析结果进行梳理，确定职业能力水平等级，明确职业能力测试要求，编制成规范文本。可参考我国人力资源和社会保障部《职业技能标准》、我国行业制定的其他职业标准，借鉴先进发达国家职业能力标准进行确定	专业负责人、专业教师团队、行业企业专家	职业能力等级标准初稿
职业能力等级标准的规范性审查	由教工委组织对初稿进行合规性审查	校内专家	职业能力等级标准初稿
职业能力等级标准审定	对初稿进行评审，评审专家由企业实践专家、教育教学专家、政府主管部门专家组成，评审一般以现场会议的形式进行，根据专家审定意见修改后形成报批稿	教育专家、企业实践专家、政府主管部门专家	职业能力等级标准报批稿

续表

工作步骤	主要任务	开发主体	开发结果
职业能力等级标准颁布	由分管教学的校领导代表学校签署发布意见，同意实施	学校代表	职业能力等级标准定稿
标准实施反馈及持续改进	通过对在校生、教师、毕业生、用人企业等开展问卷调查，了解标准实施的效果情况，根据反馈意见适时修改标准	专业负责人、专业教师团队、学生	职业能力等级标准新稿

四、标准的编制原则

（一）开发主体的多元协同原则

职业能力等级标准按照专业进行开发，专业骨干教师、教育专家、企业实践专家、行业协会多方合作参与，做到开发主体的多元协同，以提高标准制定的准确性。

（二）整体性原则

职业能力等级标准必须体现综合职业能力，包括学生专业能力、方法能力和社会能力的要求。

（三）规范性原则

职业能力等级标准中的文体和术语应保持一致，文字描述应简洁、明确，技术术语与文字符号应符合国家相关标准的要求。

（四）可操作性原则

职业能力等级标准的内容应力求具体化，可度量和可检测，易于理解，便于实施。

（五）持续改进原则

职业能力等级标准应反映当前行业企业的主流技术、主要技能要求，同时还应考虑技术技能的发展趋势，随着技术的发展标准的内容需要不断改进完善，标准的编制遵循 PDCA 循环。

五、标准的内容和结构

标准包括专业概况、职业能力等级要求、职业能力测试要求、样题四个部分。

(一) 专业概况

专业概况包括专业名称、专业代码、培养目标、主要就业岗位。

1. 专业名称

专业名称使用《职业教育专业目录（2021 年）》中的规范名称或自此后增补的专业目录。

2. 专业代码

专业代码使用《职业教育专业目录（2021 年）》中的规定代码或自此后增补的专业目录。

3. 培养目标

培养目标是指学生在毕业一段时间后，在社会与专业领域能够达到的水平。制定培养目标要考虑学生职业生涯发展，培养目标应能反映学生毕业后 3~5 年能达到的工作成就。

4. 主要就业岗位

主要就业岗位分为初次就业岗位、发展岗位、拓展岗位。初次就业岗位是学生毕业即进入的岗位，发展岗位是经过 3~5 年工作实践后能够升迁到的岗位，拓展岗位是通过把所学的专业知识和技能进行迁移后能胜任的岗位。

(二) 职业能力等级要求

职业能力等级要求是职业能力等级标准的核心内容，包括职业能力等级、职业能力要求、工作任务、相关知识和技能，见表 2。

表 2 职业能力等级要求

职业能力等级	工作任务	职业能力要求（包括三种能力）	相关知识和技能
一级	1-1.×××	1-1.1.××× 1-1.2.×××	1. 相关知识：××× 2. 相关技能：×××
	1-2.×××	1-2.1.××× 1-2.2.×××	1. 相关知识：××× 2. 相关技能：×××
	……	……	……
二级	2-1×××	2-1.1××× 2-1.2×××	1. 相关知识：××× 2. 相关技能：×××
	2-2××	2-2.1××× 2-2.2×××	1. 相关知识：××× 2. 相关技能：×××
	……	……	……

1. 职业能力等级

职业能力等级分为两级，按照完成工作任务的难易程度、工作责任、活动范围、知识技能要求进行划分，高级别应能涵盖低级别的要求。

职业能力等级划分的依据为：

一级：能够熟练运用专业知识和专业技能完成较为复杂的开放性工作任务，在工作中遵守职业规范和职业行为准则；能够与他人合作，完成作为团队成员或团队负责人所履行的职责；能够清楚地展示工作成果并对成果进行评价。关键词：熟练运用、专业技能、较为复杂、合作、展示和评价。

二级：能够熟练运用专业知识和专业技能完成复杂的、创新性的工作任务，能够通过资料查询、分析研究或借助团队的力量处理和解决技术或工艺难题，在方案设计、产品设计、技术技能方面有创新；能够清楚地展示工作成果并对成果进行评价。关键词：熟练运用、专业技能、复杂、创新性、研究与合作、展示和评价。

2. 工作任务

对该等级应完成的具体工作任务进行描述。

此处的工作任务是指根据企业实践专家分析得出的典型工作任务开发的学习性工作任务。由于在学校实际教学实践中,并不是所有的典型工作任务都适合作为学习任务,也不是针对所有学习内容都恰好有真实的工作任务,因此需要对工作任务分析会的结果进行教学化处理,即转换为学习性工作任务,并使之符合专业人才培养目标要求。必要时需要设计一些模拟工作任务以及集成的工作任务,但不管是模拟的工作任务还是集成的工作任务,都必须能够反映该职业的典型工作任务的要求,对本专业(职业)的职业实践具有重要意义,完成任务具有完整的行动过程,体现理论实践一体化,有一定的复杂性。

不同的职业能力等级应能完成不同难度的工作任务,不同难度可以体现在工作任务本身的不同,也可以是同样的工作任务但在工作内容和工作要求上有不同的级别。

各能力等级应完成的工作任务特征可参考表3。

表3 各职业能力等级的任务特征

职业能力等级		任务的特征	举例
一级	开放性的工作任务	1. 任务来源于真实的工作,具有职业典型性; 2. 任务的处理有明确的步骤、流程和方法,存在可遵循的规则和标准; 3. 仅仅靠给定的规则和标准还不够,完成任务需要一定的理论和经验; 4. 学生能够针对部分内容和工作环节独立制订工作计划或方案,在某些方面需要团队合作完成; 5. 在一定范围内自行选择材料、工具、方法或工艺; 6. 完成任务需考虑成本、环保	零件、组件的设计制作;部件功能分析与改造;故障诊断与故障排除;服务方案设计与实施等

续表

职业能力等级	任务的特征		例子
二级	创新性的工作任务	1. 任务来源于真实的工作，具有职业典型性，任务需考虑多个利益相关方的要求； 2. 完成任务需要自行设计方案，要解决问题需要一定的经验； 3. 完成任务需要获取超出一般教学资料范围的信息； 4. 完成任务需要团队合作，自行安排团队内部的分工合作以及与外部的协调； 5. 完成任务需考虑成本和效率，在方案设计、产品设计、技术技能方面有创新	产品设计与制作；技术系统薄弱环节分析或特殊诊断；技术系统或技术方案优化；服务方案优化等

3. 职业能力要求

对完成该任务所需要的职业能力进行描述，应包含专业能力、方法能力、社会能力。每项工作任务的职业能力不宜过多，以 5~10 项为宜。职业能力用简洁的语言描述，对专业能力的描述一般为"能或会（在……条件下）做（动词）……"，如"能操作普通车床车削英制螺纹""能按照设计要求，选用合适的建筑工程施工材料""能按照用户要求，设计合理的欧洲 7 日游旅游方案"。对方法能力和社会能力的描述不能简单地表述为"具有一定的表达能力""具有一定的沟通能力"，而应该结合具体的工作任务进行描述，只有结合具体任务所描述的职业能力才能对后续课程开发具有重要意义。

确定职业能力要求时，除依据企业实践专家分析得出的职业能力外，还可以参考借鉴发达国家如英国、澳大利亚或德国等开发的职业能力标准和培训职业（相当于我国的专业）培训条例及教学标准，以及参考我国人力资源和社会保障部组织开发的《国家职业技能标准》。

4. 相关知识和技能

这是指达到该等级要求的必备相关知识和技能。

知识一般包括完成工作任务所必需的专业技术理论知识，与专业紧密相关的安全生产知识、法律法规知识、环境保护知识以及特定情境下的工作过程知识等。技能一般指操作技能，是指为达到预定的目标运用特定工具和方法改变工作对象的方位、物化形态等所进行的操作，是通过学习而形成的合法则的操作活动方式。

（三）测试要求

测试要求包括测试内容、测试方式、测试时间、评分规则。

一级为毕业门槛，要求所有学生通过考核才能毕业；二级提供给具有较强学习能力的学生进行自选。

1. 测试内容

测试内容为职业能力等级标准中所涵盖的学习内容。

2. 测试方式

测试方式包括理论考试和综合实践考核。

理论考试主要考查学生是否掌握必备的专业理论知识、职业理论知识以及一般认知分析能力。理论考试需建立试题库，从题库中抽取试题组成考卷进行考试。

综合实践考核的目的是考查学生是否掌握了专业技能、必备的理论知识，是否具备了职业行动能力，以及达到哪一个级别的能力水平。综合实践考核要具有综合性，体现理论实践一体化，体现完整的工作过程，包括学生完成工作计划（或方案）制订、实施计划、过程控制、评价工作结果等。综合实践考核要包含对学生语言表达、行为规范、职业素养、团队合作、解决问题能力等的考核。

对于正在开展现代学徒制试点班级的学生，综合实践考核可以选取学徒在企业的实际工作任务来进行。

3. 测试时间

测试时间根据各专业情况确定。二年级、三年级均可安排（或学生申请）参加一级职业能力测试，通过一级职业能力测试的可安排（或学生申请）参加二级职业能力测试。

4. 评价规则

评价规则包括理论考试和综合实践考核的评分方法、分值比重、达标要求等。

构建和运用 STEELI + 评价模型,即至少从规范性(Standardization)、合作性(Teamwork)、经济性(Economy)、环保性(Environmental Protection)、忠诚性(Loyalty)、创新性(Innovation)6 个维度进行评价(评分),此外还可根据各专业特点增加展示性、功能性等评价纬度。6 为必试维度,N 为可选维度。

(四)样题

样题包括理论考题样题及综合实践测试题样题。

理论考题的题型全部为客观题,可以是单项选择题、多项选择题或判断题。

综合实践测试题应来源于实际工作或与实际工作相近,具有职业的典型性。测试题应包括具体的工作情境、任务要求、完成任务的时间要求等。

六、标准与其他相关标准的关系

(一)职业能力等级标准与国家职业技能标准的关系

开发职业能力等级标准时可参考国家职业技能标准,职业能力等级标准要涵盖本专业学生所考的国家职业技能等级证学习要求。

2019 年开始,国家开始建立 1 + X 证书制度,相关职业等级标准由培训组织陆续公布,可酌情借鉴参考。

(二)职业能力等级标准与教育部相关教学标准的关系

教育部于 2021 年颁布了《职业教育专业目录(2021 年)》,职业能力等级标准中所涉及的专业名称、专业代码等信息必须与该目录一致。

教育部于 2012 年陆续出台了《高等职业学校专业教学标准(试行)》,涵盖了 400 多个专业的教学标准。该标准列出了专业培养目标、培养规格、核心课程、职业能力要求等,在制定职业能力等级标准时可参考使用。

第三节 课程标准制订指导性意见

柳州职业技术学院
课程标准制订指导性意见

课程标准是落实培养目标和指导教学工作的最基本纲领性教学文件,是选用与编写教材、进行课堂教学以及评估和检查教学质量的依据。为了促进学生德技双修和全面发展,体现学校办学理念和地方专业特色,紧跟新技术、新工艺、新规范的变化,实现教学标准的科学化和规范化,特制定本指导性意见。

一、基本原则

(一) 落实立德树人根本任务

贯彻党的教育方针,落实立德树人根本任务,促进学生德技双修和全面发展。将社会主义核心价值观教育贯穿教育教学全过程,形成全员育人、全程育人和全方位育人格局。全面推行课程思政改革,发挥课程的思想政治教育功能,落实思想品德修养教育教学要求。

(二) 坚持校企合作、工学结合

适应产业转型升级,紧跟新技术、新工艺、新规范的变化,对接"1 + X"职业技能等级证书标准,校企双元共同开发课程标准,彰显"做中学,做中教"、工学结合、知行合一的改革特点。加强学生认知能力、合作能力、创新能力和职业能力培养。加强劳动教育,以劳树德、以劳增智、以劳强体、以劳育美。培育和传承工匠精神,引导学生养成严谨专注、敬业专业、精益求精和追求卓越的品质。

(三) 坚持目标导向、成果导向

各专业立足于地方产业高质量发展,定位于产业的中高端,明确专业定位、培养目标、毕业要求。课程体系和课程标准支持培养目标、毕业要求的实现,确

保目标层层落实不遗漏。将素养、管理、创新等要素融入课程标准,培养有理想信念、工匠精神、高超技艺的"素养·管理·创新"国际化复合型技术技能人才。

学习成果是教学设计自始至终的关注点,学习目标、学习内容、教学过程、评价考核等围绕学生的学习成果来组织,各环节相互呼应,形成相辅相成、相互支撑的课程标准,确保学习成果的实现。明确学生取得的学习成果是什么,为什么要让学生取得这样的学习成果,如何让学生取得这些学习成果,如何知道学生确实取得了这些学习成果。

(四) 坚持学生中心、持续改进

以学生为中心,关注学生自我的比较与发展,改变灌输课堂的传统,提倡师生对话、生生对话。课程标准要适应学校和学生的具体实际情况,不超越现实。部分特殊的课程(如顶岗实习、职业能力测试、毕业设计等)可以采用不同的体例。课程标准要反映现代科学技术、社会科学的发展,反映新标准、新技术、新工艺、新规范,根据社会的需求、课程发展、教学条件和学生情况的变化,持续改进修订。

二、课程标准包括的内容

课程标准应包含以下基本内容,专业群可以根据需要进行适当的调整变更。

(一) 课程信息

简要说明本课程的课程名称、管理部门、参考学分/学时、适用专业(群)、开发人员等信息。

(二) 课程性质和设计

1. 课程性质

课程性质包括本课程的基本属性(如项目课程、实训课程、理论课程等)、课程与培养规格之间的对应关系及相关度,课程在专业课程体系中的定位(核心课程、支持性课程等),与前后课程之间的关系等。

2. 课程设计

阐述课程的基本理念、课程的特点,并对课程标准的设计思路做简要的说明。解析课程的学习内容、教学模式和评价方式的理论依据、创新特色等。

（三）学习目标

1. 具体目标

学习目标从专业培养目标出发，支持培养规格的实现。将对应的专业培养目标和规格分解细化为课程的专业能力、方法能力、社会能力目标（各课程可以根据课程的特点采用不同的体例描述教学目标）。

2. 学习成果

明确学生的预期学习成果，使学生从学习的一开始就有明确的目标和预期表现。课程成果可以是可行性报告、实验报告、调研报告、策划方案、已发表的论文、专利、设计图纸、软件、样机、模型、使用说明、艺术作品等，成果应具体、可验收，成果应包含成果说明。

3. 学习目标对应的培养规格

根据课程与培养规格之间的对应关系及相关度，填写表格。在数量和标准上，课程学习目标一般超过专业培养规格。表中内容简要描述，不需具体细化。

（四）学习内容

1. 内容选择与学时分配

学习内容要以达成预期学习目标为准则，选取对实现学习目标有价值的内容，删除对实现学习目标关系不大的内容。

学习内容不以教材为依据，不能把教材的内容直接作为学习内容，不能把教材的体例直接作为学习框架。

2. 具体学习内容

以学习单元为单位，具体列出学习的内容。对于工作过程系统化课程，则以学习情境或工作任务为单位，明确工作对象、工作过程、工作要素（工作方法、劳动工具、组织形式）等。必要时，建议对学生的实践项目（综合作业）独立描述。

学习内容包括理论和实践的学习内容，分别描述。

学习内容包括第一课堂（课内）和第二课堂（课外）的学习内容。如果课程安排有第二课堂学时，请具体列出推荐开展的第二课堂活动。

（五）学习评价

推行"完一课，成一事"的考核，学习评价要检验和证明学生是否达成学习目标、学习成果。除了教师组织的作业、测验、实践等环节对学生的学习过程进行评价，还要从校方、管理者、同行、毕业生、学生等多元主体的角度进行评价。

1. 考核方式

考核内容包括课程过程性考核和期末考试的内容，权重则指每项考核内容所占比重。考核方式包括笔试、口试、实操、创作等，体现成果导向、多元参与、适用可行。

考核评价需要体现"6＋N"评价维度。专业职业能力测试至少从规范性、合作性、经济性、环保性、忠诚性、创新性6个维度进行评价（评分），其他课程根据目标不同可以增加展示性、功能性等N个维度进行评价。

2. 课程考核对应的学习目标

考核内容应指明与具体哪些课程的学习目标相对应，用以检测学生是否达到课程既定的学习目标。

"课程考核与学习目标的对应表"中内容简要描述，不需具体细化。评价方法与学习目标不必是一一对应关系，可以一个评价方法达成多个学习目标，可以多个评价方法达成一个学习目标，可以多个评价方法达成多个学习目标。

（六）实施建议

1. 教学方法

教学方法旨在促进学习成果的达成，注重运用行动导向的教学，善用示范、诊断、评价、反馈以及建设性介入等策略，来引导、协助学生达成预期成果。推进课堂革命，组建教学创新团队，开展分工协作的模块化教学模式，优化教学行为，变革学习方式。

简要说明教学方法和策略，不仅要明确所采用教学方法的名称，还需要简要描述教与学的关键环节或过程，明确所选用的教学方法促进了哪些学习目标的达成。

2. 教学场地和设施

对完成本课程所需要的教学场地和设施提出要求。

3. 任课教师

就如何组建结构化教学创新团队提出要求和建议。对任课课程教师的职称、专业和职业经历、职业资格提出要求。

4. 教材和参考资料

对教材（讲义）的编写、选用教材、参考资料提出建议。

三、工作流程与组织

（一）筹备启动

制定和学习课程标准的指导性意见，成立课程标准修（制）订工作组，全面启动课程标准修（制）订工作。

（二）明确开发进程

二级学院以专业群为单位编写课程标准，以专业群进行课程标准汇编。通识类课程由通识学院组织编写，思想政治课和心理类课程由马克思主义学院组织编写。

二级学院明确课程标准开发任务，制定工作方案。教务处统筹安排开发进程。开设时间达到三年（含三年）的专业，制订所有课程标准；开设时间少于三年的专业，不少于50%的专业课程，并逐年提高比例；所有公共课和核心课程均完成修订。

（三）调研和起草

各专业群根据工作方案，面向用人单位、兄弟院校、毕业生等深入开展调研，形成调研报告，研究起草课程标准。每门课程共同开发的人员不少于3人，并包含企业方人员。

（四）审查和实施

成立校、院两级课程审查小组，审查课程标准的思想性、科学性等。根据审议和审查意见修订课程标准。审查通过后，方可执行。

附件：柳州职业技术学院课程标准参考格式

（参考格式仅提供一种借鉴体例。在遵循立德树人、校企合作、工学结合、目标导向、成果导向、学生中心、持续改进等基本原则的前提下，不同专业、不同课程应根据改革需要、专业特征、现有条件等实际情况，创造性地对课程标准的内容、格式、表格进行增减、修改和完善。）

一、课程信息

课程名称		学分		
课程管理二级学院		总学时	理论学时	
			实践学时	
适用专业（群）			课内学时	
			课外学时	
开发人员	企业成员			
	学校成员			

二、课程性质与设计

（一）课程性质

（二）课程设计

三、学习目标

（一）具体目标

（二）学习成果

（三）学习目标对应的培养规格

序号	课程学习目标	专业培养规格	
		可达成的专业培养规格	相关度

四、学习内容

(一) 内容选择与学时分配

序号	学习内容	学时分配				
		总学时	课内	课外	理论	实践

(二) 具体学习内容

学习单元	学习目标	具体学习内容 (工作对象、工作过程、工作要素等)	作业

五、考核评价

(一) 学习成果

(二) 考核方式

(三) 课程考核对应的学习目标

序号	考核内容	考核方式	权重	可达成的课程学习目标 (可仅填目标编号)

六、实施建议

（一）教学方法

（二）教学场地和设施

（三）任课教师

（四）教材和参考资料

附录 1

机电一体化技术专业人才培养方案

柳州职业技术学院
机电一体化技术专业人才培养方案

一、机电一体化技术专业所在专业群基本信息

（一）专业群包含的专业一览表（见表1）

表1 专业群包含的专业一览表

专业群名称	专业名称	专业代码	所属专业大类及代码	所属专业类及代码
机电设备维修与管理	1. 机电设备技术	460202	装备制造大类 46	机电设备类 4602
	2. 机电一体化技术	460301	装备制造大类 46	自动化类 4603
	3. 智能控制技术	460303	装备制造大类 46	自动化类 4603
	4. 工业机器人技术	460305	装备制造大类 46	自动化类 4603
	5. 电气自动化技术	460306	装备制造大类 46	自动化类 4603
	6. 电力系统自动化技术	430105	能源动力与材料大类 43	电力技术类 4301

（二）专业群与产业链分析

1. 专业群与产业链的对应性

柳州拥有上汽通用五菱汽车有限公司、广西汽车集团、东风柳州汽车有限公

司、广西柳工机械股份有限公司等大型车辆制造主机厂，还有采埃孚、联合电子、耐世特等世界500强汽车零部件生产企业以及1500多家本土中小型零部件生产企业，形成集研发、生产制造、销售、服务为一体的汽车和机械完整产业链。

专业群聚焦汽车、工程机械产业制造环节，主要服务于生产制造环节中工艺开发、装备设计与制造、装备运行与管理、工艺优化与装备升级的生产制造装备工程链（见图1）。

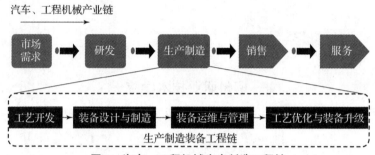

图1 汽车、工程机械生产制造工程链

在整个产业链中，整车及核心零部件制造是工业技术的集大成者，而其中的生产制造装备（包含工装与设备）更是高技术的体现。当前，全球60%的工业机器人、40%的数控机床都用于汽车生产，是新材料、大数据、智能化等高新科技的民用领域最新切入点，是企业高技术、高人才、高投入的聚焦点，体现着汽车产业核心竞争力。

2. 专业群人才培养定位

当前，汽车、工程机械生产制造环节的岗位分工还比较细化，现场人员层级较多，包括生产管理、现场工艺设备技术支持、设备操作等岗位。随着汽车、工程机械智能制造转型升级，"云物大智"等新技术不断加速与制造业的融合，企业生产制造的组织形式向自动化、数字化、智能化发展，岗位也将从现在的人操作装备生产转变为人管理装备进行生产。企业从管理及成本的角度出发，现场的岗位需求将进一步扁平化，集工艺装备、生产管理与设备运维技术于一身的复合型人才成为当前企业人才的最大需求。

专业群人才培养定位是：培养适应未来工厂岗位从设备操作向设备运维管控发展需求，集智能装备开发技术、基于大数据决策技术、基于云平台运维技术、智慧管理技术为一体，能优化工艺、能开发装备系统、能管控设备、能维修设备、擅长信息处理、会管理,有理想信念、工匠精神及技艺高超的"素养·管理·创新"国际化复合型"设备高级管家"(见图2)。

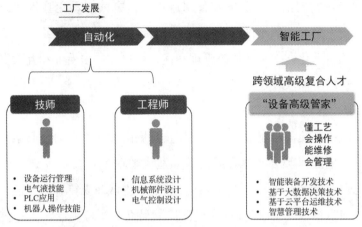

图2 复合型"设备高级管家"

3. 群内专业的逻辑性

群内专业面向汽车、工程机械产业,产业背景相同;机械结构、机械制造、机电液气控制等技术基础相通;围绕数控机床、工业机器人、自动化生产线等设备系统开展工作,技术领域相近;面向电气设备工程师,设备管理员,维修钳工、维修电工等岗位,就业岗位相关;群内资源优势互补,共享度高(见图3)。

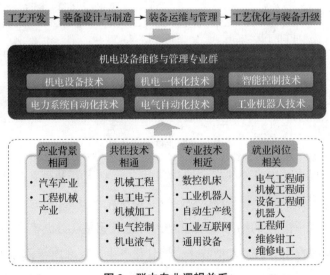

图3 群内专业逻辑关系

机电设备技术专业是专业群的核心专业，主要培养未来工厂监控端岗位急需的人才，面向智能装备全生命周期的后端，负责装备管控、维护维修升级；机电一体化技术专业面向前端，负责装备制造集成；电气自动化技术、智能控制技术、工业机器人是专业群关键支撑，负责核心设备操作运行与维护、系统自动控制；电力系统自动化技术负责能源管理和优化；技术群内专业相互关联支撑，随着产业发展还需增加软件技术方面内容。

（三）专业群课程体系结构

基于智能制造装备产业学院平台，校企开展岗位能力调研，归纳职业岗位典型工作任务，依据"契合产业发展需求和适度超前产业发展"建设思路，确定学生职业能力要求，形成职业能力标准，按照学生认知规律和职业成长规律，紧跟智能制造前沿技术，构建兼顾"群共性""特色""跨领域"于一体的专业群课程体系（见图4）。

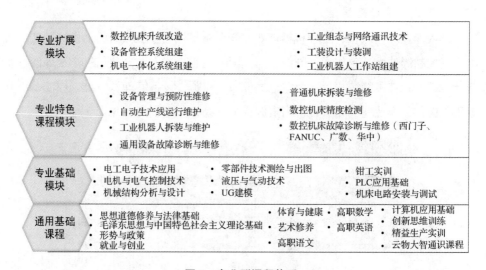

图4 专业群课程体系

专业群课程体系中，公共平台课程包括"云物大智基础"在内的通用基础课程，专业群课程包括专业基础模块、专业特色课程模块、专业扩展模块。均基于"完一课，成一事"的结果导向思路，构建成完整工作过程的模块化领域课程，并在所有课程中有机融入精益化、信息化等生产管理内容，将"标准工位管理—班组管理—项目管理"逐层融入，养成岗位职业素养，以满足培养跨领域复合型设备高级管家的需要。

（1）机电共性技术课程模块：设定电工电子、电气控制、机械基础、机械制图等课程模块作为群内机电共性课程，培养学生专业基础能力和职业素质。

（2）智能装备技术特色课程模块：针对智能制造装备工程链上不同技术领域，设置工业机器人、自动线系统规划与组建、运行与维护等课程模块，培养不同专业方向特色能力。

（3）跨领域应用技术课程模块：融入"云物大智"等智能制造前沿技术，针对车间级和工厂级的工艺、装备规划、虚拟调试、制造集成、运行维护等工作内容，构建覆盖整个智能制造装备工程链的系统化课程模块，满足跨领域技术的综合应用学习需求，满足新技术方向的专项学习需求。

（四）专业群实践教学体系结构

结合原有职业资格鉴定工种，与广西汽车集团针对关键技术以及未来发展技术，联合开发专项技术培训，形成"传统工种+新技术"的终身职业培训体系，开发相应的培训课程以及培训资源，面向社会开展鉴定培训、新技术培训、考证工作，服务于企业员工以及社会人员的终身职业培训（见图5）。

图5　专业群实践教学体系结构

二、专业基本信息

（一）专业名称及代码

专业名称：机电一体化技术

专业代码：460301

（二）入学要求

一般为高中阶段教育毕业生或具有同等学力者（高中毕业/中职毕业）。

（三）修业年限

基本学制3年，弹性学习年限2~8年。

（四）职业面向（见表2）

表2 职业面向

专业对应行业	汽车、冶金、机械制造、化工、自动化
专业对应的主要职业类别	机电装调、维修人员
专业对应的主要岗位（或技术领域）	初次就业岗位：维修电工、设备操作工、产品装配工、设备维修工等； 发展岗位：维修班长、设备主管、车间技术员、售后服务工程师、工程项目主管等； 拓展岗位：维修主任、部门主管、机电工程师、售后服务经理等
职业技能等级证书/行业企业标准和证书举例	电工中级、高级证书

三、专业培养目标与毕业要求

(一) 培养目标

对接汽车、机械工业及战略新兴产业，定位数字驱动、智能控制、新一代信息技术等领域，促进学生德才兼备和全面发展，培养具有良好的职业道德、工作态度及行为规范等素质，掌握机电一体化设备开发、维修、管理、操作等知识和技术，胜任设备的操作、安装、调试、维护，以及机电设备的技术改造、技术革新、现场管理等工作，培养具有理想信念、工匠精神、高超技艺的"素养·管理·创新"国际化复合型技术技能人才。

(二) 毕业要求

1. 学分、活动分和诚信分要求

学分要求：总学分150学分，其中必修课学分135学分，选修课不低于15学分。

活动分要求：120活动分。

诚信分要求：1800分。

2. 证书要求

选考证书：

(1) 特种作业操作证书：低压电工作业。

(2) 职业技能等级证书：电工（四级技能证）、电工（三级技能证）、工业机器人操作与运维（中级）。

(3) AHK机电一体化工证书。

(4) 高等学校英语应用能力考试B级证书。

(三) 人才培养规格

本专业人才培养规格主要包括7项专业能力、6项方法能力、8项社会能力，具体的专业能力、方法能力、社会能力要求见表3。

表3 培养规格对应的能力要求

能力类别	能力要求
专业能力	1.1 能阅读机电一体化设备的各类相关的技术图纸和资料,能完成维修电工、数控机床装调维修工等相应工种的基本操作; 1.2 能完成机电一体化设备的电气维修和机械维修工作; 1.3 能完成机电一体化设备的安装调试、维护、改造等工作,并能处理设备安装、维护、改造等工作过程中的技术问题; 1.4 能完成数控机床、自动生产线、工业机器人等机电一体化产品部件的装配工作; 1.5 能完成机电一体化产品的生产制造及现场技术管理工作; 1.6 能使用文档、电子表格和CAD等计算机软件编制机电设备电气控制系统设计及安装资料; 1.7 能使用机电一体化技术专业术语进行业务交流与沟通,能阅读本专业一般外文资料
方法能力	2.1 能独立学习,获取新知识、新技能; 2.2 能进行必要的计算机信息处理; 2.3 能根据需要查阅外文资料; 2.4 能进行常规的信息查询、收集与整理; 2.5 能对遇到的问题进行相应的分析、对整个行动进行反馈总结; 2.6 能对方案进行设计、评估并决策
社会能力	3.1 能在团队合作中提供相应的工作支持; 3.2 能与团队成员进行行动过程的合作、事实情况的沟通; 3.3 能对工作结果负责、与成员间进行合理竞争; 3.4 能用语言、文字等表达方式对成果进行解释; 3.5 能完成项目所需要的劳动组织并实施; 3.6 能接待用户,用语言、文字正确表达机电一体化专业技术领域的相关业务; 3.7 能遵守社会公德和职业道德,行为习惯符合社会规范和礼仪要求; 3.8 工作中能遵守法律法规、行业企业标准

四、人才培养模式

将专业建设主动融入柳州工业产业链,围绕地方经济发展需要,以培养职业素质高、专业能力强、具有可持续发展能力的高素质高技能人才为目标,创新"双元三维四体系"卓越工匠育训模式。

校企双元协同,铺设课堂、活动、环境三维育人路径,建设基本素养、专业技能、管理能力、创新创业"四体系",培养培训"卓越工匠"(见图6)。

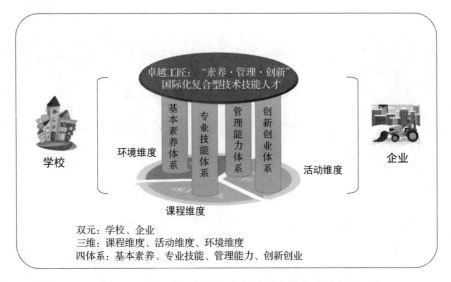

图6 "双元三维四体系"卓越工匠育训模式示意图

坚持立德树人,把理想信念、"四个能力"(认知能力、合作能力、创新能力、职业能力)、工匠精神等融进培养目标,服务地方产业转型升级和国际化战略,聚焦地方高端产业和产业高端,确立"卓越工匠"目标架构:培养培训有理想信念、工匠精神、高超技艺的"素养·管理·创新"国际化复合型技术技能人才。

"卓越工匠"目标架构由以下要素组成(见图7):

(1)基本素养,主要包括理想信念、工匠精神、合作能力、沟通能力、学习能力;

(2)专业技能,主要包括专业知识、专业基础技能、综合职业能力、通用技术和新技术应用技能;

(3) 管理能力，主要包括自我管理能力（目标管理、时间管理、情绪管理等能力）、基层管理能力、精益生产管理能力；

(4) 创新创业，包括创新创业意识、创新创业知识、创新创业能力；

(5) 国际化，包括国际意识和视野、跨文化知识（国际规则、礼仪和各国文化等）、外语交流能力（口头沟通和书面沟通）。

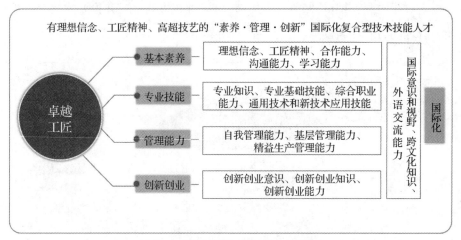

图7 "卓越工匠"目标架构示意图

根据机电一体化技术专业人才的成长特点，专业创新实践了"工学双线共进"人才培养模式，把典型工作案例作为专业课程的教学实训项目，形成学习性工作任务，同时，结合专业课程教学的进程，让学生承担校内实训基地设备的维修管理工作，并通过两阶段实习参与企业实际工作，实现工作中学习。把教学实训、设备维修管理工作这两条主线贯穿于专业人才培养的全过程，形成"工学双线共进"人才培养模式，同时按照从"新手—技术专家"的职业能力发展规律，构建了"双元"课程体系，实施"双元制"人才培养模式（见图8）。

课程内容	教学主体	教学内容	教学场所	教学考核及标准	教学结果
工学双线工进	学校教师	专业课程、典型工作案例项目教学	多媒体教室、实训室、校内工厂	按照课程标准进行课程考核	职业能力与基本素养协同培养
双元制	学校教师+企业工程师	学校领域课程、培训中心课程、企业站课程	理实一体化教室、企业培训中心、企业	引入AHK标准，包括中期考核、毕业考核	职业技能与职业精神并重培养

图8 "工学双线共进"与"双元制"人才培养模式

五、"双元三维四体系"课程体系设计

(一) 课程体系结构表

校企双元协同,铺设课堂、活动、环境三维育人路径,完善基本素养、专业技能、管理能力、创新创业四个体系,培养培训"卓越工匠"(见表4)。

表4 "三维四体系"课程体系结构表

三维 四体系	课程	活动	环境
基本素养体系	・思想政治类课程 ・劳动教育类课程 ・职业素养类课程 ・身心健康类课程 ・应用基础类课程	・基本素养第二课堂系列活动 ・通用技能竞赛	・匠心柳职校园文化 ・专业实践环境 ・"精益实训"文化 ・双创实践与训练环境 ・劳动教育环境
专业技能体系	・新技术通识课 ・专业平台课 ・专业方向课 ・专业拓展课	・专业第二课堂系列活动 ・专业技能竞赛	
管理能力体系	・精益生产与管理基础 ・管理类选修课程 ・专业类管理课程	・管理类讲座和活动	
创新创业体系	・职业规划与就业指导 ・创新思维训练 ・创新与创业实务 ・专业类创新创业课程	・创新创业类竞赛 ・创新创业活动	

(二) 基本素养体系设计

按照"服务社会、服务专业、服务学生;共性与个性相结合、必修与选修相结合、课内与课外相结合;在教学中有机融入价值引领、思想政治教育、职业核心能力培养"的原则,形成基本素养体系,具体设置课程见第一课堂进程安

排表。

(三) 专业技能体系设计

1. 职业/岗位分析

柳州是广西最大的工业城市，工业基础雄厚，特别是三大支柱产业规模大，企业数量众多，为机电一体化产业发展提供了广阔市场。柳州市在"十二五"规划中提出：2015 年，重点行业骨干企业生产装备自动化和半自动化率达到 90% 以上，打造先进制造业产业链，巩固提升汽车、钢铁、机械三大支柱产业优势，重点发展车身总线、冶金、化工行业重点实施生产装备数字化工程，引进先进控制技术，提高生产过程自动化能力。通过学校教育培养等多种方式，进一步完善高技能人才培训体系建设，培养一批动手能力强、实践经验丰富、科技知识扎实的技工和技师，推进柳州市技能人才队伍建设。

围绕专业人才培养需求，深入开展社会调研与工作分析；确定典型工作任务与职业能力需求；以工作过程为导向，系统设计专业课程体系结构，梳理出专业理论教学部分和实践教学部分；与企业合作开发专业核心课程，确定课程目标和主要内容。

毕业生能主要从事的典型工作及能力要求见表 5。

表 5　机电一体化技术专业职业能力要求一览表

序号	工作领域	典型工作任务	职业能力
1	设备操作	1-1 设备基础操作	1-1-1 能使用普通车铣磨钻床等机床进行简单基本操作； 1-1-2 能根据钳工基础知识使用钳工工具
		1-2 备件加工	1-2-1 能根据加工工艺要求，通过手工及相关机械设备进行零件加工； 1-2-2 能应用通用/专用量检具对零件进行检测； 1-2-3 能根据加工工艺要求，绘制简易加工图进行零件加工

续表

序号	工作领域	典型工作任务	职业能力
2	设备维修	2-1 机械维修	2-1-1 能够运用维修专用工具完成对设备本体、传动系统、液压控制系统、气动控制系统以及设备辅件的维修
		2-2 电气维修（主电路故障、控制电路故障、系统故障）	2-2-1 能使用电气维修专用工具，按电工安全操作规程进行作业； 2-2-2 能根据设备电气工作原理分析、判断和处理带 PLC 及变频器电路的电气设备常见故障； 2-2-3 能正确填写电气维修的记录
3	设备安装调试	3-1 设备安装	3-1-1 能根据电气接线图进行机电设备控制柜或机电一体化集成系统的电气线路连接； 3-1-2 能根据机电设备的装配图进行设备机械单元的安装
		3-2 机械调试	3-2-1 能判断设备每个部件是否动作正常； 3-2-2 能正确选择和使用调试检测仪器，根据设备的技术参数来调整设备的安装位置和精度要求，通过调试纠正安装误差
		3-3 电气调试	3-3-1 能判断设备电气元器件是否正常工作； 3-3-2 能按技术手册完成相应的电气调试； 3-3-3 能处理调试过程中的突发故障，并对设备安装存在问题跟踪解决
		3-4 设备验收	3-4-1 能根据设备验收内容及标准，正确检测设备的性能参数，完成验收准备及实施工作

续表

序号	工作领域	典型工作任务	职业能力
4	设备改造	4-1 电气性能局部改造	4-1-1 根据工程师的总体规划完成单项电气功能设计改造； 4-1-2 完成改造设计方案的制定、文档整理
		4-2 机械局部改造	4-2-1 根据工程师的总体规划完成单项机械功能设计改造； 4-2-2 完成设计方案的制定、文档整理
		4-3 控制系统改造	4-3-1 根据工程师的总体规划完成控制系统设计改造； 4-3-2 完成设计方案的制定、文档整理
		4-4 综合功能改造	4-4-1 能确定改造需求，制定总体规划，并完成设备综合功能的设计改造； 4-4-2 按要求进行改造项目验收，完成文档记录
5	机电控制系统设计与开发	5-1 电气系统设计	5-1-1 根据要求完成电气系统设计； 5-1-2 完成设计方案的制定、文档整理
		5-2 机械系统设计	5-2-1 根据要求完成机械系统设计； 5-2-2 完成设计方案的制定、文档整理
		5-3 组件安装	5-3-1 能根据电气接线图进行机电设备控制柜或机电一体化集成系统的电气线路连接，完成输入程序及检查； 5-3-2 根据机电设备的装配图进行设备机械单元的安装并检验
		5-4 功能测试	5-4-1 按照调试规程，编写调试大纲； 5-4-2 按调试大纲逐项进行调试，使整体控制系统的功能和性能达到设计要求，填写调试报告
		5-5 操作说明书编写	5-5-1 按规范完成操作说明书编写

续表

序号	工作领域	典型工作任务	职业能力
6	设备维护保养与管理	6-1 日常点检	6-1-1 能够按标准作业指导进行设备点检作业； 6-1-2 能发现设备常见故障，并能分析与协调处理； 6-1-3 能按需要制定设备点检表
		6-2 定期维护保养	6-2-1 确定定期维护保养的项目； 6-2-2 能够按标准作业指导书进行设备定期维护保养作业，完成设备性能的检测和维护
		6-3 设备运行管理	6-3-1 能对设备的运行信息、设备点检和检修记录表等进行收集和统计； 6-3-2 能分析目前设备运行状态，预测设备运行状态的变化趋势，并编制设备维修计划

2. 专业课程结构表

专业课程有专业群平台课、专业方向课、专业拓展课（X证书）等，具体的专业课程结构及课程名称，见第一课堂进程安排表。

3. 课程矩阵

课程矩阵（见表6）用来确定"课程与培养规格之间的对应关系及相关度"。课程与培养规格的对应关系，有就标注，无则不用标注。课程与培养规格的相关度，按照高相关、中相关、低相关三级划分，分别用H、M、L在表中标注。

4. 专业核心课程描述

专业核心课程围绕机电一体化技术任务分析所得的岗位能力要求，以汽车制造、机械、装备等制造企业生产工作过程为导向，将企业生产项目引入课程，系统设计教学内容及学习项目，依托合作企业共建专业核心课程。本专业核心课程共6门，部分课程目标和主要内容见表7。

表 6　课程矩阵

	培养规格 课程名称	1.1	1.2	1.3	1.4	1.5	1.6	1.7	2.1	2.2	2.3	2.4	2.5	2.6	3.1	3.2	3.3	3.4	3.5	3.6	3.7	3.8
1	手动加工零部件	M	H	M																		M
2	简单电气线路安装调试	M			H	H		H	M	M					H	M	M	M	M			M
3	电工技能实训	M			H	H		H	M	M					H	M		M	M		M	M
4	机械识图	M	H	M		M	M		M	M									M		M	H
5	用普通机床加工零部件	H	H						M								M				M	M
6	电子产品制作与调试	M			H	M	M	M	M							M		M	M		M	H
7	电气控制与PLC应用技术	M			H	H		H	M		M				H	H		M	H		M	H
8	电气控制技术实训	H			H	M	M	H	M			M			H	M		M	H		H	H
9	机械设计基础	M		H			H			H							H	H	H		H	M
10	电气液系统组建	M		M	M	M	M	M	M						M	H		H	H		H	H
11	机电一体化概念设计与装调	M		M	M	M	M	M	M	M		M			H	H		H	H		H	H
12	机床拆装与维护	M			H		M	M	M	M					H		H	H	H		M	H
13	数控设备维护与维修			H	H	M	M	M	M	M		M			M			H	H		M	H
14	现场生产管理与设备维护保养				H	M	H	M	M	M		M			H	H		H	H		H	H
15	运动控制系统设计与装调	M		M	M	M	M	M	M	M		M			H	H		H	H		M	H
16	工业机器人典型应用	H			M	M	M	M	M	M		M			H	H	H	H	H		H	H
17	智能工作站系统集成技术	H			M	M	H	M	M	M					H	H	H	H	H		H	H
18	智能制造系统组建	H			M	H	H	H	M	M					H	H	H	H	M		H	H
19	PLC高级应用技术				M	M	H	M	M	M						H	H	H	M		M	M

附录1 机电一体化技术专业人才培养方案

表7 专业核心课程描述

课程名称	课程目标	课程主要内容	学时	开设学期
电气液系统组建	能进行电气液回路的组建、调试、故障诊断与维修	液压、气动、电气控制	64	三
数控设备维护与维修	能使用数控系统维修资料和设备图纸，按照维修规范对数控设备进行检测、维护与维修	数控机床电气控制原理分析、电路连接、维修诊断	40	四
运动控制系统设计与装调	能根据需求合理地选用电机，并能使用各种电机搭建运动控制系统	PLC300、步进、伺服、网络组态	88	三
工业机器人典型应用	通过针对搬运、装配、检测、码垛、弧焊、点焊等典型工业机器人应用，采用工业机器人、PLC、触摸屏、工装夹具、工业以太网等装备技术设计应用方案，实现控制系统组建，完成工作站的系统集成	PLC1200、机器人、集成	40	四
机电一体化概念设计与装调	进行机电系统资讯获取、机械装置制作概念设计、装调、PLC控制系统安装接线，编程调试、机电联调优化等内容，涉及机械加工与装调、电路安装、PLC程序编制、电机运动控制等专业范畴	送料、检测、装配、PLC、传感、气动	60	四
智能制造系统组建	能够按照控制要求，完成小型自动化生产线设备的硬件安装、PLC程序编写、监控界面的设计及整机的运行调试	送料、检测、装配、PLC步进、变频、触摸屏、传感、机器人	88	五

5. 实习设计与安排

为帮助学生深入了解企业，养成良好的职业素质，提高专业技能水平，就业时更快地适应企业的生产和管理制度，学院进一步拓展和深化与地方企业的合作，将顶岗实习课程化，分三阶段安排学生到广西柳工机械股份有限公司、柳州福臻车体实业有限公司、桂林福达、上汽通用五菱汽车有限公司等合作企业进行生产性顶岗实习。

第一阶段——专业入门教育实习。专业入门教育实习一般为认知实习，以认知企业环境、感受企业文化为主，安排在专业入门教育课程中进行。

第二阶段——职业素养与劳动教育实践。主要是以提高学生"专业技能"，并进一步提升学生"职业素养"为目的的跟岗实习。这一阶段顶岗实习主要将学生安排在专业对口的合作企业，让他们在企业参与技术性较强的工作，将所学的专业知识用于生产实践，进一步提升专业技能，并在工作的过程中锻炼学生与师傅、车间管理人员的交流沟通能力及团队协作能力，并学会自主解决生产中的实际问题，最终实现能力的全面提升。通过学生亲身体验企业的生产环境、企业生产组织形式，帮助学生养成职业素养、感受企业文化、认知职业岗位、强化劳动观念和培养劳动精神，从而促使学生形成良好的时间、纪律观念及安全责任意识、环保意识，以便更好地理解后续专业课程的学习目标及学习要求，提高学习的积极性。

第三阶段——预就业实习。主要是以企业"准员工"身份的顶岗实习。这一阶段的顶岗实习，要求学生完全按照企业生产要求进行工作，经过"师傅带徒弟"的形式，让学生在较短的时间实现独立工作，完成企业的生产任务，从而真正地融入企业生产中，实现"零距离"人才的培养。实习设计见表8。

表8 实习设计

阶段	时间	实习项目（内容/任务）	实习形式（认知/跟岗/顶岗）	考核要求	主要合作企业
专业入门教育实习	2天	参观实训基地与合作企业	认知	认知小结	1. 校内实训基地； 2. 合作企业

续表

阶段	时间	实习项目（内容/任务）	实习形式（认知/跟岗/顶岗）	考核要求	主要合作企业
职业素养与劳动教育实践	2个月	1. 按企业要求完成设备操作、维护、维修等生产任务； 2. 完成职业素质教育与训导课程的学习（工业安全、企业标准与制度、生产工程与工业工程、基本操作技能训练、团队与素质拓展）	跟岗	实习总结＋职业素养活动展示＋企业鉴定	校内生产性实训基地、柳州福臻车体实业有限公司、东风柳州汽车有限公司、柳州钢铁（集团）机制公司、柳州商泰机械有限公司等
预就业实习	6个月	1. 完成企业安排的岗位生产任务； 2. 主要训练以下几方面的专业综合能力： （1）电气控制柜设计与装配； （2）自动化生产线安装和维护； （3）PLC控制系统的安装调试	顶岗	实习报告＋企业鉴定	东风柳州汽车有限公司、柳州钢铁（集团）机制公司、广西柳工机械股份有限公司、上汽通用五菱汽车有限公司等

6. 毕业设计（论文）/职业能力测试

职业能力测试包括通用模块和专业模块。通用模块测试由通识教育学院负责，采用课外时间机考方式进行测试。

专业模块测试由专业所在二级学院负责。以学生职业能力等级标准为依据，对职业能力测试等级、测试内容、测试方式、测试时间、组织安排、相关要求进行描述。

专业模块测试统一按照两级进行设计,一级为毕业门槛,要求所有学生通过考核才能毕业,二级提供给具有较强学习能力的学生进行自选。测试应是综合性的,包括理论及实践测试,可设置多个模块,各模块测试时间可灵活安排。各专业职业能力测试应体现"6+N"评价维度,即至少从规范性、合作性、经济性、环保性、忠诚性、创新性6个维度进行评价(评分),此外还可根据专业特点增加展示性、功能性等。6为必试维度,N为可选维度。鼓励职业能力测试与毕业设计结合开展。

(四) 管理能力体系

以培养自我管理能力、基层管理能力和精益生产管理能力为目标,开设管理类课程并把管理能力融入系列课程,开展全员实训管理,打造融入精益精神的教学和实训环境(见表9)。

表9 管理能力体系一览表

课程名称	活动名称
1. 精益生产与管理基础	全员实训管理
2. 现代企业管理	班组管理
3. 车间设备管理	车间设备管理

(五) 创新创业体系

系统设计创新创业教育,细化创新创业素质能力要求,不断完善创新创业教育课程体系,针对不同学生的需求开设创新创业系列选修课程和培训课程,每个专业结合专业实际情况,开展"课程双创"教学改革(见表10)。

表10 创新创业能力体系一览表

课程名称	活动名称
1. 职业发展与生涯规划;	1. 创新创业训练营;
2. 职业发展与就业指导;	2. 创客马拉松;
3. 创新思维训练;	3. 科学商店进社区
4. 创新与创业实务	4. 双创活动月

续表

课程名称	活动名称
创新创业系列选修课程	1. 移动商务创业； 2. 精益创业； 3. 大学生 KAB 创业基础； 4. SYB 创业基础； 5. 创业之星虚拟运营； 6. 桌游艺术——职场能力训练
1. 机电一体化概念设计与装调； 2. 智能制造系统组建	1. 概念设计； 2. 系统设计装调

六、人才培养工作安排

(一) 教学活动时间分配表

对专业教学活动（含第一课堂和第二课堂）进行总体规划（见表11）。

表 11　机电一体化专业教学活动时间分配表（单位：周）

学年 项目	一		二		三		总计
	1	2	3	4	5	6	
1. 学期教育总周数小计	20	20	20	20	20	20	120
其中：课堂教学	15.5	14.5	11	2.5	12	0	54.5
集中实训教学	2	5	8	9	—	—	24
军事技能	2	—	—	—	—	—	2
毕业设计（论文）/职业能力测试	0	0	0	2	0	0	3
实习	0	0	0	6	7	20	31
校运会	0.5	—	0.5	—	0.5	—	1.5
劳动教育活动周	—	0.5	0.5	0.5	0.5	—	2
2. 寒暑假	4	6	4	6	4	6	30
3. 机动	1	1	1	1	1	1	6
合计	52		52		52		156

（二）课程学分学时比例构成表（见表12）

表12 各类课程学分学时比例构成表

纵向结构	学分	学时	学分比例（%）	学时比例（%）
公共必修课	39.5	724	26.3%	26.5%
公共选修课	10	160	6.7%	5.9%
群平台课程	23.5	408	15.7%	14.9%
专业方向课程	35	630	23.3%	23.0%
专业拓展课（X证书）	7	140	4.7%	5.1%
综合实践课	30	592	20.0%	21.7%
专业选修课	5	80	3.3%	2.9%
合计	150	2734	100.0%	100.0%
横向结构	学分	学时	学分比例（%）	学时比例（%）
必修课	135	2494	90.0%	91.2%
选修课	15	240	10.0%	8.8%
合计	150	2734	1000%	1000%
理论学时	—	977	—	35.7%
实践学时	—	1757	—	64.36%
合计		2734		1000%

（三）第一课堂进程安排（见表13）

附录1 机电一体化技术专业人才培养方案

表13 2021机电一体化技术专业第一课堂进程表

模块名称及比例	序号	课程名称	总学分	总学时	课内课外学时 课内	课内课外学时 课外	理论实践学时 理论	理论实践学时 实践	第一学年 1	第一学年 2	第二学年 3	第二学年 4	第三学年 5	第三学年 6	是否统考	是否新技术课程	备注
公共必修课程	1	军事技能	2	112	0	112	0	112	(112)								
	2	军事理论	2	36	22	14	36	0	22						统考		
	3	形势与政策（一）	0.25	8	3	5	3	5	3								
	4	形势与政策（二）	0.25	8	3	5	3	5		3							
	5	形势与政策（三）	0.25	8	3	5	3	5			3						
	6	形势与政策（四）	0.25	8	3	5	3	5				3					
	7	思想道德修养与法律基础	3	48	36	12	48	0	36						统考		
	8	毛泽东思想和中国特色社会主义理论体系概论	4	64	48	16	64	0		48					统考		
	9	职业发展与生涯规划	1	16	10	6	10	6	10						统考		
	10	创新思维训练	1	16	10	6	10	6		10					统考		
	11	职业发展与就业指导	1	16	10	6	10	6			10				统考		
	12	创新与创业实务	4	64	48	16	20	44	48						统考		
公共基础课程	13	信息技术（云物大智基础）	0.4	7	3	4	3	4	3								
	14	大学生安全教育（一）	0.4	4	2	2	2	2	3								
	15	大学生安全教育（二）	0.4	6	3	3	3	3		2							
	16	大学生安全教育（三）	0.4	4	2	2	2	2			3						
	17	大学生安全教育（四）	0.4	3	0	3	0	3				2					
	18	大学生安全教育（五）	2	32	16	16	16	16					(3)				
	19	高职学生心理健康教育	2.5	40	30	10	4	36	16					0	统考		
	20	体育与健康（一）	2.5	40	30	10	4	36	30						统考		
	21	体育与健康（二）	2.5	40	40	0	20	20		30					统考		
	22	高职英语（基础英语）	2.5	40	40	0	20	20	40						统考		
	23	高职英语（职业英语）	2.5	40	30	10	10	30		40					统考		
	24	高职语文	2.5	40	48	0	28	20	30						统考		
	25	高等数学	3	48	48	0	28	20	48						统考		
		小计	39.5	724	450	274	332	392	240	179	16	17	0	0			

续表

模块名称及比例	序号	课程名称	总学分	总学时	课内	课外	理论	实践	第一学年 1	2	3	第二学年 4	第三学年 5	6	是否统考	是否新技术课程	备注
公共基础课程 公共限定选修课程	1	通用礼仪	1	16	16	0	8	8	16						统考		
	2	艺术修养	2	32	16	16	16	16				16			统考		
	3	工业·匠心	1	16	0	16	16	0							配合职业素养与劳动教育实践实施		
	4	精益生产与管理实训	1	16	16	0	8	8			16				统考		
	5	高职英语(跨文化交流)	3	48	48	0	24	24	48		48				统考		
	6	体育与健康(三)	2	32	32	0	3	29	60		32				统考		0
		小计	10	160	128	32	75	85	16	0	96	16	0	0	0		
专业修课程 群平台课程	1	简单电气线路安装调试	3	48	48	0	24	24	48						统考		
	2	电子产品制作与调试	3	48	48	0	24	24		64					统考		
	3	手动加工零部件	3	60	60	0	12	48	60		48					统考	
	4	电气控制与PLC应用技术	4	64	64	0	32	32			32				统考		
	5	机械设计基础	3	48	48	0	24	24		48						统考	
	6	机械识图	2.5	40	40	0	20	20	45							统考	
	7	电工技能实训	5	100	100	0	20	80		100					整周实践		
		小计	23.5	408	408	0	156	252	153	260	120	0	0	0			
专业方向课程	1	用普通机床加工零部件	6	120	120	0	24	96							整周实践	√	
	2	*电气液系统组建	4	64	64	0	32	32			64				统考		
	3	机床拆装与维护	2	40	40	0	8	32			40				整周实践		
	4	*运动控制系统设计与装调	5.5	88	88	0	44	44			88				统考	√	
	5	*机电一体化概念设计与装调	3	60	60	0	12	48				60			整周实践	√	含机电概念设计
	6	电气设计与出图	2.5	40	40	0	20	20			40				统考	√	
	7	*数控设备维护与维修	2	40	40	0	8	32				40			整周实践	√	

续表

模块名称及比例	序号	课程名称	总学分	总学时	课内课外学时 课内	课内课外学时 课外	理论实践学时 理论	理论实践学时 实践	第一学年 1	第一学年 2	第二学年 3	第二学年 4	第三学年 5	第三学年 6	是否统考	是否新技术课程	备注
专业拓展课程	8	*工业机器人典型应用	2	40	40	0	8	32			40				整周实践	√	
	9	智能工作站系统集成技术	2.5	50	50	1	10	40				50			整周实践	√	
	10	*智能制造系统组建	5.5	88	88	0	44	44					88		整周实践	√	
		小计	35	630	630	1	210	420	0	0	392	150	88	0			
专业综合实践课程	1	电气控制技术实训	5	100	100	0	20	80				100			整周实践		
	2	PLC高级应用实训	2	40	40	0	8	32					40		整周实践		
		小计	7	140	140	0	28	112	0	0	0	100	40	0			
	1	通用核心能力测试	1	16	0	16	16	0		16							
	2	毕业设计（论文）/职业能力测试	4	80	0	80	16	64					80		整周实践		
	3	专业入门教育	1	16	16	0	8	8	16						整周实践		
	4	职业素养与劳动教育实践	6	120	16	104	24	96			32		4	4	整周实践		
	5	预就业实习	18	360	8	352	72	288					84	4	整周实践		
		小计	30	592	40	552	136	456	16	16	32	0	84	4			0
专业选修课程	1	智能装备技术专业英语	2	32	32	0	16	16		16							
	2	UG建模	2	32	32	0	16	16			16		32				
	3	其他专业选修课	1	16	16	0	8	8									
		小计	5	80	80	0	40	40	0	0	48	0	32	0			0

（四）第二课堂教育活动进程安排（见表 14 和表 15）

表 14　非专业类第二课堂教育活动进程表

序号	活动名称	活动分	学期安排						组织实施
			1	2	3	4	5	6	
1	行为规范准则教育	4	√						学工处+二级学院
2	校情教育与学习管理教育	4	√						学工处+二级学院
3	安全教育	4	√	√	√	√	√	√	学工处+二级学院
4	适应教育	4	√			√			学工处+二级学院
5	励志教育	4		√		√			学工处+二级学院
6	感恩教育	4			√		√		学工处+二级学院
7	诚信教育	4	√	√		√			学工处+二级学院
8	禁毒、防艾教育	4	√		√		√		学工处+团委+二级学院
9	"五·四"文化艺术节系列活动	4		√		√			团委+二级学院
10	"社团文化艺术节"系列活动	4		√		√			团委
11	创新创业训练营	4	√	√					通识教育学院
12	创客马拉松	4	√		√		√		通识教育学院
13	科学商店进社区	4		√		√		√	通识教育学院
14	新生节活动	4	√						团委+二级学院
15	假期社会实践	4		√		√			团委+二级学院
16	素质大讲堂讲座	4	每班 1 次 每学院每学期至少两次						学工处+二级学院
17	5.25 心理健康教育活动	4		√		√			学工处+二级学院

续表

基本素质课外活动安排									
序号	活动名称	活动分	学期安排						组织实施
			1	2	3	4	5	6	
18	心理健康团体辅导	4	√						学工处+二级学院
19	心理电影赏析	4	√	√	√	√			学工处+二级学院
20	阳光长跑	4	√			√			通识教育学院
21	数学文化讲座	4		√					通识教育学院
22	志愿者服务	4	√	√	√	√	√	√	团委+二级学院
23	三下乡活动	8		√		√			团委+二级学院
24	社区挂职	8		√		√			团委+二级学院
25	阅读	4	√	√	√	√			图书馆
26	劳动教育	8	√	√	√	√			学工处+团委+二级学院
通用技能竞赛安排									
序号	活动名称	活动分	学期安排						组织实施
			1	2	3	4	5	6	
1	职业生涯规划大赛	4		√		√			通识教育学院
2	中国互联网+大学生创新创业大赛	8		√		√		√	教务处+通识教育学院
3	田径运动会	4	√		√		√		校田径运动会组委会+二级学院
4	气排球联赛	4	√		√		√		通识教育学院
5	羽毛球联赛	4		√		√		√	通识教育学院
6	篮球联赛	4		√		√		√	通识教育学院

续表

基本素质课外活动安排									
序号	活动名称	活动分	学期安排						组织实施
			1	2	3	4	5	6	
7	大学生演讲赛	4	√		√				马克思主义学院
8	大学生辩论赛	4		√		√			马克思主义学院
9	广西职业院校学生技能大赛英语口语赛	4		√		√	√		通识教育学院
10	英语演讲赛	4	√		√		√		通识教育学院
11	全国大学生英语竞赛	4		√		√		√	通识教育学院
12	英语口语风采赛	4	√						通识教育学院
13	经典诵读比赛	4							通识教育学院
14	心理剧大赛	4		√		√			马克思主义学院
15	数学建模竞赛	8		√	√				通识教育学院
16	大学生数独竞赛	4		√	√				通识教育学院
17	模拟招聘大赛	4				√			就业处+通识教育学院

表15 专业类第二课堂教育活动进程表

专业类第二课堂教育活动安排									
序号	活动名称	活动分	学期安排						组织实施
			1	2	3	4	5	6	
1	大学生数学建模	8		√					
2	导师项目活动	8	√	√	√	√	√		二级学院+教学团队
3	零件测绘（AutoCAD）技能大赛	8		√					二级学院+教学团队

续表

专业类第二课堂教育活动安排								
序号	活动名称	活动分	学期安排					组织实施
			1	2	3	4	5	6	
4	电工技能竞赛	8			√				二级学院+教学团队
5	创新设计制作大赛	8		√		√			二级学院+教学团队
6	数控设备装调与维修大赛	8					√		二级学院+教学团队
7	专业入门教育	8	√						二级学院
9	机械制图与测绘竞赛	8		√					二级学院
10	三维建模技能大赛	8			√				二级学院
11	机械创新设计技能竞赛	8				√			二级学院
12	自动生产线安装与调试比赛	8				√			二级学院+教学团队
13	机电一体化技术项目比赛	8				√			二级学院+教学团队
	小计	80							

注：

1. 其中专业类包括了专业技能竞赛等，不能确定时间的也可注明机动。

2. 每学年60分为达标，100分为优秀，各二级学院仍可自行安排本专业的基本素质活动6~10个。跨学期的活动在第四学期结束时给学生记分。

3. 竞赛类活动根据竞赛获奖情况可加分。

4. "行为规范准则教育、院情教育与学习管理教育"渗透在入学教育中。

5. "安全教育"与大学生安全教育课程不同，渗透在每学期开学、期末安全教育中。

6. "感恩教育"主要通过辅导员主题班会和资助征文、资助演讲、毕业离校教育等活动开展。

7. "诚信教育"主要通过辅导员主题班会开展,主要有个人信息诚信、诚信考试、诚信还贷等内容。

8. "暑期社会实践"可由各学院安排的暑期实习替代。

9. "素质大讲堂"由基地与二级学院协调,保证每班有一次讲座。

10. 一般只需要部分学生参加的活动,如禁毒、防艾、志愿者服务、三下乡、社区挂职、学生社团活动以及一些竞赛、一些上级要求的活动等,请各二级学院配合组织开展。

（五）专业选修课安排（见表16）

表16 专业选修课安排

序号	课程名称	学时	学分	开课学期	面向专业	备注
1	UG建模	2	36	2~4	机电设备维修与管理专业群	专业限选课
2	电气设计与出图	2	36	4	机电设备维修与管理专业群	
3	机械制图	2	32	3~4	机电设备维修与管理专业群	专业限选课
4	机械CAD出图	2	32	3~4	机电设备维修与管理专业群	专业限选课
5	智能装备技术专业英语	2	36	4~5	机电设备维修与管理专业群	专业限选课
6	工业机器人系统集成与应用	2	36	4~5	机电设备维修与管理专业群	
7	现代企业管理	2	36	4~5	机电设备维修与管理专业群	
8	车间设备管理	2	36	4~5	机电设备维修与管理专业群	

七、实施保障

(一) 实训基地配备

1. 实践教学体系

根据前期广泛调研,机电一体化技术方面人才主要从事包含自动化成套装备中作业单元的现场编程、调试维护、故障诊断、人机界面、PLC 编程等生产技术管理工作,以及机电一体化技术设备技术销售和售后服务工作。按课程体系的实训教学要求,遵循机电综合能力的培养由"简单到复杂,单一到综合"的原则,构建机电一体化技术专业实践教学体系(见图9)。

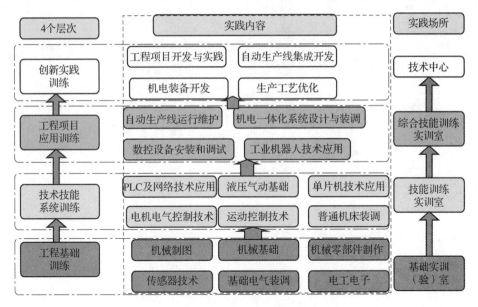

图9 机电一体化技术专业实践教学体系

2. 实训条件配备

一个实践教学班以 30 人为标准,校内基地和校外基地结合,规划完成实践教学项目需要配备的实训室、实训设备等,见表 17。

表 17　实习条件配备

序号	实训室名称	校内/校外	主要设备名称	配备数量	实训项目/内容	备注
1	普通车工实训室	校内	普通车床	10	轴类零件的车削、套类零件的车削	
2	普通铣工实训室	校内	普通铣床	10	铣平面及连接面、铣台阶、直角沟槽、铣键槽、铣六方	
3	普通机床拆装与维修实训室	校内	通用设备机械本体	10	车床部件的拆装、车床的总装、机床典型故障的诊断与维修	
4	钳工实训室	校内	钳工台	15	锉削长方体、锉削六方、刃磨钻头、凹凸配合、曲面锉削、钻孔和攻丝、开放型配合、直角凹凸转位对配、半封闭形和半开放形镶配、封闭形镶配	
5	电工技能一体化实训教室	校内	电工基本技能训练操作台	30	常用电气线路安装、调试，交直流电机控制电路安装调试	
6	机床电气实训室	校内	普通设备电气控制装置	15	车床、铣床、钻床、磨床、刨床电气线路安装与故障排故	
7	机电设备控制实训室	校内	可编程控制器实训装置、模拟量模块、编程器（计算机及软件）、成套设备智能实训系统	15	S7-200PLC实训、变频器实训、触摸屏实训、机床电路实训	

续表

序号	实训室名称	校内/校外	主要设备名称	配备数量	实训项目/内容	备注
8	液压与气动实训室	校内	PLC控制液压与气动综合实验装置	15	继电器控制液压传动回路、PLC控制液压传动回路、基于微机控制的液压控制系统	
9	AHK机电一体化工考试中心	校内	机电一体化实训台（包含PLC300等配套元器件）	15	机电系统组建实训	
10	运动控制系统实训室	校内	运动控制实训台（变频器、步进电机、伺服控制驱动装置套装）	15	步进电机项目、伺服电机项目、工业网络项目	
11	柔性自动生产线实训室	校内	柔性制造（物流）生产线，或模拟型生产线	10	PLC实训，自动生产线加工、维护实训	
12	高级维修电工实训室	校内	高级维修电工实训台	15	PLC控制系统项目、电气驱动项目、上位监控项目实训	
13	工业机器人技术及应用实训室	校内	工业机器人本体及配套	10	机器人试教、编程、仿真调试，工作站操作、维护、安装、改造、设备管理和调试	
14	MPS系统集成与控	校内	MPS模块化生产制造系统	5	搬运、装配、分拣、加工、运输、仓储等实训项目	

续表

序号	实训室名称	校内/校外	主要设备名称	配备数量	实训项目/内容	备注
15	上汽通用五菱汽车有限公司	校外	工业机器人、汽车装配线、数控机床等维修维护	5	设备维修、维护、点检、安装调试	
16	柳州柳新汽车冲压件有限公司	校外	工业机器人、装配线、焊装线等维修维护	5	设备维修、维护、点检、安装调试	
17	柳州商泰机械有限公司	校外	机械装配线、焊装线	5	设备维修、维护、点检、安装调试	
18	广西汽车集团有限公司	校外	工业机器人、汽车装配线、自动生产线等维修维护	5	设备维修、维护、点检、安装调试	
19	柳州福臻车体实业有限公司	校外	工业机器人、装配线、焊装线	5	设备维修、维护、点检、安装调试	
20	柳州职业技术学院机械厂	校内	设备维修维护保养	5	设备维修、维护、点检、安装调试	

（二）结构化教学团队

本专业目前有专职教师18名，其中具有行业企业经历的教师14人，企业兼职教师5名。

专职教师中具有中级工以上、技师、工程师等职称的教师15人，"双师素质"教师达到87.5%。目前团队教师中，正高职称2人，副高职称12人。

专业带头人职称为教授、高级工程师。

(三) 教学资源

1. 教材选用基本要求

按照国家规定选用优质教材，禁止不合格的教材进入课堂。建立由专业教师、行业专家和教研人员等参与的教材选用机构，完善教材选用制度，经过规范程序择优选用教材。

2. 图书文献配备基本要求

图书文献配备能够满足人才培养、专业建设、教学科研等工作需要，方便师生查询、借阅。专业类图书文献主要包括有关劳动与社会保障技术、方法、思维以及实务操作类图书，经济、管理、法律和文化类文献等。

3. 数字教学资源配置基本要求

建设、配备与本专业有关的音视频素材、教学课件、微课、在线课程、数字化教学案例库、虚拟仿真软件、数字教材等专业教学资源库，种类丰富、形式多样、使用便捷、动态更新、满足教学。

4. 网络课程教学要求

使用超星平台，对课件、视频、动画、学习指南、题库清晰放置，线上课程章节或项目任务内容完整、有序、可读性强。线上线下教学任务设计合理，互补连贯。信息技术与数字资源运用充分、有效，教学内容呈现恰当，满足学生学习需求。教学考核与评价科学有效，线上线下学习连成一体。

(四) 教学方法

对实施教学应采用的方法提出要求和建议。结合学生和教学内容的实际情况，选择适当的教学方法，普及项目教学、案例教学、情境教学、模块化教学等教学方式，广泛运用启发式、探究式、讨论式、参与式等教学方法，推广翻转课堂、混合式教学、理实一体化教学等新型教学模式，推进信息技术与教学有机融合。

(五) 学习评价

对学生学习评价的方式方法提出要求和建议。内容上，可以从专业能力、方法能力、社会能力方面进行评价，落实"6＋N"评价维度；方式上，可以采用笔试、口试、项目、实践活动等多种方式进行评价，并采取过程性评价（侧重于教学过程）和终结性评价（侧重于教学结果）相结合的方式进行。

（六）质量管理

对专业人才培养的质量管理提出要求。建立专业建设和教学质量诊断与改进机制，健全专业教学质量监控管理制度，完善课堂教学、教学评价、实训实习、毕业设计（论文）/职业能力测试等方面的质量标准建设，建立毕业生跟踪反馈机制及社会评价机制，充分利用评价分析结果改进专业教学，持续提高人才培养质量。

八、有关人才培养方案的补充说明

实习总时间一般不少于6个月，不超过12个月（含假期）。实习分阶段安排：

专业入门教育实习。专业入门教育实习一般为认知实习，以认知企业环境、感受企业文化为主，安排在专业入门教育课程中进行。

职业素养实习。职业素养实习一般为跟岗实习，以养成职业素养、感受企业文化、认知职业工作为主，时间安排为1~2个月，一般不超过2个月。

预就业实习。预就业实习一般为顶岗实习，以巩固熟练专业基本技能、培养或提升职业能力和职业素养为主，时间安排不少于6个月。原则上，开始进行预就业实习的时间，在第五学期12月第一次学校组织的"双选会"以后。

附录 2

机电一体化技术专业学生职业能力等级标准

柳州职业技术学院
机电一体化技术专业学生职业能力等级标准

一、专业基本信息

（一）专业名称

机电一体化技术

（二）专业代码

460301

（三）培养目标

本专业主要面向汽车工业、机械工业及相关优先重点发展产业，培养具有良好职业道德、工作态度及行为规范，能够胜任机电一体化设备及智能制造系统的安装调试、运维管理、技改升级以及销售推广等工作，具有可持续发展能力的"素养·管理·创新"复合型技术技能人才。

（四）主要就业岗位

初次就业岗位：设备操作工、产品装配工、设备维修工。

发展岗位：车间班组长、车间技术员、机电产品销售员。

拓展岗位：部门主管、机电工程师。

二、职业能力等级要求

机电一体化技术专业职业能力等级要求是依据机电一体化技术相关行业企业（职业）岗位能力需求，参照机电一体化技术专业相关工种的国家职业标准，根据毕业学生职业生涯发展的普遍规律确定的，机电一体化技术专业毕业生经过学习可达到的一种职业能力状态。具体要求见表1。

表1 机电一体化技术专业职业能力等级要求

职业能力等级（一级）		
工作任务	职业能力要求 （专业能力、方法能力、社会能力）	相关知识和技能
机械零部件加工与装配	1. 专业能力 （1）能识读和分析机械零件图纸； （2）能编制简单零件的加工工艺； （3）能使用加工工具及设备加工零件； （4）能使用量具对零件进行检测； （5）能根据装配图正确装配组件。 2. 方法能力 （1）能正确查找资料； （2）能通过图纸获取需要的信息； （3）能制订合理的工作计划； （4）能正确使用计算机。 3. 社会能力 （1）能顺畅与人交流； （2）能有效与人合作； （3）能按规范解决问题； （4）能识读基本的专业英语	1. 相关知识 （1）常用的工具、仪表的使用方法； （2）机械图样的识图和绘制方法； （3）钳工、车、铣、磨、钻常用加工工具的使用方法； （4）典型零件加工工序制定方法； （5）机械装配技术和规范操作要求。 2. 相关技能 （1）机械零件图、装配图的读图； （2）制定加工工序，加工典型零件； （3）根据机械装配图安装机械部分装配
电、气、液简单回路安装与调试	1. 专业能力 （1）能正确识读电、气、液图纸； （2）能根据要求选择合适的元器件； （3）能合理规划安装空间，规范安装固定元器件； （4）能规范连接电、气、液路，实现正确的功能。	1. 相关知识 （1）电、气、液常见元器件的原理、结构、安装与使用方法； （2）电、气、液安装工艺规范； （3）电、气、液安装测量仪器的使用方法； （4）电、气、液系统调试的基本方法； （5）电、气、液系统调试中故障的分析方法。

续表

工作任务	职业能力等级（一级）	
	职业能力要求 （专业能力、方法能力、社会能力）	相关知识和技能
电、气、液简单回路安装与调试	2. 方法能力 （1）能正确查找资料； （2）能通过图纸获取需要的信息； （3）能制订合理的工作计划； （4）能正确使用计算机。 3. 社会能力 （1）能顺畅与人交流； （2）能有效与人合作； （3）能按规范解决问题； （4）能识读基本的专业英语	2. 相关技能 （1）电、气、液图纸的读图； （2）工量具的使用； （3）电、气、液回路的安装； （4）电、气、液回路的调试
简单控制程序编写与调试	1. 专业能力 （1）能正确使用合适的编程软件； （2）能规范编写控制程序； （3）能正确连接控制器与编程器（电脑），下载或上传程序； （4）能根据控制要求调试控制程序直至功能正常。 2. 方法能力 （1）能正确查找资料； （2）能正确分析控制需求信息； （3）能制订合理的工作计划； （4）能正确使用计算机。 3. 社会能力 （1）能顺畅与人交流； （2）能有效与人合作； （3）能按规范解决问题； （4）能识读基本的专业英语	1. 相关知识 （1）使用 PLC 的编程软件进行程序设计的方法； （2）程序结构的规划； （3）程序的调试方法。 2. 相关技能 （1）编程软件的使用； （2）程序的上传与下载； （3）程序运行的监控； （4）程序修改与保存

续表

工作任务	职业能力要求 (专业能力、方法能力、社会能力)	相关知识和技能
职业能力等级（一级）		
技术文档整理编制	1. 专业能力 （1）能明确知道所需的技术文档种类与格式； （2）能规范编写文档内容。 2. 方法能力 （1）能正确查找资料； （2）能正确归纳各类信息，制定文档格式； （3）能正确使用计算机。 3. 社会能力 （1）能顺畅与人交流； （2）能有效与人合作； （3）能按规范解决问题； （4）能识读基本的专业英语	1. 相关知识 （1）文档处理软件的使用方法； （2）工作计划的编制方法； （3）电气液原理图的绘制方法； （4）元器件清单的编制方法； （5）I/O分配表的编制方法； （6）功能说明书的编制方法。 2. 相关技能 文档处理软件编制相关文档
职业能力等级（二级）		
机械零部件加工与装配	1. 专业能力 （1）能识读和分析机械零件图纸； （2）能编制简单零件的加工工艺； （3）能使用加工工具及设备加工零件； （4）能使用量具对零件进行检测； （5）能根据装配图正确装配组件。 2. 方法能力 （1）能正确查找资料； （2）能通过图纸获取需要的信息； （3）能制订合理的工作计划； （4）能正确使用计算机。 3. 社会能力 （1）能顺畅与人交流； （2）能有效与人合作； （3）能按规范解决问题； （4）能识读基本的专业英语	1. 相关知识 （1）常用的工具、仪表的使用方法； （2）机械图样的识图和绘制方法； （3）钳工、车、铣、磨、钻常用加工工具的使用方法； （4）典型零件加工工序制定方法； （5）机械装配技术和规范操作要求。 2. 相关技能 （1）机械零件图、装配图的读图； （2）制定加工工序，加工典型零件； （3）根据机械装配图安装机械部分装配

续表

职业能力等级（二级）		
工作任务	职业能力要求 （专业能力、方法能力、社会能力）	相关知识和技能
智能制造系统的安装与调试	1. 专业能力 （1）能合理选择机构的传动方式； （2）能正确架构控制拓扑结构； （3）能合理运用工业网络通信技术； （4）能规范执行装调工艺。 2. 方法能力 （1）能正确查找资料； （2）能正确分析系统工艺需求； （3）能制订合理的工作计划； （4）能正确使用计算机。 3. 社会能力 （1）能顺畅与人交流； （2）能有效与人合作； （3）能按规范解决问题； （4）能识读基本的专业英语	1. 相关知识 （1）相关工量具的使用方法； （2）工业控制网络的组网与设置方法； （3）触摸屏的编程使用方法； （4）工业机器人的基本操作方法； （5）工业机器人的编程控制方法； （6）控制系统架构方法。 2. 相关技能 （1）工业控制网络的连接； （2）系统控制程序的编写调试； （3）系统控制信号的测试与调整
智能制造系统的故障排查	1. 专业能力 （1）能正确识别故障现象； （2）能正确运用工量具检测系统，判断故障原因； （3）能正确运用工量具排除故障，恢复系统运行。 2. 方法能力 （1）能正确查找资料； （2）能正确分析故障原因； （3）能正确使用计算机。 3. 社会能力 （1）能顺畅与人交流； （2）能有效与人合作； （3）能按规范解决问题； （4）能识读基本的专业英语	1. 相关知识 （1）相关工量具的使用方法； （2）机械传动系统的分析方法； （3）控制系统故障的分析方法。 2. 相关技能 （1）使用工量具检测系统； （2）使用工量具修复系统

续表

职业能力等级（二级）		
工作任务	职业能力要求 （专业能力、方法能力、社会能力）	相关知识和技能
智能制造系统的升级改造	1. 专业能力 （1）能根据系统运行状况找出系统缺陷或短板； （2）能根据生产需要确定技改方案； （3）能规范实施技改方案； （4）能对技改后的系统进行试车运行调试。 2. 方法能力 （1）能正确查找资料； （2）能正确分析用户需求； （3）能制订合理的工作计划； （4）能正确使用计算机。 3. 社会能力 （1）能顺畅与人交流； （2）能有效与人合作； （3）能按规范解决问题； （4）能识读基本的专业英语	1. 相关知识 （1）相关工量具的使用方法； （2）工业控制网络的组网与设置方法； （3）触摸屏的编程使用； （4）工业机器人操作系统； （5）工业机器人编程控制； （6）控制系统架构方法。 2. 相关技能 （1）工业控制网络的连接； （2）工业机器人基本操作； （3）控制程序的编写调试； （4）控制信号的测试与调整

三、职业能力测试要求

（一）测试内容

测试内容为职业能力等级标准中所涵盖的学习内容，具体见表2。职业能力一级与二级在考核子项上相同，但具体涉及的测试内容则根据职业能力要求各不相同。

表2 机电一体化技术专业职业能力等级测试内容与要求

考核子项	应具备职业能力	考核任务	考核要求及方式	考核时间
面向实践的理论考核（50%）	熟识本专业课程所传授的面向实践的关键教学内容的理论知识	机电综合理论测试	理论答题	2小时
工作计划制订（5%）	1. 能够根据提供的相关二维图纸、功能说明等技术文件进行分析，从资料中搜集相关信息； 2. 能在考虑人机工程、注意系统质量和安全方面的标准及技术规范的情况下，根据订单编写工作计划（含工艺过程卡、装配过程卡等文档）； 3. 从技术、经济和生态环保方面综合考虑，选取合适的解决方案	根据机电系统的安装与调试的工作订单制订与交付工作计划。	1. 计划文档交付； 2. 专业情景对话	0.5小时
工作计划实施与检查（40%）	1. 注重"人机料法环测"等方面生产要素，能根据工作计划，合理选用计划所需工量夹具、加工设备、软件和辅助工具，按技术规定独立完成要求提前准备的机械系统自制件的制作，并准备其他现场考核所需提前准备物件，并将过程记录归档； 2. 能根据工作计划，现场选用安装和调试需要的机械、电气元器件、电线、软件、工具、辅助器具，并且选用时能够注意按技术规定办事； 3. 能根据工作计划要求完成机械系统的安装与修配并将过程记录归档； 4. 能根据工作计划文件完成机电系统中涉及电、气、液部分的安装，检测并描述机械系统的功能关系及运动过程，调试整个系统使其能按工作订单要求实现指定功能，并将过程记录归档	按照工作计划进行工作任务的实施与检查	1. 机电系统安装调试； 2. 情景问答	5小时

续表

考核子项	应具备职业能力	考核任务	考核要求及方式	考核时间
文档整理与订单交付（5%）	1. 整理分析技术资料； 2. 能按安装过程撰写安装过程说明书，并总结出装配调试操作的注意事项； 3. 能较好地与客户交流，做好产品的验收交付	整理完善工作记录，机电系统的交付	1. 技术文档交付； 2. 情景问答	0.5小时

（二）测试方式

测试方式包括理论考试和综合实践考核。

理论考试主要考查学生是否掌握必备的专业理论知识、职业理论知识以及一般认知分析能力。建立试题库，理论考试从题库中抽取试题组成考卷进行考试。

综合实践考核的目的是考查学生是否掌握了专业技能、必备的理论知识，是否具备了职业行动能力，以及达到哪一个级别的能力水平。综合实践考核具有综合性，体现理论实践一体化，体现完整的工作过程，包括学生完成工作计划（或方案制订、实施计划、过程控制、评价工作结果等。综合实践考核包含对学生语言表达、行为规范、职业素养等的考核。

（三）测试时间

职业能力测试分别安排在本专业第五学期进行。

整个测试分三个阶段，包括考试装置准备阶段、理论考试、综合实践考核。

考试装置准备阶段建议时长为2周，40学时，学生需要自己独立搭建测试当天需要用的机电系统装置。外来测试人员可以自带装置。

理论考试时间为2小时，综合实践考核时间为6小时。

（四）评分规则

评分规则包括理论考试和综合实践考核的评分方法、分值比重、达标要求等。理论考试成绩和综合实践考核成绩各占总评成绩50%。其中，理论考试包括20道选择题和8道问答题，各占理论考试成绩的50%；综合实践考核包括工作计划制订、工作计划实施与检查、文档整理与订单交付三部分，分别占综合实践考核成绩的10%、80%、10%。理论考试成绩和综合实践考核成绩均为60分达标，理论考试和综合实践考核成绩都达标，总评成绩才能达标。

本专业职业能力测试从规范性、合作性、经济性、环保性、忠诚性、创新性、功能性7个维度，对考试的工作计划制订、工作计划实施与检查、文档整理与订单交付全过程进行评评分，具体评分规则如下：

1. 理论考试评分规则

理论考试卷面100分，根据标准答案评分。

2. 综合实践考核评分规则

综合实践考核成绩为工作计划制订、工作计划实施与检查、文档整理与订单交付三部分成绩与占比的乘积之和（见表3~表5）。

表3 机电一体化技术专业职业能力等级测试工作计划制订部分评分表

序号	计划内容	分值	权重	得分
1				
2				
3				
…				
…				
合计				

注：分值根据完成情况赋0~10分，权重总和为10，得分=分值×权重。

表4　机电一体化技术专业职业能力等级测试工作计划实施与检查部分评分表

序号	实施与检查	分值	权重	得分
1				
2				
3				
…				
…				
合计				

注：分值根据完成情况赋0～10分，权重总和为10，得分＝分值×权重。

表5　机电一体化技术专业职业能力等级测试文档整理与订单交付部分评分表

序号	文档整理与订单交付	分值	权重	得分
1				
2				
3				
…				
…				
合计				

注：分值根据完成情况赋0～10分，权重总和为10，得分＝分值×权重。

3. 总评分表（见表 6）

表 6　机电一体化技术专业职业能力等级测试总评分表

序号	姓名	问答题 (50%)	选择题 (50%)	理论总分	计划 (10%)	实施检查 (80%)	文档整理与订单交付 (10%)	综合实践考核总分	职业能力测试成绩（50% 理论总分 + 50% 综合实践考核总分）
1									
2									
3									
…									

四、样题

（一）理论样题

1. 选择题（共 20 题）

根据 DIN VDE 0100 - 600 规定，设备调试之前必须检查接地保护线的导通性（地点固定的设备）。下面相关说法哪一个是正确的？

（1）测量电流为 1 mA 时测量电压必须为 500 VDC。

（2）用市售的普通通路器测试并将结果记录下来就足够了。

（3）保护线电阻的测量值在 10 Ω 以下，若是已经减掉了测量线的电阻，那保护线电阻是足够的。

（4）测量电流至少 200 mA，测量电压必须在 4 ~ 24 V。

（5）测量保护线电阻必须总是在等电位汇流排和设备之间直接测量。

2. 问答题（共 8 题）

按 VDE 0701/0702 检查一台防护等级 I 的仪器。此仪器的电源进线为 1.5 m 馈电线，标识为 H07RN - F 3 G 1.5。

（1）根据 VDE 0701/0702 规定，此馈电线接地保护线电阻最高可以为多大？

（2）此接地保护线 20 ℃ 下的电阻计算值多大？

（3）查看馈电线要注意查看什么？请写出其中三项。

(二) 综合实践考核样题

根据给定的资料和技术要求，制订工作计划，完成机电系统的零部件加工、装配、电气路安装、程序编写、系统调试，并提交相关技术资料。

(1) 技术要求（具体略）；

(2) 机械图纸（具体略）；

(3) 电气图纸（具体略）；

(4) 功能描述（具体略）。

附录 3

机电一体化技术专业"运动控制系统的设计与装调"课程标准

柳州职业技术学院

"运动控制系统的设计与装调"

机电一体化技术专业所有课程都建立了课程标准，为了说明该专业课程标准开发与应用的情况，在此仅以"运动控制系统的设计与装调"课程为例来说明。

一、运动控制系统的设计与装调课程信息（见表1）

表1　课程信息

专业群名称	专业名称	专业代码	所属专业大类及代码		所属专业类及代码
机电设备维修与管理	机电一体化技术	460301	装备制造大类46		自动化类4603
课程名称	运动控制系统的设计与装调		学分		5.5
课程管理二级学院	机电工程学院		总学时 88	理论学时	44
				实践学时	44
适用专业（群）	机电设备维修与管理			课内学时	88
				课外学时	0

二、课程性质与设计

（一）课程性质

运动控制系统的设计与装调课程是机电一体化技术专业必修的一门专业核心课程，为理论与实践紧密结合的一体化课程。通过学习综合运用 PLC 技术、变频技术、步进/伺服控制技术，培养学生按要求实现特定运动控制的能力，满足机电类岗位的需求。

（二）课程设计

本课程是根据专业及专业群所涵盖的工作岗位需求，通过开展工作任务和职业能力分析进行设计开发的。

本课程设计贯彻了教学过程理论与实践相结合、学习内容与职业岗位要求相结合、"从做中学"的原则，突出实践导向，按照应用知识的方式来进行学习，以期学生获得"做一件完整的事情"的能力。

本课程内容包括理论讲授和实训操作两部分。理论主要讲授 PLC300 的基础知识，交流异步电动机、步进电机和伺服电机的基本原理与控制特点。包括：PLC300 的硬件组态、电路连接，位逻辑指令，定时器指令，计数器指令，数据类型与数据运算指令，逻辑与比较运算指令，移位与循环运算指令，顺序功能图 Graph，组织块以及功能/功能块，异步电机的工作原理，变频调速基本原理，变频器的使用，步进电机的工作原理，步进电机基本控制，伺服电机的工作原理，伺服控制基本和原理与应用以及伺服驱动器的使用，西门子 S7 – 300PLC 的 MPI 全局数据通信，DP 主从站通信以及以太网 S7 通信。

本课程遵循六步法教学，引导学生"做一件完整的事情"。强调以学生为主体，遵循职业规范，培养职业素养，通过运用正确的学习和工作方法，提升学生的综合职业能力，为学生的职业生涯发展奠定良好的基础。

三、学习目标

（一）能力目标

通过本课程学习，学生能根据具体的任务熟练运用"六步法"完成从资讯计划到从整体上熟知机电设计的全流程，能规划工作方案，合理分配任务，培养团队合作精神；能综合运用所学机电知识，实现设计目标；增进学生的创新、查找和利用资源、与人交流等核心能力。

1. 专业能力目标

（1）能根据任务要求正确运用相关理论知识；

（2）能正确使用 PLC 编程软件；

（3）能正确使用电气绘图软件；

（4）能完成基本的逻辑控制程序；

（5）能正确进行变频、步进、伺服等控制的电路连接与参数设置；

（6）能正确进行控制系统的调试；

（7）能根据要求编制技术文档。

2. 方法能力目标

（1）能根据任务要求进行有效的信息收集整理等工作并准确运用语言文字进行表达；

（2）能根据任务要求制订合理可行的工作计划，并根据实际情况进行决策优化；

（3）能正确高效使用工具书等参考资料；

（4）能细致观察、独立思考、客观评价；

（5）能有意识地提升创新思维。

3. 社会能力目标

（1）培养爱岗敬业、吃苦耐劳、自信沉稳、敢于担当、追求卓越的职业精神；

（2）增强与人沟通、团队合作、协同管理的能力；

能遵循规章制度养成良好的工作习惯。

（二）学习成果

通过本课程学习，学生可完成从新建项目、硬件组态、通信组态，到程序编写、硬件连接、参数设置，直至系统调试、技术文档交付的一系列专业操作，完成以变频、步进开环、伺服闭环为基础的运动控制系统构建。

(三) 学习目标对应的培养规格（见表2）

表2　学习目标对应的培养规格

学习目标	专业培养规格	
	可达成的专业培养规格	相关度
专业能力目标	1.1 能阅读机电一体化设备的各类相关的技术图纸和资料，能完成维修电工、数控机床装调维修工等相应工种的基本操作； 1.2 能完成机电一体化设备的电气维修和机械维修工作； 1.3 能完成机电一体化设备的安装调试、维护、改造等工作，并能处理设备安装、维护、改造等工作过程中的技术问题； 1.4 能完成数控机床、自动生产线、工业机器人等机电一体化产品部件的装配工作； 1.5 能完成机电一体化产品的生产制造及现场技术管理工作； 1.6 能使用文档、电子表格和CAD等计算机软件编制机电设备电气控制系统设计及安装资料； 1.7 能使用机电一体化技术专业术语进行业务交流与沟通，能阅读本专业一般外文资料	高
方法能力目标	1.1 能独立学习，获取新知识、新技能； 1.2 能进行必要的计算机信息处理； 1.3 能根据需要查阅外文资料； 1.4 能进行常规的信息查询、收集与整理； 1.5 能对遇到的问题进行相应的分析，对整个行动进行反馈总结； 1.6 能对方案进行设计、评估并决策	高
社会能力目标	1.1 能在团队合作中提供相应的工作支持； 1.2 能与团队成员进行行动过程的合作、事实情况的沟通； 1.3 能对工作结果负责，与成员间进行合理竞争； 1.4 能用语言、文字等表达方式对成果进行解释； 1.5 能完成项目所需要的劳动组织并实施； 1.6 能接待用户，用语言、文字正确表达机电一体化专业技术领域的相关业务； 1.7 能遵守社会公德和职业道德，行为习惯符合社会规范和礼仪要求 1.8 工作中能遵守法律法规、行业企业标准	高

四、学习内容

(一) 内容选择与学时分配 (见表3)

表3 内容选择与学时分配

序号	学习内容	学时分配				
		总学时	课内	课外	理论	实践
1	S7-300PLC 基础	28	28	0	14	14
2	变频器控制	16	16	0	8	8
3	步进驱动控制	12	12		6	6
4	伺服驱动器控制	16	16	0	8	8
5	PLC 通信技术	16	16	0	8	8

(二) 具体学习内容 (见表4)

表4 具体学习内容

学习单元	教学项目	学习内容	能力目标	学时
S7-300PLC 编程基础	项目1 西门子S7-300 PLC 软硬件安装及初步使用	实训台的功能；实训台整理要求；PLC 软件安装，硬件组态，槽的规则，多机架组态；PLC 下载；验电的步骤	能使用试验台正确接线、验电，完成 PLC 硬件组态并下载成功	4
	项目2 应用位逻辑指令控制三相异步电动机	位逻辑指令（边沿触发、RS 触发器）；时钟指令；单按钮启动	熟练使用位逻辑指令（边沿触发、RS 触发器）、时钟指令；能正确完成三相异步电动机启动编程接线下载	4

续表

学习单元	教学项目	学习内容	能力目标	学时
S7-300PLC编程基础	项目3 应用定时器指令实现顺序和间歇控制	S7-300PLC的五种定时器使用方法；可调脉冲；时序图	应用定时器指令实现顺启逆停的编程接线下载；利用可调脉冲实现交通灯的控制	4
	项目4 应用计数器指令实现产品定量分装控制	S7-300PLC的3种定时器；时序图	能应用计数器指令实现产品定量分装控制的编程接线下载	4
	项目5 应用数据传送等指令实现数码显示控制	基本数据类型；储存地址；传送指令；循环；进制的转换、基本数据类型；储存地址；数码管；与S7-200PLC的区别；比较指令	能应用数据传送指令实现不同类型数据的传送；能实现程序的循环；能说出数据的基本类型及使用区别。能够对数据进行不同进制之间的互换；能画出位、字节、字和双字的关系。能实现数码显示控制的编程接线下载	4
	项目6 应用逻辑运算及移位与循环指令实现复杂设备的控制	逻辑运算指令与、或、异或；移位命令	能应用逻辑运算指令实现分组控制的编程接线下载；能说出与、或、异或的特点和常用场合；能应用移位与循环指令控制复杂设备	4

续表

学习单元	教学项目	学习内容	能力目标	学时
S7－300PLC 编程基础	项目7 应用功能与功能块控制多台设备	用户程序结构分类、编程思路；结构功能指令 OB、FB、FC 的区别；结构功能指令 OB、FB、FC 的使用方法；设置单流程顺序功能图并能转换成梯形图；选择流程和并行流程顺序功能图；M 指令用作顺控的方法	能应用功能或功能块（含参数）控制3台设备星三角顺序启动，逆序停止的编程接线下载；会使用初始化组织块；能应用顺序控制实现多工位流水作业的编程接线下载	4
变频电机的控制	项目8 通过变频器面板操作控制三相异步电动机变频运行	变频器的主电路结构与各元件功能；主电路接线；用面板改修参数；通过面板使电机运行	口述变频原理；能绘制主电路接线；操作面板实现参数的查找修改；操作控制面板实现电机变频控制	4
	项目9 应用多段速信号控制三相异步电动机变频运行	设置外部控制的参数，编制程序；设置多段速控制的参数，编制程序	能够在有说明书的情况下设置外部控制参数；会连接变频器外部控制线路；会操作外部控制运行	4
	项目10 应用模拟量控制三相异步电动机变频运行	模拟量输入输出概念；模拟量外部控制接线；模拟量控制框图；模拟量程序编写方法	能应用模拟量控制三相异步电动机变频运行的编程接线下载	4

续表

学习单元	教学项目	学习内容	能力目标	学时
步进电机的控制	项目11 应用PLC脉宽调制功能实现步进电机的速度控制	了解步进电机速度与位置的原理，细分步进电机速度控制公式，接线，编制程序	描述步进电机速度与位置的因素；懂得控制步进电机速度，实现正反转	4
	项目12 应用PLC高速计数功能实现步进电机的位置控制	步进电机位置控制接线，高速脉冲的设置方式；高速计数的设置方式	懂得控制步进电机位置，会编制步进电机位置控制程序；应用高速脉冲进行步进电机的速度控制的编程接线下载	4
伺服电机控制	项目13 通过伺服驱动器面板操作控制伺服电机的运行	伺服工作的原理；编码器的原理；伺服电机的应用领域；伺服驱动器的常用参数与设置；伺服电机的接线	会用面板控制伺服电机运行	4
	项目14 应用速度控制模式实现伺服电机的速度闭环控制	速度控制模式参数设置；速度控制模式接线；速度控制模式编程	应用速度控制模式实现伺服电机变速运行的编程接线下载	4
	项目15 应用位置控制模式实现伺服电机的位置闭环控制	位置控制模式参数设置；位置控制模式接线；电子齿轮比；位置控制模式编程	能应用伺服电机的位置控制模式实现阀门开度控制的编程接线下载	4

续表

学习单元	教学项目	学习内容	能力目标	学时
S7-300PLC 通信	项目16 MPI 全局数据通信控制	全局数据区域；发射区，接收设置	会使用全局数据通信方式控制多台 PLC	4
	项目17 DP 主从通信控制	DP 主从网络组态；DP 网络交换区域的设置	会使用 DP 网络通信方式控制多台 PLC	4
	项目18 以太网通信的控制	以太网 IP，子网掩码的设置；以太网网络的组态；功能块的功能	会使用以太网通信方式控制多台 PLC	4
综合项目	项目19 PLC 电机控制综合实例1	专用机床运动控制	能根据任务设计编程接线下载	8
	项目20 PLC 电机控制综合实例2	伺服灌装系统控制	能根据任务设计编程接线下载	8
综合考试（笔试+实操）				

五、考核评价

（一）学习成果

通过本课程学习，学生可完成从新建项目、硬件组态、通信组态，到程序编写、硬件连接、参数设置，直至系统调试、技术文档交付的一系列专业操作，从而具备初步的机电一体化系统构建能力。

（二）考核方式

笔试+实机操作，总评=40%平时+60%期考。

笔试重点考核学生对本课程基本专业认识的应用，包括 PLC 基本的编程方法和编程思路，变频器、步进驱动器、伺服驱动器等运动控制装置的基本原理和参数设置。实机操作重点考核使用运动控制系统中的元件对实际项目"六步法"的应用，用以检测学生是否掌握基本运动控制系统的装调过程。

（三）课程考核对应的学习目标（见表5）

表5　课程考核对应的学习目标

序号	考核内容	考核方式	权重	可达成的课程学习目标（可仅填目标编号）
1	PLC 变频控制	笔试 + 实机操作	25%	变频控制的实现（包含 PLC 基本指令）
2	PLC 步进控制	笔试 + 实机操作	20%	步进控制的实现（包含 PLC 基本指令）
3	PLC 伺服控制	笔试 + 实机操作	25%	伺服控制的实现（包含 PLC 基本指令）
4	MPI 通信	笔试 + 实机操作	10%	MPI 通信功能的实现（包含组态与编程）
5	DP 通信	笔试 + 实机操作	10%	DP 通信功能的实现（包含组态与编程）
6	以太网通信	笔试 + 实机操作	10%	以太网通信功能的实现（包含组态与编程）

六、实施建议

（一）教学方法

（1）在教学过程中，采用六步法步骤教学：分资讯、计划、决策、实施、检查、评价展开教学，过程注重加强学生学习能力的培养。尽可能创设工作和学习情境，学生的学习以行动为过程，以完成职业岗位的学习任务为目标，在自我建构的过程中获取知识，掌握技能。

（2）教学媒体的选择根据教学内容的需要，灵活选用线上资源、多媒体课件、实物操作等。

（二）教学场地和设施

（1）运动控制专用一体化教室，包括编程电脑、PLC、变频器、步进驱动器、伺服驱动器、变频电机、步进电机、伺服电机、直流电源等。

（2）配备常用多媒体教室设备（配备投影机、计算机等）、活动桌椅。

（3）实训教室需具备无线网络，便于学生线上学习。

（三）任课教师

（1）专职教师：应具有高校教师资格，本专业中级及以上教师或经过本课程培训的相关专业教师本科学历及以上学历，能够根据职业教学的特点编写教案，能认真备课。

（2）兼职教师：必须具有所承担教学任务的业务能力和教学水平，本专业本科以上学历，具有工程师职称，相关工作经历5年以上。

（四）教材和参考资料

（1）教材：《运动控制技术基础》。

（2）其他参考资料：PLC技术资料、相关硬件设备说明书。

参考文献

[1] GB/T 200001—2002，标准化工作指南 第1部分：标准化和相关活动的通用词汇［S］．2002．

[2] 陈玮．论教学标准的科学界定［J］．智库时代，2019（16）：210-211．

[3] 何盛明．财经大辞典（上卷）［M］．北京：中国财政经济出版社，1990．

[4] 360百科．https://baike.so.com/doc/5403977-5641673.html．

[5] 庄榕霞，赵志群，等．职业院校学生职业能力测评的实证研究［M］．北京：清华大学出版社，2012．

[6] Rauner费利克斯·劳耐尔，赵志群，吉利．职业能力与职业能力测评——KOMET的理论基础与方案［M］．北京：清华大学出版社，2010．

[7] 赵志群，职业教育工学结合一体化课程开发指南［M］．北京：清华大学出版社，2009．

[8] 王继平．职业教育国家教学标准体系建设有关情况［J］．中国职业技术教育，2017（25）：5-9．

[9] 马成荣．职业教育教学标准的内涵释要与实施路径［J］．中国职业技术教育，2019（7）：67-71．

[10] 杜怡萍．标准视阈下的职业教育专业建设［J］．职业技术教育，2019，40（5）：23-27．

[11] 胡茂波，王思言．职业教育国家教学标准体系的价值诉求与实施策略［J］．职业技术教育，2018，39（10）：24-28．

[12] 肖化移，邱滢滢. 国外高职学生职业能力标准的比较与启示 [J]. 职教论坛, 2016 (4): 87-91.

[13] 石伟平. 比较职业技术教育 [M]. 上海: 华东师范大学出版社, 2001.

[14] The National Qualifications Framework [EB/OL]. http://www.qca.org.uk/qca_5968.aspx.

[15] 赵崇平. 英国 NVQ 与我国职业核心能力认证的比较及启示 [J]. 职教论坛, 2011 (36): 92-96.

[16] 杨欢欢. 澳大利亚职业教育的特点与启示 [J]. 教育与职业, 2014 (30): 108-110.

[17] 孔德军. 国外职业教师培训对我国职业院校"双师型"师资队伍建设的启示 [J]. 教育教学论坛, 2014 (25): 30-32.

[18] 陈凌，邓志军. 英国高职教育"双师素质"师资培养模式及其启示 [J]. 东华理工大学学报（社会科学版），2011, 30 (2): 146-149.

[19] PEDRO C, FRANGOISE G, AFRICA M, et al. Teachers and trainers in vocational training (Vol. I), Germany, Spain, France and the United Kingdom [C]. Berlin: European Centre for the De-velop-ment of Vocational Training, 1994.

[20] 郭晓垒. 澳大利亚高职教师准入制度及其启示 [J]. 新课程研究（中旬刊），2011 (7): 30-32.

[21] 江洁妮. 我国高职教育课程标准化建设现状及其建议 [J]. 职业教育（下旬刊），2014 (2): 3-5.

[22] 袁俊. 高等职业教育课程标准的建设 [J]. 成人教育, 2014, 34 (4): 54-56.

[23] 漆军，谢臣英，赵小平，等. 英国职业教育运行机制 [J]. 职业技术教育, 2008, 29 (16): 88-90.

[24] 刘佳宁，姜德刚. 国外高职教师发展经验对我国高职师资队伍建设的启示 [J]. 亚太教育, 2016 (2): 56-57.

[25] 李娜，张军翎. 国外职教师资培训模式对我国"双师型"教师培养的启示 [J]. 晋城职业技术学院学报, 2016, 9 (2): 75-76+92.

[26] 秦炳贞. 发达国家职业教育师资队伍建设的经验及借鉴 [J]. 中共山西省委党

校学报, 2010, 33 (3): 121 - 123.

[27] 邓泽民 张扬群. 现代四大职教模式 [M]. 2 版. 北京: 中国铁道出版社, 2011: 14 - 15.

[28] 李国栋. 高等职业教育培养目标定位研究 [J]. 江苏理工大学学报 (社会科学版), 2001(3): 89 - 92.

[29] 360 百科. https://baike.so.com/doc/2102592 - 2224471. html.

[30] 周亦唐, 李洛克, 王懿娜, 等. 工程教育论证背景下的云南高校本科土木工程专业持续发展研究 [M] 昆明: 云南人民出版社, 2018.

[31] 教育部. 职业教育国家教学标准体系 [EB/OL]. http://www.moe.gov.cn/s78/A07/zcs_ztzl/2017_zt06/17zt06_bznr/bznr_zxyqsbzbgf/201906/P020190611404970147971.pdf.

[32] 全国教育科研网. 教育部职教所召开高职信息技术课程标准研制工作会 [EB/OL]. [2019 - 12 - 28]. https://cnkyjyw.com/h - nd - 9889. html.

[33] 教育部办公厅. 《关于印发高等职业教育专科英语、信息技术课程标准 (2021 年版) 的通知》 [Z]. 2021.

[34] 以新标准引领中职公共基础课程改革——教育部职业教育与成人教育司负责人就发布《中等职业学校数学课程标准》等 5 门课程标准答记者问 [EB/OL]. [2020 - 01 - 20]. http://www.moe.gov.cn/jyb_xwfb/s271/202001/t20200120_416130.html.

[35] 教育部. 关于印发《普通高中课程方案 (实验)》和语文等十五个学科课程标准 (实验) 的通知 [Z]. 2003.

[36] 教育部高教司. 关于做好 2009 年度高等学校本科教学质量与教学改革工程项目申报工作的通知: 国家精品课程评审指标 (高职, 2008) [Z]. 2009.

[37] 黎华. 工作过程系统化课程的特征分析 [J]. 柳州职业技术学院学报, 2009 (4): 130 - 134.

[38] 姜大源. 世界职业教育课程改革的基本走势及其启示 [J]. 中国职业技术教育, 2008 (27): 7 - 13.

[39] 徐涵. 以工作过程为导向的职业教育 [J]. 职业技术教育, 2007 (34): 5 - 10.

[40] 工作过程导向的高职课程开发探索与实践编写组. 工作过程导向的高职课程开发探索与实践 [M]. 北京：高等教育出版社，2008.

[41] 赵志群. 职业教育工学结合课程的两个基本特征 [J]. 教育与职业，2007，(30)：18-20.

[42] 赵志群. 典型工作任务分析与学习任务设计 [J]. 职教论坛，2008 (12)：3.

[43] 鞠红霞. 高职教学质量"双控体系"的构建与实践 [J]. 职教论坛，2009 (5)：16-19.

[44] 全国职业院校教学工作诊断与改进专家委员会. 高等职业院校教学工作诊断与改进文件选编与实践研究 [M]. 北京：高等教育出版社，2018.

[45] 刘建林，崔岩. 高等职业院校教学工作诊断与改进实操导引 [M]. 北京：高等教育出版社，2018.

[46] 邱福明，覃日娜. 高职院校引入卓越绩效模式的实践与思考 [J]. 当代职业教育，2017 (3)：53-58.

[47] 王振杰，张淑艳. 诊改视域下高职院校内部质量保证体系构建研究 [J]. 中国职业技术教育，2019 (17)：63-66.